U0051373

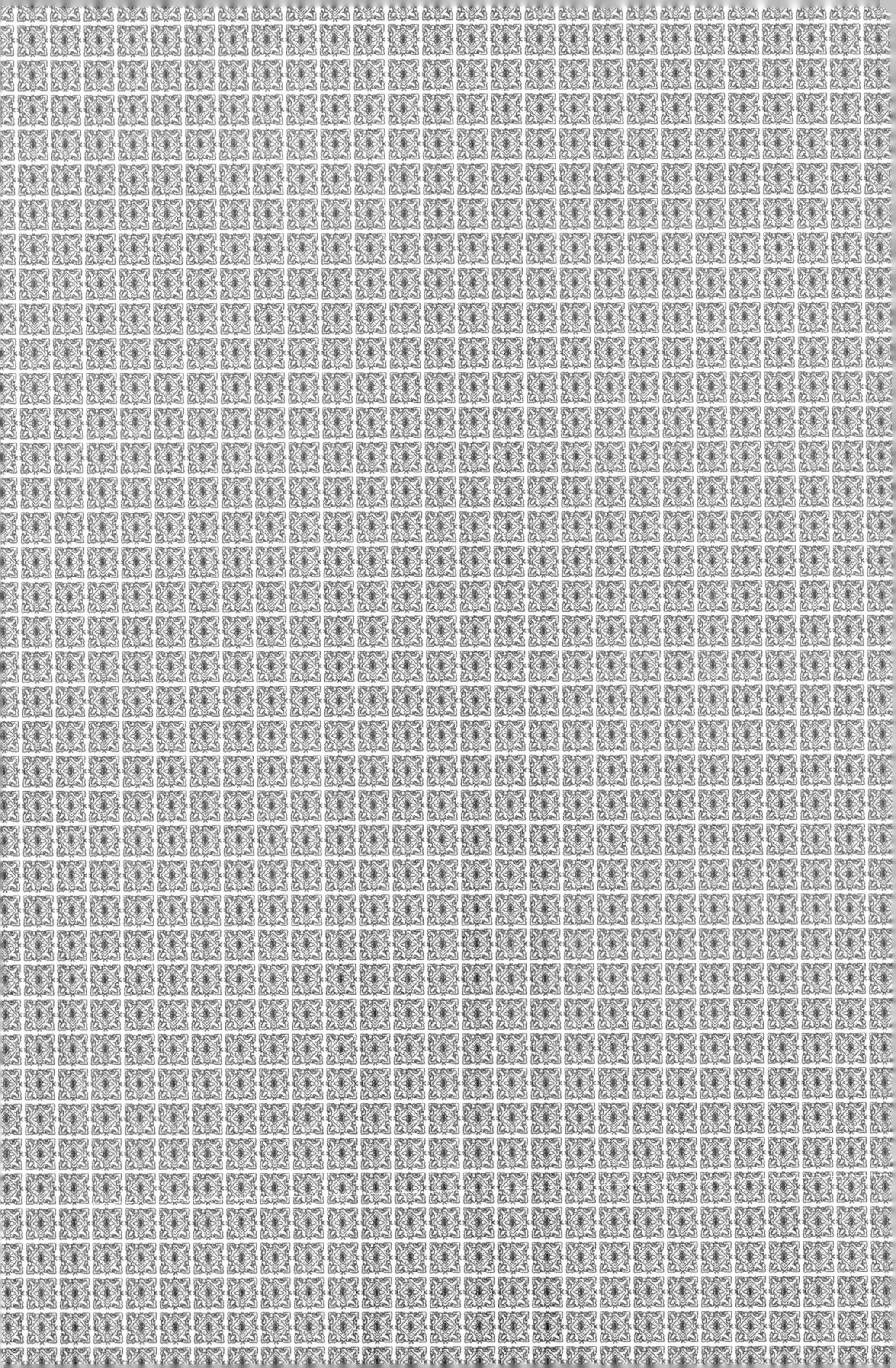

楞嚴經講記

——第三輯

——平實導師 述

ISBN 978-986-6431-06-7

以離念靈知心爲眞如心者，是落入意識境界中，與常見外道合流，名爲佛門常見外道；以六識之自性（見性、聞性、嗅性、嚐性、觸知性、警覺性）作爲佛性者，是與自性見外道合流，名爲佛門自性見外道。近代佛門錯悟大師，不外於此二類人之所墮。

以六識論而主張蘊處界緣起性空者，與斷見外道無二；彼等捨壽時若能滅盡蘊處界而入無餘涅槃，彼涅槃必成斷滅故，名爲佛門斷見外道。此類人恐生斷見之譏，隨即益以「意識細心常住」之建立，則返墮常見之中；一切粗細意識皆「意、法因緣生」故，不脫常見外道範疇。此等人，皆違聲聞、緣覺菩提之實證，亦違佛菩提之實證，即是應成派中觀之邪見也。

《楞嚴經》既說眞如心如來藏，亦同時解說佛性之內涵，並闡釋五蘊、六根、六塵、六識、六入全屬如來藏妙眞如性之所生，附屬於如來藏妙眞如性而存在及運作。如來藏心即是第八識阿賴耶識，妙眞如性即是如來藏心體流露出來之神妙功德力用，諸菩薩目之爲佛性。

此經所說法義，迥異諸經者，謂兼說如來藏與佛性義，並將蘊處界入等一切法攝歸如來藏妙心與其功德力用之中。其中法義甚深、極甚深，謂言詞古樸而極簡略，亦謂其中妙義兼含地上菩薩之所證，絕非明心後又眼見佛性之菩薩摩訶薩所能意會，何況尚未實證如來藏之阿羅漢？更何況未斷我見之應成派及自續派中觀師？其餘一切落入意識境界之當代禪宗大法師，皆無論矣！有大心之眞學佛而非學羅漢者，皆應深入熏習以求實證之。

目　次

第十五輯：

自序

《楞嚴經講記》是依據公元二〇〇一年夏初開講《楞嚴經》時的錄音，陸續整理為文字編輯所成，呈獻給讀者。期望經由此經的講經記錄，利益更多學佛人，藉以生起對大乘法教的仰信，願意景行景從而發起菩薩性；亦藉此書熏習大乘法義，漸次建立正知正見，遠離常見外道意識境界，得斷我見。同時可由深入此書中所述法義的如實理解，了知常住真心之義，得離斷見外道邪見；進而可以明心證真，親見萬法都由如來藏中出生，成為位不退之實義菩薩，親自觀察所證如來藏阿賴耶識心體，絕非常見外道所墮之神我。並能現觀外道所墮神我，實由其如來藏所出生之識陰所含攝，不外於識陰範疇。乃至緣熟之時可以眼見佛性，得階十住位中，頓時圓成身心世界如幻之現觀，不由漸修而成，一時圓滿十住位功德，或能得階初行位中，頓超第一大阿僧祇劫三分有一。如是利益讀者，誠乃平實深願。

然而此經之講述與整理出版，時隔九年，歲月淹久，時空早已轉易；當時為令學人速斷我見及速解經中如來藏妙義而作簡略快講，導致極多佛性義理略而未說，亦未對部分如來藏深妙法義加以闡釋，已不符今時印書梓行及流傳後世之考量，不符大乘法中菩薩廣教無類及顯示勝妙眞如佛性義理之原則。是故應當加以深入補述，將前人所未曾言之如來藏深妙法義中，可以梓之於文者，以語體文作了大幅度增刪，令讀者（特別是已悟如來藏者）得以前後再三閱讀思惟而深入理解經義。由此緣故，整理成文之後，於潤色之時特地作了補述及大幅度增刪，令讀者得以一再閱讀深思而理解之，藉以早日轉入菩薩位中，遠離聲聞種性；並能棄捨聲聞法義之侷限，成眞菩薩。此外，本講記是正覺同修會搬遷到承德路新講堂時所講，當時新購講堂之錄音設備尚未完善，更無錄影設備，是故錄音時亦有數次漏錄情況，只能在出版前另以語體文補寫，一併呈獻給讀者。

大乘經中所說法義，單說如來藏心體者，已經極難理解，是故每令歷代名聞諸方之大師難以理解，更何況《楞嚴經》中非唯單說如來藏心，實亦兼涉佛性之實證與內涵。如來藏心體對六塵離見聞覺知，而如來藏的妙眞如性—佛性—則對六塵不離見聞覺知，卻不起分別，亦非識陰覺知心之見聞覺知；欲證如來藏心體及眼見佛性者，修學方向與實證條件差異極大，苟非一一實證者，縱使讀懂此經文義，亦無法實證之。何況此經文句極爲精鍊簡略，今時人之文言文造詣亦低，何能眞實理解此經眞義？而欲證知經中所說如來藏心與佛性義，欲求不起矛盾想者，極難、極難矣！特以佛性之實證、內涵、名義，古今佛教界中所述紛紜，類多未知佛性、或未實證眼見佛性現量之凡夫所說者；如斯等人或讀此經，必然錯會而誤認六識之見聞知覺性為常住之佛性；以是緣故，亦應講解此經而令佛教界廣為修正舊有之錯誤知見。

然而此經中有時亦敘述如來藏具足令人成佛之體性，如同世親菩薩所造《佛性論》之意涵，並非《大般涅槃經》中世尊所說十住菩薩眼見佛性，亦非此經中所說佛性—妙眞如性—現量境界之實證眞義；由是緣故，凡未親證如來藏又未眼見佛性者，往往誤會此經中所說十八界六入等境界相即是佛性境界，墜入六識之見聞知覺性中。是故九年前講述此經時，已依此經所說佛性眞義而略述之，並依此經所說第二月眞義，略加旁述佛性之理；然未盡說，預留讀者將來眼見佛性之因緣，故已隱覆佛性密意而略述佛性之義。藉此覆護佛性密意之宣演佛性方式，促使讀者將來明心之後更有眼見佛性之因緣，得以漸次成熟；或於此世、或於他世，得以一念相應而於山河大地之上，親見自己的佛性，頓時成就世界身心如幻之肉眼所見現量境界，不由漸修而得，一念之間頓時圓成第十住滿心位之身心世界如幻現觀。

又，地上菩薩由無生法忍功德所成就之眼見佛性境界，能由如來藏直接與眾生心相應；雖然凡夫、賢位眾生之心仍不知已被感應，但地上菩薩往往已經於初次相見之時，即已感應其如來藏所流注之種子，由此而知彼眾生往世曾與菩薩結下善緣或惡緣。未離胎昧之已入地菩薩眼見佛性時，具有如是功德，故能由此直接之感應，作出對彼凡夫位、賢位等菩薩應有之開示與因應，此即是三地以下菩薩隨順佛性以後，在無宿命通、天眼通之情形下，仍能妥善因應眾生根性之緣由所在。如是，諸地菩薩於眼見佛性之後所得智慧，迥異十住菩薩之眼見佛性境界智慧，非十住位至十迴向位菩薩所知。一切未眼見佛性而已明心之賢位菩薩，更未能知此。

至於尚未明心而長處無明長夜中之意識境界凡夫菩薩，更無論矣！皆名凡夫隨順佛性。聲聞種性僧人及諸外道，總將識陰六識之見聞知覺性錯認爲佛性，據以誣謗十住菩薩之眼見佛性境界，何況能知諸地菩薩所隨順之佛性智慧境界？唯能臆想而妄加誹謗爾。然諸佛所見佛性，又異於十地、妙覺、等覺；謂諸佛眼見佛性後，成所作智現前，能以五識各自流注而成就無量利益眾生之事，化身無量無邊，非等覺及諸地菩薩所能臆測。故知眼見佛性者，層次參差不一，各各有別，少聞寡慧者並皆不知，乃至已經眼見佛性之十住菩薩仍不能具知也！如是眼見佛性境界，則非此經之所詳述者；故我 世尊已於別經再作細說，以令圓滿化緣，方得取滅而以應身方便示現進入涅槃。如斯佛道意涵，深邃難知，苟非已有深妙智慧者，難免誤會而成就大妄語，或因難信而生疑，以致施以無根誹謗，未來捨壽後果堪憂；是故平實於此序文中預為說之，以警來茲，庶免少聞寡慧凡夫閱後惡口謗法，捨壽之後致遭重報。

此外，時值末法，每有魔子魔民身披佛教法衣演述常見外道法，轉易佛門四眾同入常見外道、斷見外道知見中；更有甚者，身披法衣而住於如來廟堂之中，實行印度教外道性力派—坦特羅「佛教」—譚崔瑜伽男女雙身合修之意識貪觸境界，夜夜乃至白晝公然宣淫於寺院中，成為彼等眾人寺院中的公開祕密，唯獨淺學信徒不知爾。如是邪說邪行，已經廣行於末法時代之學密佛教寺院中，台灣海峽兩岸亦皆已普及，極難扭轉其勢，豈符世尊法教眞義而不違佛制戒律？身披僧衣而廣行貪淫之行，墮落識陰境界中，豈能相應於眞心如來藏離六塵貪愛之清淨境界？眼見如斯末法現象，平實不能不喟嘆**末法眾生之福薄：屢遇如是宣揚外道法之邪師而不自知，更隨之暗地實修雙身法而廣違佛戒，日日損減自己每年布施眾生、供養三寶所得福德。**更有甚者，一心追隨邪師而認定邪法為正法，不知邪師每每身現好相，佯為實證及清淨之人；學人由無明所罩故，以護法之善心而與邪師共同造下破法之愚行，將了義勝妙之正法謗為外道神我、外道自性見；亦將弘揚正法之賢聖謗為外道、邪魔，坐令邪師勢力增廣，導致邪法弘傳益加普及。是則因於無明及名師崇拜，以善心而造惡業；然猶不能自知眞相，每以**壞法**及**謗賢聖**之惡行得以成就，而沾沾自喜為**護法大功**焉，實可憐憫。今此經中，佛陀對此廣有開示，讀者若能摒棄以前追隨名師所聞之先入為主觀念，客觀地深入此書中，一一比對佛語而能深細檢驗；然後一一加以深思，並依本經所說蘊處界功能本質及生滅性之現量加以現觀，即可遠離既有之邪見而轉入正知正見之中；若能正確了知之後，益以正確之護法善行而積功累德，何愁此世無有實證如來藏而悟入大乘菩提之機緣？乃至福厚而極精進者，亦得眼見佛性而圓滿十住位之世界身心如幻現觀。

末後，令平實不能已於言者：對於中國佛門中已存在百年及密宗已存在數百年之宗喀巴外道法因緣觀及菩提道次第，亦應由此經義而廣破之。謂百年來常有大法師遵循日本學術界中少數人的錯誤觀點，一心想要以學術研究所得取代佛法特重實證的經中教義；而日本近代此類所謂佛學學術研究者，本質仍屬基督教信仰者急於**脫亞入歐**而提升日本在國際上之學術地位，想要與歐美學術界分庭抗禮；於是出之以嘩眾取寵方式而極力批判佛教，冀離中國佛教而且上於中國佛教，於是乃有批判中國傳統佛教如來藏教義之舉——三十年前日本「批判佛教」學派於焉誕生。於是專取四阿含文字表相法義，並扭曲四阿含法義，宣演外道六識論為基調之因緣觀，取代佛教四阿含所載八識論之因緣觀，自謂彼之謬論方屬眞正佛法，主張一切法**因緣生**故無常，誣指中國傳統佛教如來藏教義為外道神我。然而，如來藏屬第八識，能出生外道神我，而法界中亦無一法可破壞之，此是一切親證如來藏者皆可現觀而證實之現量；外道神我則屬第六意識或識陰六識，被如來藏所生，乃生滅法；一主一從，二者天差地別，焉可等視齊觀？由此證知日本袴谷憲昭、松本史朗創立批判佛教之學說，純屬無明所言戲論，並無實義。

六十年來台灣佛教則由印順及其派下門人，奉行印順源自天竺密宗之宗喀巴六識論應成派中觀，採用基督教信仰者反對實證之西洋神學研究方法，曲解四阿含中所演八識論因緣觀正理，刻意否定中國禪宗法教之如來藏妙義，貶為野狐禪及外道神我；藉此表相建立其不落「俗套」而異於傳統佛教之「超然、不迷信」假象，然後佛光山、法鼓山、慈濟追隨印順而奉行之。然而印順派之思想本質，乃外道六識論之因緣觀，近承日本不事修證之學術研究學說，遠紹宗喀巴、阿底峽、寂天、月稱、佛護等六識論諸凡夫論師；謂彼等因緣觀外道如是主張：純由根、塵作爲因緣，即能出生六識：不必有本識如來藏持種，只藉六根六塵作爲因緣即能出生六識。又主張意識常住不壞，公然違背聖教。如是外道因緣觀，全違法界現量—違背現象界中可以現見之事實—諸法不自生、不他生、不共生、不無因生之事實，全違龍樹中觀之教示。

而印順派所闡釋之因緣觀、應成派中觀，正屬龍樹所破之他生與共生之外道因緣觀；復又違背四阿含中處處隱說、顯說之八識論因緣觀——由第八識如來藏藉所生根塵爲因緣，出生識陰六識（詳見拙著《阿含正義》七輯之舉述），本質正屬外道六識論邪見之因緣觀。今此《楞嚴經》中更出之以五蘊、六入、六界、十二處、十八界皆屬如來藏妙眞如性所出生之深入辨正，以九處徵心八還辨見之細膩法義，令知「識陰六識不能自生，根不能獨生識，塵不能獨生識，根塵不能共生識，虛空不能無因生識」等正理，完全符契四阿含諸經所說義理，而更深入闡述正義。如是深入辨正已，阿含聲聞道所述佛門因緣觀正理即得以彰顯，突顯佛門八識論因緣觀異於印順及宗喀巴之外道六識論因緣觀所在，則佛門學人即可遠離外道因緣觀邪見，疾證聲聞菩提乃至佛菩提，終不唐捐諸人一世之勤修也！

佛法特重智慧，是故成賢證聖而入實義菩薩位中，世世悅意而修菩道；或者捨壽後速入三塗永爲凡夫而受苦難，多劫之中常與眞實菩提絕緣，世世苦修仍不得入門，茫然無措；如是二類迴異之修學果報緣因，端在當前一念之中：是否願意客觀分辨，及實地理解諸方名師與平實所說法義之異同所在，不依道聽塗說而盲從之，實即憑以入道或下墮之樞紐及因由也！願我佛門四眾弟子皆能冷靜客觀而深入比較及理解，然後理智而不盲從地作出抉擇。審能如是，則此世即已建立修學佛道之正確方向；從此一世開始，佛道即能快速而悅意地修學及實證，非唯永離名義菩薩位，亦得永斷三塗諸惡因緣，眞成實義菩薩，何樂不爲？

此書既然即將開始潤色而準備梓行，於潤色前不免發抒感想、書以爲文；由是而造此序，以述平實心中感慨，即爲此書印行之緣起。

佛弟子　平實　敬序於竹桂山居

時值公元二〇〇八年　春分

第三輯：

《大佛頂如來密因修證了義諸菩薩萬行首楞嚴經》卷第二（承上輯未完內容）

今天講經前，有一張般若信箱的投書發問：「已知眾生七識不緣外境，唯緣第八識變現之內相分，而意法為緣生意識，其意識所緣之法塵境，是否仍純粹為第八識變現之內相分，而無第七識之識變。又第七識之相分為何？」

答：「意法因緣生意識」的阿含聖教，是大家所知道的。眾生的七識無始劫以來一向如是：意根雖緣一切境，但分別功能極差；識陰則都不曾緣於外境，所緣的都是內相分；但是意識所緣的法塵境，當然也是由內相分的五塵上面所衍生出來的法塵，意識依這個法塵而作分別。因為所謂法塵並沒有單獨存在的法叫作法塵，法塵是依附於五塵上面而有的；只要有五塵中的任何一塵存在，就會附帶有法塵顯現出來，並非五塵具足時才如此。而這個法塵是由意根所接觸的，但是意根雖然是心，由於祂的攀緣極廣的緣故，所以祂的了別性很差，必須要喚起意識，由意識覺知心來為祂了別法塵。

意識心不只是了別法塵，祂同時也了別五塵的細相；前五識只了別五塵的粗相，意識心卻不單只能了別五塵的粗相，也能了別五塵的細相；連同法塵的粗細了別，即是意識的所緣境。覺知心所領納的法塵既然是內相分五塵上所顯現出來的，當然也是屬於內相分的一部分，在四阿含諸經中說為內六入（編案：詳見《阿含正義》的舉述）。十八界中的六塵相分，全部屬於內相分，並非外相分，所以眾生的識陰覺知心所緣的相分全都是內相分，不緣外相分。但是意根緣於內相分法塵時，也同時緣於外相分的法塵及其他諸法，並非純緣內相分法塵而已；這部分，在《楞嚴經》後面經文中也會說到，這裡就不預先解釋。

第七識並不是沒有識的能變功能，因為第七識也是識，當然也有祂自己的相分，但卻屬於見分上所顯現出來的相分，這就是第七識的能變功能。也就是說，意根本身的種子流注而使自身的作用不斷地運行，這個不斷運行的行相就是意根自己的相分。另外，祂所相應的我慢、我貪、我癡、我見，是屬於四根本煩惱；祂所相應的四根本煩惱的表現過程，也是祂的所變相分，所以祂叫作第二能變識，這是略說意根的能變功能。但意根同時也成為變生第三能變識的根本緣，不是因緣，所以祂被叫作第二能變識；所以意根並不是完全沒有相分，不過祂的相分只是在行相上顯現，而不是在六塵上顯現，所以祂也有相分。

第二個問題是一封長信，密密麻麻寫了三張，還有附圖，署名三木一子；請拿回去重謄，並且請用比較明確、正楷的字，因爲字太潦草了，有些都認不出來。他問的問題很長，講經時間不可能解答；其實若能放在問答錄中來答覆，應該也可廣益眾生。其中所說的梁乃崇博士創立的圓覺宗，他們並沒有明心，落在直覺中，不外於識陰與受想二陰；其他就不必多說了。至於問到西藏密宗的部分，除了覺囊巴以外，並沒有任何法王證悟過。對他所問的較重要內容，在這裡先作概要式的答覆；其他比較不重要的長串問題，請提到般若信箱的單元中再來解答。

在繼續講解《楞嚴經》之前，先要跟大家再一次叮嚀的是：往往有人聽了經以後覺得非常的過癮，但是過癮也有兩種不同，第一是明心的人聽起來覺得很過癮，第二是已經明心又加上見性的人，聽起來更是大呼過癮。但是你如果還沒有眞正明心的時候，往往會以爲自己眞的聽懂了，其實並沒有眞正的懂；因爲這部經典的眞義，若是要眞正的懂，必須明心加上見性，這是《楞嚴經》跟其他經典特別不同的所在。那麼也有人建議我講《○○經》，但我並不打算講；因爲我若是講解了，一定會障礙絕大多數的人眼見佛性，所以我不想講解，當然我也不鼓勵大家讀。

但是如果你見性了——我說的是「眞的眼見佛性了」，我卻鼓勵你去讀；不但要讀，還要多讀、反覆的讀。這都是爲了保護大家不會失去眼見佛性的體驗，因爲眼見佛性的智慧與所見境界，比起領略、體會佛性，是截然不同的；在眼見佛性的當下，世界如幻觀在一剎那間便成就了，不需要在事後再做種種的修行和觀行。如果還沒有眼見佛性，或是見性這一關只是解悟——已經參出佛性的名義卻無法在山河大地上眼見佛性，那麼在世界如幻觀的成就上面，一定會修得很辛苦，而且品質也是很差的。所以我在講解這部《楞嚴經》時，也是很小心保留著佛性總相的密意，避免洩露出來，很小心地注意自己不要在無意中洩露出佛性總相的密意；這純粹是保護大家將來仍可以有眼見的機緣，而不是有些人心裡所想的「吝嗇而不肯講」。

其實該講的、可以講的，我都已經講了；但是能不能眼見佛性的關鍵，是在總相上的事，也是福德及動中定力夠不夠的事；可是這個總相不能提早講，一定要在你因緣成熟的時候才能講。我想諸位也讀過《我與無我》，書中的二篇見道報告，第一篇的報告中寫著找到如來藏明心以後，仍然是看不見佛性的；後來再度參加禪三時，爲什麼前面三天一直都看不見，到了最後一天接近中午時，我只不過提示了兩句話，就讓他看見了！爲什麼會這樣？這就是觀察見性因緣的能力。

在眼見佛性方面，我現在變得非常小心，只要覺得不太有把握，我就不動手引導。以前，總是在有六、七成把握時我就動手了，但是動手引導以後反而害了人，如今那些人在這一世都不可能有眼見佛性的因緣了。我到現在一直還覺得很愧疚，所以我現在變得非常謹慎；在見性這一關，若是沒有十成的把握，我一定不敢動手。但是有時候覺得似乎是有十成把握了，動手加以引導以後也不一定看得見，還是會有看走眼的時候；因爲眼見佛性這一關的因緣是否具足，眞的很難觀察。所以這一回禪三算是破了記錄，見性這一關是沒有人眼見的，因爲我看他們的因緣都還不成熟，所以不敢加以引導。至於在明心這一關，這回禪三破參的人數也是創下最低記錄；但是恐怕以後的禪三，明心者的比例還會更低，因爲這是必然的演變，我們必須開始重質不重量了。所以在講《楞嚴經》時，我會非常的小心，避免洩露佛性總相的名義；這都是保護諸位，不是吝嗇而不講。

上一週講到「以指爲月」——抱著指頭當月亮。這樣的人不只是亡失了月輪，也亡失了指頭，因為當他誤將指頭作為月亮時，他心中是只有錯認的明月而沒有指頭存在了。接下來說：

「**汝亦如是，若以分別我說法音為汝心者，此心自應離分別音、有分別性；譬如有客寄宿旅亭，暫止便去，終不常住；而掌亭人都無所去，名為亭主。**」佛陀指示說：「**阿難！你也是像那個將手指當作月亮的愚人一樣，如果是以能分別我說法音聲的覺知心作為你的眞實心，那麼這個覺知心自然應該是離開了能分別諸法的聲音以後，仍然能維持著分別之性。**」請諸位想一想：當我們聽到聲音的時候，譬如說（平實導師拍桌子出聲，又拍掌發出聲音），大家一聽到聲音時，覺知心的分別就已經完成了；都是才一聞聲就立刻知道是拍桌或是拍手的聲音，也立刻知道是拍得大聲或小聲；根本不必等到覺知心中生起語言文字以後才能分別，而是才一聽到聲音時就已經分別完成了。

佛陀的意思是說：你這個能分別聲塵、能分別聲塵中的法塵，這個覺知心是依附於聲音而有，這叫作「**聲分別心**」，是依聲音而起分別的心。這個依聲音而能分別的覺知心，也同樣能夠從聲音之中分辨法義，所以當我把一句話說出來的時候，諸位聽了立刻就知道那句話的意思，你不必在覺知心中先使用語言文字去思惟「**蕭老師這句話是什麼意思**」？然後才知道是什麼意思。你從來都不必使用語言文字來思惟，才剛聽完了，直接就了別完成了，表示才剛聽完一句話之時就直接知道那句話的意思了，這就叫作「聲分別心」。這個聲分別心是依附於聲塵而存在的，不能稍離聲塵而獨自存在；當這個聲分別心同時在了別色塵時，也不能稍離色塵而獨自存在，所以不是眞正常住不去的主人，只是在自身旅店中來來去去的客人；是六塵來時祂就來了，若是六塵滅盡時祂就離去了。當阿難尊者把能聽 佛說法音聲的覺知心，認作是自己的眞實心，那時 佛說：「**這也是將能分別我所說法音的覺知心作爲自己的眞心。**」表示阿難尊者當時還沒有證悟如來藏，仍然是以能分別法音的覺知心作爲自己的眞實心，或者以能夠對聲音分別的心作爲自己的常住眞心，佛陀對阿難尊者當時這樣的認知，是不加以許可的。

諸位還記得嗎？有一位這幾年才崛起的大法師，他常常說：「**諸位在下面聽我說法，你們這個能聽法的心就是眞如心。**」正好與這時的阿難尊者一般，同樣落在意識覺知心及耳識中，不脫識陰的範圍。但這個覺知心並不是自己眞正的常住心，而是生滅心，是依附於六塵才能存在的生滅心，是離塵無體的生滅法。所以 佛陀又提出質疑說：「**如果這個能聽聲音、能從聲音中辨別法義的覺知心就是眞心——就是自己常住而不毀壞的眞心，那麼這個覺**

知心應該是離開了所分別的聲音、離開了所分別聲音中的法義以後，祂自己仍然能夠維持著原有的分別功能。」也就是說，能了別聲塵、能了別聲塵中所顯示意思的覺知心，是無法離開聲塵及法塵而有了別性的，當然是依他而存的生滅心；一旦離開了所了別的聲塵與法塵，祂就無法自己存在了——分別性已經消失了，這當然不是能夠自己常住底主人。

也許有人仍然會繼續主張說：「**這個能了知聲塵及法塵的覺知心，是可以離開聲塵法塵而繼續存在的。**」可是諸位現在觀察一下、返觀一下：你這一個聲分別心、法分別心，如果離開了聲音，或是離開了聲音中的法塵以後，還有沒有分別性存在？答案是：絕對沒有分別性存在了！因爲這個覺知心，絕對不可能離開聲塵、離開法塵而繼續存在；一旦離開聲塵與法塵時，覺知心一定是斷滅而不存在了，又如何能夠維持祂原來的分別性？這個聞聲而能分別的覺知心，在聞法時是因聲而能分別的，其他時間也是因六塵諸法而能分別的。若是離開了六塵，這覺知心就不可能繼續存在了，何況還能分別？

這就告訴大家說：覺知心——意識及前五識心，這六個識只要接觸到六塵的時候，分別就同時完成了，並不需要透過語言文字才做分別；並且是依附於六塵才能生起及存在的，所以這個能覺知、能分別的心，佛在阿含中早就說過了：「意根、法塵因緣生意識。」並且總是在說明「眼根、色塵因緣生眼識，乃至身根、觸塵因緣生身識」之後，才說「意根、法塵因緣生意識」的。由此可見這個能在六塵中作種種分別的覺知心，是在六根觸六塵的時候才能出生的；若是六根不觸六塵時，這六識覺知心就無法生起及存在了！換句話說，覺知心其實就是識陰等六識，這個覺知心的功能就是能見之性、能聞之性、能嗅之性……乃至能知覺性、能思惟性。這六識的功能也就是大乘佛門中的凡夫大師們所認知的佛性，並不是十住菩薩所眼見的佛性，更不是諸地菩薩所隨順的佛性。而這個覺知心一旦離開了六塵，就立刻消失了，何況能維持祂原來的分別性？原來的分別性不存在時，即是表示祂已經消失而不存在了！因爲祂存在時一定是剎那剎那不斷地了知六塵的，而祂也是依附於六根及六塵的接觸才能出現的，所以覺知心的功能只能依附在六塵中來運作，離開六塵時即不可能繼續存在，當然更無功能可說，也就不會有原來所擁有的分別性了。

佛又從另一個層面來說：「你阿難如果將這個能分別我釋迦如來聲音的覺知心，將這個能分別我釋迦如來所說法義的覺知心，認作你的眞實心，那麼你這個覺知心自然應該是本然存在的，不是必須依附於法音才能存在的。」

假使有人想要主張說：「這個覺知心是不必依附於法音—不必依附於六塵—就能獨自存在的心，所以確實是眞心。」那麼，既不是依附於六塵、不是依附於法音才能存在的心，當然是不生滅的心，那就應該離開了法音、離開了六塵以後，仍然會有祂自己本來所擁有的分別性，可以繼續運作不斷。可是，當覺知心離開了法音—離開了六塵—的時候，就沒有聲塵中的分別性與音聲中的法塵分別性存在了，因爲連覺知心自己都消滅了，何況還能有祂的功能存在？譬如覺知心能夠分別色塵、聲塵、香塵、味塵、觸塵，可是覺知心如果離開了這五塵，一樣是沒有辦法維持原來所擁有的法塵分別性，並非單只是離開了聲塵就無自體存在；這意思是說，覺知心是一旦離開六塵時就沒有自體可以存在的，而祂依附於六塵而生起的分別性，當然也就隨之消散而不存了。

然後　佛陀舉例說：「就好像有客人來到旅亭，」也就是來旅館寄宿，「他們晚上來旅亭住宿，總是暫時停住一晚之後就走了，始終不會常住下來；可是掌管這個旅亭的人——掌管旅館的人，他從來都不曾離去，繼續不斷地照料著旅亭，所以這個人就被稱爲亭主。我們所說的心也是一樣的道理，如果是你的眞實心，就應該是無所去的，應該是常住於此，繼續不斷地照料著旅亭（色陰）而不會有時離去——不會有時斷滅；那麼爲何你所認定的常住眞心——覺知心，竟然是離開了聲音、法塵就沒有分別性了呢？」當海峽兩岸的大法師們都認定覺知心是眞心的時候，當海峽兩岸的大法師們都認定識陰六識的功能就是佛性的時候，他們面對 佛陀開示的這一段聖教，應該要怎麼回應呢？是否要效法印順與呂澂一般的否定《楞嚴經》呢？因爲他們所「悟」的都同樣是覺知心六識，同樣都是識陰所攝的覺知心六識，不是 佛陀所說的常住於旅亭中的主人如來藏。

佛陀這幾句話，讓那些密宗常見外道們都氣死了。因爲他們本來以爲一念不生時的覺知心—明光心—就是眞心，是常住不壞心；而他們的雙身法中樂空雙運時的覺知心，正是同樣這個覺知心，所以稱爲大樂光明。本來以爲住在樂空雙運中，成就了大樂光明的時候，就是成佛了，而且說是更高層次的報身佛！沒想到讀了 佛陀這段經文以後，自己返觀的結果竟然發覺：原來離開了聲音、離開了法塵—離開了六根與六塵—離開了身根上的觸塵與覺知觸塵空無形色的法塵以後，我這個樂空雙運時的覺知心就不能存在了，其中的分別性—能見乃至能覺之性—能知覺淫根樂觸的覺知心的了別性，當然也就跟著不存在了！這樣一來，已經顯示覺知心是虛妄而生滅的妄心，不可能是自己眞正的、常住的眞心。因此，所有落入常見外道法中，所有落入識陰六識法中的外道及佛門大法師們，可就不喜歡《楞嚴經》了！密宗的法王與信徒們就更氣、更恨這部《楞嚴經》了！因爲他們的墮處都被 佛陀預破了，都被 佛陀預斥爲識陰境界中的生滅法，卻又無法狡辯說他們沒有落在佛陀所預破的境界中。

所以密宗從來都不宣講《楞嚴經》的，他們有時候把《楞嚴經》摻進一些自己新創的外道法，再把《楞嚴經》的重要法義剪掉，成爲另一部密宗的經典，可是他們從來都不講這一部《楞嚴經》。因爲假使把這部《楞嚴經》請出來全部宣講，而且所講解的內容是符合《楞嚴經》的，那麼他們所謂的法王們所親證的眞如、佛性，也就隨之全部幻滅，全都要被經文所否定而成爲虛妄心了，所以他們絕對不會講解及弘揚《楞嚴經》的。

而且，這部經中說：**以婬行修行的結果，都無法成就菩提，下一世一定會成爲魔子、魔民**。所以他們乾脆就說《楞嚴經》是僞經，就栽贓爲房融等人集合創作的經典。而且，應成派中觀師呂澂、印順等人所宗奉的六識論中觀，也是出自密宗六識論的中觀教義；對於提倡第八識如來藏的《楞嚴經》，他們是極痛恨的，因爲這部經典會使他們密宗應成派中觀的六識論中觀從根本被破滅，當然要極力否定這部經典。以此緣故，他們都是極力否定這部經典的人，最具體的事例就是呂澂寫作〈楞嚴百僞〉來破斥這部《楞嚴經》，把這部經典誣爲房融等人所編造的。假使這部經典眞的是房融等人創造的，平實倒是寧可當房融，絕對不樂意去當密宗的法王；因爲如果房融眞的能夠寫出這樣的經典來，這對佛教正法的弘傳也是一大貢獻，而且表示他的證量是等同於 佛陀的；我信受都來不及了，何況敢加以否定？

且不說〈楞嚴百僞〉的說法有沒有破綻，單說呂澂等人能不能讀懂《楞嚴經》中的義理，也就足夠證明他們的無知了！想要破斥別人時，一定是已經懂得別人所弘揚的法義內容，才能看出其中有什麼破綻，然後才能正確地加以評論或辨正。但是，這部《楞嚴經》中的法義，且不說還沒有證得如來藏的呂澂等凡夫，連尚未迴心大乘的大阿羅漢們都還不懂呢！且不說那些定性阿羅漢們，連已經實證如來藏的初悟菩薩們都還不一定能讀懂呢！何況是還在凡夫位而沒有斷我見的呂澂等人，怎能讀得懂呢？既讀不懂其中的法義內容，又如何能從法義上來辨正本經的眞僞呢？無怪乎他們都只能在事相上提出各種說法，來誣衊說《楞嚴經》是僞經。

但是，平實從實證如來藏而且眼見佛性的證量中，來看待這部《楞嚴經》

時，不但發覺經中所說完全正確，而且是比明心及眼見佛性者的境界更高，當然信受不疑，又怎麼敢無根誹謗成僞經呢？所以密宗及印順派等六識論者，都是從來不弘揚《楞嚴經》的，因爲密宗及印順等人一向落入識陰境界中，既未斷我見，也未明心，更未眼見佛性，當然是讀不懂這部經典的。假使有人請問經中的法義，他們一定只能啞口默然、無所能言，何況能請出經典來勉強解說呢？而且《楞嚴經》一向破斥識陰的境界，印順派及其門人所謂開悟所證的直覺，密宗所說的開悟證得明光心，或是「究竟證悟」成爲**抱身佛**的樂空雙運、大樂光明，都仍然是識陰境界，不離識陰所函蓋的範圍，正是本經所極力破斥的識陰境界，他們當然是不可能支持本經的。言歸正傳：

「**此亦如是，若真汝心，則無所去，云何離聲無分別性？斯則豈唯聲分別心？分別我客，離諸色相，無分別性；如是乃至分別都無，非色非空。**」佛陀說：「你阿難所說的覺知心，如果眞的就是你的常住不壞心，就不會有離去—中斷—的時候；爲什麼你的覺知心卻是一旦離開了聲音，就失去原有的分別聲音的自性？」也就是說，一旦離開了六塵時，就沒有覺知心自己原來所擁有的分別性了！佛陀接著說：「像這樣的覺知心，豈但只是能憑音聲來做分別的心？還能分別自己，也能分別客塵，」如同旅亭的客人能分別自已是客人，也能分別旅亭以及旅亭中的種種六塵，「可是這個覺知心，一旦離開了種種色相的時候——也就是離開了六塵中的種種法相時——就沒有分別性了。就像是離開聲塵就沒有分別了，離開了色塵，離開了香塵、味塵、觸塵、法塵時，豈只是不能分別而已，乃至能分別的功能全都無有了，」因爲那時覺知心已經斷滅了，「那時既沒有色法物質可以讓祂分別，乃至連六塵空掉了的空，也都不可能被覺知心所分別了。」因爲當六塵都空掉的時候，就是覺知心暫時滅失或者死亡永滅而不存在的時候了。這時當然是「非色非空」的，也就是沒有色塵也沒有空無可說了，因爲了知色塵、了知空無的覺知心已經滅失而不存在了，當然就不再有色塵與空無被覺知心所了知，所以色與空也都不存在了。

「**拘舍離等昧為冥諦，離諸法緣無分別性，則汝心性各有所還，云何為主？**」這個能覺能知的心——聲分別心——法音分別心，若是離開了色塵、聲塵，離開了香、味、觸以及法塵等，就完全沒有原來所擁有的分別性了；因爲離開六塵時，覺知心已經滅失而不存在了，當然是沒有辦法作任何的分別，就同於龜毛兔角——子虛烏有。既然完全沒有辦法作任何的分別——無法再顯現覺知心的功能性，也就是能見之性、能聞之性乃至能覺能知之性，全都滅失而不再存在了，那就知道這個覺知心已經消失而不存在了，就表示覺知心六個識都不是自在的心，是依他而有的心—不是自己本來就在的心—非自在心。既不是自己本來就在的心，當覺知心離開六塵時，原有的分別性就全部消失掉，顯示覺知心已經不存在了；不存在時既不是色法，也沒有空無可說了（空無只是覺知心中所認知的一個境界），這證明覺知心有生滅，當然不該認定覺知心爲自己的常住眞心。有誰那麼笨，希望自己的心是生滅的呢？

佛陀像這樣子一次又一次地徵心，在第八處徵心之後，顯示這些經文中所說的仍然是在徵探覺知心是否爲眞心；這樣一次又一次計算下來，到這裡已經是第九次徵心了，豈只七次或七處徵心而已？佛陀在這裡已經是第九次說明：這個覺知心不是大眾的眞實心，而是虛妄心，不該認取爲自己常住不壞底眞實心。於是 佛陀說：「拘舍離等外道們知道五陰是虛妄的，卻不知道自己還有另一個眞實心可以出生五陰、萬法；於是就把出生五陰萬法的眞心如來藏的功能，全都推崇爲冥性的功能，於是創造了冥諦的學說而弘揚起來。」但冥諦只是不可說明而且不可實證的想像法。「可是，當你們返觀覺知心的自性時，一定會發現這個事實：覺知心一旦離開了自己所緣的諸法，就不再擁有原來的分別性了——因爲覺知心在離開了所緣的諸法時就跟著中斷了、滅失了；由此可見，覺知心的體性是各有所還的；若是把覺知心生起時必須依附的諸法，全都還給諸法原來的歸依處——全都歸還給能出生所依諸法的本心如來藏時，覺知心就毫無實質而不能存在了；像這樣的覺知心，你阿難怎麼可以認定爲自己的眞主——怎能認定爲常住不去的旅亭中的主人呢？」

拘舍離是母名，依母稱子。拘舍離是六師外道中的第二種，他們執著有一個冥性能出生五陰及萬法，以爲這是法界中的眞諦，就以這個錯誤的眞諦作爲宗旨來弘法。他們又認爲萬法的出生根本即是由這個冥性而自然出生的，所以又具有自然外道的說法。他們平等攝取其餘五師外道說法而綜合爲一說，他們所說的冥諦共有二十五個數目，正是數論外道師；由於這個能出生有情、出生萬法的冥性，是決定不可知、不可證的，所以稱爲冥性。冥，就是不可知的意思。數論外道所知的冥性是不可知而不可證的，所以也無法爲人解說它的內容；數論外道們就以這個冥性作爲常住而不生滅的涅槃。

拘舍離外道總共建立了二十五個冥諦，認爲一切法、宇宙萬有都是從一個不可知的冥性中出生的；他們認爲只要滅除了自己以後，剩下的不可知也不可證的冥性，就是涅槃；而這個不可知也不可證的冥性是離見聞覺知的，所以也說涅槃寂靜。但他們不知道各人都有的根本心如來藏即是法界的實相，就說眞正的實相是不可知亦不可證的冥性；就以想像所知的冥性來建立他們的眞諦，所以又稱爲冥諦。冥諦的意思是說，法界的本源是大家所無法知道的眞實道理。既是無法知道的眞實道理，怎麼能證明他們所說的道理確實符合法界的實相？又怎麼會是眞實的道理？既不是眞正的道理，就不能稱爲諦，所以他們自稱爲冥諦的「冥」是正確的，但自稱爲「諦」卻是錯誤的。因爲從理上來說，是不能成立的；正因爲無法成立，所以他們在深心之中對自己的說法還是不能確信的，當然也就因此而無法斷我見、證初果了，也就只能繼續留在外道見中，始終無法與解脫、與涅槃相應。

而且，他們所建立的二十五個冥諦的次第，不但與法界實相顚倒，也是與現象界中現前可以觀見的世俗諦顚倒，因爲他們把冥性之後的二十四諦的次第顚倒了，把所生法的助緣排在後面，而將所生法排列在前，這樣組合成爲二十五個冥諦，事實上並不能成立；所以他們所說的冥諦，並不是諦。諦，是眞實而不可推翻的道理，否則即不能稱爲諦。眞諦，一定是可以證知的，否則就只能是思想、推理、哲學，不可能是眞諦；既然二十五冥諦不是眞實而不可推翻的，當然也不能稱之爲諦。你們這一次參加精進禪三破參回來的人，有沒有好好去體驗啊？有沒有親自體驗自己的六根、六塵是不是都是從眞心如來藏中出生的？你們都應該去體驗啊！體驗過了以後，你就知道數論外道建立的二十五個冥諦的次第是顚倒而說的，也能了知他們所說的冥性只是一種思想而非實證。

這意謂著眞正的眞實理一定是可以親證的，並且可以由具有因緣底人一再地重複親證而加以檢驗的。如果是不可知、不可證的，那就絕對不是諦——不是眞理；因爲不是眞理，所以稱爲冥。可以由別人一再實證而加以檢驗的眞理，就不是冥，而是道；道是方法，經由同樣的方法，即可以由別人再次實證而加以檢驗，證明二人乃至多人的所證都是同樣的眞相，這才能稱爲諦。若所證的心是法界萬法的第一因，過此第一因即無任何一法存在，即無任何一法可證，才能稱爲萬法的本源，才能稱爲第一義的眞理——第一義諦。但，拘舍離等六師外道，都不曉得這個眞正的道理，所以就把法界本源的眞實相給誤會了；不知道萬法都是由常住不壞的如來藏心所出生，誤以爲有一個不可知、不可證的法，在冥冥之中自然出生了山河大地及諸有情，與自然外道合流，然後就謊稱這是不可知也不可證的眞實道理，所以叫作冥諦。然後主張說，由冥性而滋生了六根、五唯……等二十四法，與冥性合稱爲二十五諦，稱爲冥諦。但這全都是虛妄想所得的想像之法，只能稱爲思想而不能實證。它的錯謬之處，我們今天暫且不說，把它留到增上班未來重講《成唯識論》時再來演述及辨正。

我們因爲要把覺知心非眞亦非妄—攝歸常住的如來藏而歸屬於如來藏—所以也是常住不壞的道理，讓大家都能前後貫通，所以不能講得太深細，一定要講快一些，大家才能把經文的意涵前後連貫起來，這樣《楞嚴經》的意旨才能夠眞的聽懂。也就是說，覺知心等識陰六識雖然都是藉根與塵二法而出生的生滅法，但是歸屬於常住不壞的如來藏中的一部分時，卻只是屬於常住如來藏的一部分功能，所以就成爲非眞亦非妄的了。但是，這卻是要實證如來藏常住不壞的金剛性以後，才能把覺知心攝歸常住的如來藏，才能印證覺知心依附於如來藏以後的非眞亦非妄，這才是證悟菩薩所證的法界實相。然而拘舍離等六師外道都不曉得這個眞實理，又看見覺知心常常會斷滅，就以爲覺知心一念不生時就是冥諦，有時又主張覺知心的背後另外有一個不可知、不可證的極細的覺知，那就是冥性，主張這個想像所知的冥性是萬法的本源。他們又說這個冥性是眞實的道理，是誠正之說，所以名爲冥諦。

像這樣子錯會萬法的本源，並不只是拘舍離等六師外道，中國的道家也是一樣，所以道家主張有太極，說太極是一切萬物的本源。不過，道家對法界本源的立論雖然錯誤了，若是比起一神教來，層次又是高太多了！一神教的教義根本沒有辦法與道家相提並論。一神教的層次始終不離欲界六天的層次，但是道家法義理論的層次比一神教高出很多，所以有太極之說，而不是主張由一個萬能的天神來創造世界與有情。然而，太極卻不是道家的一切修行人所能證得的，道家的主張有些類似數論外道的冥諦——太極生萬法的道理，很類似冥性生萬法的道理；這是遠超出一神教所主張由萬能的唯一上帝來創造世界及有情，因爲所謂萬能的上帝並非萬能的，而上帝自身也是五陰，仍然是所生法，是由太極—其實即是如來藏—所出生的，所以上帝自己仍然不離生滅性，不是常住不壞法；所以上帝造物主之說，其實不如道家所倡的太極之說。因爲，上帝其實是五陰，即使後來教會改革了一神教的教義爲聖靈、聖父、聖子三位一體以後，仍然無法跳脫此一範疇。

但是我們對道家之法，仍然有話要說；所以最近才印好的這本《我與無我》（編案：二〇〇一年十月出版），我用了太極圖作爲書本封面的圖案。爲什麼用這個太極圖呢？當諸位把封面翻過去的時候，在裡面就已經有一首偈（註）說明其中的道理了！在座的諸位，你如果是已經明心的人，讀了我寫的這首偈，大約就知道我講的道理了。我的意思是說，其實眞正說起來，道家所講的太極，只是一個臆想、一個想像；在理論上來說，太極之理是正確的建立，是有智慧的人所想像的生命本體，由這個本體產生了兩儀，所以有黑白相待，有乾坤相待；乾代表天、坤代表地，乾代表男、坤代表女，正是兩儀。而黑中有白——陰中有陽，白中有黑——陽中有陰，是互攝互生的，並非是絕對的；由此緣故，說天地陰陽兩儀生萬物，也說男女兩儀生欲界有情；但是兩儀之根源是太極，太極之中具備了兩儀的內容，即是如來藏中具備了男女兩性的所有功能；不但如此，更具備了三界中一切有情及山河大地應有的功能，不只是陰陽兩儀而已。然而太極究竟是什麼？在何處？如何證？道家地位最高的大修行者一樣是不知道。（註：太極唯臆想，根本實眞識；無明生兩儀，萬法由茲生。無我中有我，我中有無我；涅槃餘眞識，我無我俱泯。）

而兩儀現象之所以長時間不斷地繼續存在，使有情持續不斷地輪轉於欲界中，不斷地有山河大地存在及男女有情繼續生死，都是由於無明所致——不知道太極即是如來藏阿賴耶識的眞實義，由此而使無明繼續存在。由此無明為緣，便不斷地受生而攝取來世的名色，於是就有兩儀、四象、八卦等欲界事相輪替衍生，六十四卦不斷變易，始終相繼而輪轉不斷。然而我們說，太極其實就是如來藏阿賴耶識，而這個眞相識的功德與義理，是極深奧、極勝妙、極微細、極廣大的法，只有追隨諸佛多劫勤行菩薩道的菩薩們，才能證知，不迴心的阿羅漢等聖者所不能知、不能證。

而封面上的乾坤圖，有人說我好像擺錯了！應該是白色在左邊，黑色在右邊，因爲男左女右。但是，法無定法，法界中並沒有絕對的，也沒有所謂男左女右的事，這只是中國人施設的說法，在法界中並沒有這種施設。所以我說：「**你說的對，我說的也對；你主張的白左黑右、男左女右也對，我所印的白右黑左也對。**」（編案：第二刷起已改印爲陽上陰下，以免諍論）因爲，根據道家所說，乾在上、坤在下，天在上、地在下，是符合現象界的正確道理；但是，太極是不動的嗎？一定是時時都在轉動，才能有兩儀、四象、八卦……等；當它轉動不停時，黑白男女究竟誰該左？誰該右？而且，這只是依人類的施設而右旋，然而法界中並無定法，如果你從另一面來看，它又是左旋的，不是右旋的。

就好像諸佛胸前都有個卍字，那就是一個銀河系的樣子，代表一個三千大千世界的度化事業；你若是從銀河系的上方來看，它是右旋的；你若是從銀河系的下方來看，它卻是左旋的；而銀河系的自身，其實並沒有上下可說，又有什麼右旋與左旋可說呢！所以說，法無定法。譬如八卦安上去以後，是要依太極圖的右旋來產生作用的；但我卻不管是左旋或是右旋，一樣能用；因爲我依實證的太極—如來藏—來用，我才不管是右旋或是左旋呢！

那麼，太極的構想是正確的，只是太極本體弄錯了——因爲還沒有找到萬法的本體根源。太極這個本體，其實就是第八識如來藏，就是阿賴耶識；而外道所主張的造物主上帝，其實也正是如來藏的別名，只是外道們並沒有找到造物主上帝—大梵天—如來藏，所以產生了種種妄想言說，無法通過三界因果的驗證及一再的證實。而太極本身既是第八識，由第八識所含藏的無明種子爲動力，就產生了兩儀；既有無明而產生了兩儀，兩儀生四象，四象生八卦，八八六十四卦，循環不止，萬法就從這裡出生了，眾生就這樣輪迴不止。所以道家的《易經》八卦排列出來，在現象界是可以符合的，但也只能停留在現象界中來探討現象界中的事相，無法往上突破進展到法界的眞實面來探究；所以對實相法界完全沒有辦法觸及，因爲實相法界的探討，只有大乘佛法中才有，不是道家所能探究的，更不是層次更淺的一神教所能探究的；至於民間信仰的說法，那就更不必說了。

所以道家《易經》的學問如果學得很好，依所排列出來的卦象來算世間法，通常是正確的，能符合世間現象界的法理；若是想要用它來探究法界的眞實相，可就無法觸及到了；所以我說道家建立的太極思想，只是一種臆想而不是實證；而太極眞義的根本，就是我們大眾各自都有的如來藏——第八識。太極本身就是如來藏，而太極圖是畫得很正確的：白色的是陽，其中有個黑點；黑色代表陰，其中有個白點；而這兩儀也都在太極如來藏中存在著。請問你們女眾：你們女人的如來藏中有沒有含藏著將來出生爲男人的種子？（女眾答：有！）再請問你們男眾：你們的如來藏中有沒有含藏將來能出生爲女人的種子？（男眾答：有！）這就對了！眞的是男中有女，女中有男嘛！眞的是你儂我儂，男女本來是一家，同屬於如來藏太極，都不外於如來藏太極。在太極如來藏自身來說，本來沒有兩儀可說，只是由於無明或願力而產生了兩儀，由這兩儀的運作之後，就會有四象，於是人間的男女、父子、尊卑、家庭、師徒、君臣、國法、事業……等制度與事業就衍生出來了，這不就是卜卦時所問的世間諸事嗎？

然而，推究到最後，世間萬法的總源頭——太極，其實就是如來藏，如來藏就是太極，這就是一生二、二生三、三生萬物的道理。可是道家知道這個道理以後，實證太極了嗎？沒有！他們並不知道太極是什麼，當然也無法實證太極如來藏！至於一神教，那就更不用說了。所以，道家只知道從卦象上來看，知道陰中有陽、陽中有陰，知道這是法界的眞實理，並未實證；但諸菩薩則是已經實證的，因爲已經從實證的太極如來藏中，證實世間一切法的種子，在如來藏中都已經具足含藏了；而太極如來藏是無我性的、常住不壞性的，祂才是眞實我，才是大衆應該找尋而認定爲自己的心。因爲祂是眞實而常住的，不是像識陰六識全都是生滅來去的有爲法，所以我才會說：「無我中有我，我中有無我。」

什麼是衆生所認知的我？衆生的五陰十八界就是自我，這個自我之中隱藏著眞我如來藏，而如來藏自己卻是無我性的。怎麼樣是無我？太極如來藏是無我性的，因爲從來不自覺有我，所以從來不分別他人與自我。但這個無我性的太極如來藏中，卻含藏著衆生的五陰十八界我。怎樣是衆生性的無我？因爲蘊處界緣起性空——五陰十八界全都緣起性空，所以是無我；在無常故無我的五陰十八界衆生我中，卻隱藏著每一個衆生都有的眞我如來藏，祂是常住不壞的心，所以名爲我——眞正的自我。怎樣是我？如來藏常住不壞，永無來去而常住，所以是眞我，而這個眞我之中也含藏著蘊處界假我。

如來藏從來都是無我性的，無始劫以來本就是如此的，不是修行以後才變成無我性的；正因為有太極如來藏這個無我法，所以出生了五陰十八界的眾生我。也因為有蘊處界的緣起性空，才能有這一世的你、我；否則，覺知心就應該是從過去世輪迴到這一世來的，當這一世的覺知心不是這一世新生而全新的，而是從久遠以前的往世一世又一世受生過來的同一個覺知心，那你就無法成為一個全新的人，你可就慘了！因為青年人想要結婚的時候，想要嫁個新郎，或是想要娶個新娘；一定是要年輕的，不要老人；如果是舊郎、舊娘，可就不想婚嫁了。

或者說，新郎去相親時一見，原來對方是上一世的母親；女人想要出嫁時相親，才一見，發覺對方原來是上一世很長壽的祖父，那你可就不要了！這樣一來就很麻煩了，因為必須要等待過去每一世都成為自己配偶的人，才能婚配，這問題可就很嚴重了！所以，一定是常住的太極如來藏中，含藏著來去不住的客人——含藏著全都只能存在一世的覺知心，而太極如來藏是無我性的、不了知六塵中的種種法；太極如來藏又是常住的眞我，卻含藏著無常故無我的覺知心種子，含藏著眾生誤以為自己眞我的覺知心種子，所以，我說無我之中含藏著我，我裡面又含藏著無我。

佛菩提道中的我與無我是不可分的，如此具足了我與無我法，當然也就含攝了二乘菩提的無我法，這才是具足圓滿的成佛之法。若是單講蘊處界無常故無我，而沒有常住的眞我如來藏，就會變成無因論、斷滅論。反過來，若是單講眞我如來藏，那就純粹是實相法界、涅槃法界；若純粹只有實相法界、涅槃法界的時候，沒有覺知心假我由實相法界如來藏支持在現象界中運作，還能有誰來參禪而找到無我性的眞我如來藏呢？當然是找不到如來藏而永遠是凡夫了！說句不客氣的話，若沒有如來藏實相法界存在及運作，現象界中的蘊處界假我根本都不可能繼續存在了，還能證得如來藏實相嗎？

所以說，我與無我、眞心與妄心等眞實理，一定要在三界中探究；想要親證實相法界的般若智慧，一定要在三界中尋覓如來藏而親證祂；只要確實證了祂，法界實相的般若智慧就生起了。想要修證佛法，得要在三界中修，必須保有無常故無我的覺知心假我，才能探究無我性而常住不滅的眞我如來藏的所在。你如果入了無餘涅槃時，既無覺知心假我可以參禪，那時既沒有佛法，假我的覺知心也不見了；那時將是連無我性的如來藏也不見了！爲什麼呢？因爲眞我如來藏是離見聞覺知的，也是離思量性的，從來都不會反觀自己，所以也沒有自己來了知眞我如來藏的存在，因此方便說眞我如來藏也不見了！當你入了無餘涅槃中，無常故無我的緣起性空的十八界都滅盡了，你自己不存在了，還有誰能知道有眞實的自我如來藏常住不滅？

那時你的如來藏，對於六塵既沒有見分、沒有自證分、沒有證自證分，怎麼能知道如來藏自我仍然常住而存在著？如來藏自身的體性，並沒有六塵中的見分、自證分和證自證分，所以當然無法實證如來藏自己，也無法了知或反觀如來藏自己，這就是經中所說的「如刀不自割」的道理。但這裡所說的見分、自證分、證自證分，都是從三界六塵諸法的範圍內來講的；若是超越三界六塵等法而說的時候，從如來藏的自身功德來說的時候，還是有六塵外的極微細三分可以說——祂有六塵外的見分、自證分、證自證分；但那是道種智中很微細的部分，現在公開解說了，諸位一樣是聽不懂的，就暫時不談它。

那麼，我的意思是說，如來藏是不落入數中的，因爲祂不是三界內法，是現象界以外的實相；而拘舍離等六師外道，由於心智昏昧，不知道萬法都由各人自己的如來藏眞心所出生，於是建立一個想像中的冥性，認爲是由冥性來出生五唯等二十四法，把冥性加上去就是二十五諦，主張這是法界中眞實不易的正理。這二十五諦建立以後，成爲可以計數的二十五法，落入數中，就稱之爲數論外道，這就是把如來藏昧爲冥諦的拘舍離外道的落處。

古時的天竺外道是如此，中國的道家也是一樣把如來藏昧爲太極，不知道太極就是佛家所說的如來藏。一切法都從太極來，其實道家的太極理論是正確的，然而太極究竟是什麼？道家並不知道。而太極就是第八識如來藏，由太極如來藏而出生了兩儀、四象、八卦，八卦互配就成爲六十四卦，其中還有許多的變數，這些變數配合起來，就函蓋了世間法；若是把太極的眞實義也呈現出來時，就包含了出世間法在內。

然而，《易經》八卦所推算的都是世間法中的依報，而不能算到正報上面來；正報的主體五陰十八界的內容，八卦是無法推算的；因爲八卦的推算基礎是依五陰的誕生爲基數來推算的，因此，八卦所能推算的諸法，都屬於眾生在世間求生時相應的諸法。八卦的原理，是由欲界天神傳給人類而流傳下來的，都是在世間法的範圍中來推算的，無法推及二乘的出世間法，更無法推及世間、出世間萬法的本源——第一無上的眞諦。而太極眞正的理體如來藏，要在大乘佛法中去修證如來藏，才能通達出世間法與世間法；但是，拘舍離等外道將如來藏昧爲冥諦，道家將如來藏昧爲太極，一神教將如來藏昧爲上帝造物主，婆羅門教將如來藏昧爲大梵天——祖父，其實全都不曾實證眞諦如來藏——冥諦、太極、造物主、大梵天；由此緣故而全都落入識陰六識中，或是落入識陰六識的功能性中——落入能見、能聞乃至能覺、能知之性中，不外於識陰及其功能。

可是六識雖然能見、能聞乃至能覺、能知，卻從來都要依附於六塵才能存在，才能擁有這六種功能性，所以 佛說「離諸法緣無分別性」。意思是說，若是離開六塵中種種諸法的助緣時，就不再擁有原來的分別之性；因爲離開所緣的六塵以後，六識已經不存在了，六識所擁有的覺知等功能就隨之湮滅不存了。覺知心在聲塵中時，是依聲而有分別性；處在色塵中時，是依色塵而有分別性；乃至處在法塵中時，是依法塵而有分別性；當覺知心離了六塵時，連覺知心自己都不存在了，當然就更沒有分別性可以運作了。而覺知心是有來處的，就是如來藏心；若是離了如來藏心，就一定找不到來處；所以七處、八處、九處徵心的結果，才會找不到來處。但是找到如來藏的菩薩們，卻可以找到覺知心的來處——從如來藏中藉種種因緣而出生；可見覺知心的體性各有所還，應該還給六根、還給六塵、還給流注覺知心六識種子的如來藏；當覺知心把自己所依的根與塵都還給出生根塵的如來藏時，覺知心自己的種子就無法再從如來藏中流注出來了，就沒有覺知心出生與存在了，由此證明覺知心是在旅亭中—在色身中—來來去去的客人，是常常不在旅亭中的心，不是常住的、不是從無來去的主人眞心。只有如來藏才是每天都常住在旅亭色陰中的主人，從來都不曾在色身旅亭中離開過一剎那。

既然覺知心是依根塵及如來藏所含藏的種子爲因、爲緣，才能從如來藏中出生及存在與運作，當然覺知心是可以還歸於如來藏的，當然不是常住於旅亭中的主人；而覺知心所依所緣的諸法，也都是各各可以還歸本所出生之處——如來藏，所以這些被覺知心所依、所緣的諸法，也都不是本有的，都不是可以獨自存在的，所以覺知心所緣的根與塵，當然也不可以說是亭主。在覺知心自己是可歸還於如來藏，而覺知心所緣的根與塵也是可歸還於如來藏的情況下，顯然覺知心絕對是客人，一定是每天都來來去去的；所以覺知心每天晚上睡著時就去了——離開旅亭而沒有分別性了，覺知心每天早上起床時又來了——來旅亭中安住而繼續分別六塵了；所以，覺知心確實是在這個色身旅亭中每天來來去去的，不像如來藏整整一世，都是常住在色身旅亭中而不曾離開過的主人啊！

然後今生捨報了，如來藏重新建造了一家全新的旅亭中陰身時，如來藏還是常住在色身旅亭中，永遠不離開色身旅亭；可是中陰階段的覺知心，仍然是要依中陰身的根與塵才能出生與存在，覺知心自己及所依的中陰身六根六塵仍然是可還的生滅法，不是常住法，當然不是中陰身旅亭的常住主人。後來終於入胎而轉入下一世時，此世的覺知心就永去不回，猶如大江東去而永遠不再回頭了——永遠不會再有此世的覺知心出現的時候了。到了下一輩子出生時，已經是另一個全新的識陰覺知心了；那時的覺知心六識是依下一世全新的六根與六塵爲緣而出生的，是下一世獨有的全新識陰覺知心，跟今生的識陰覺知心完全不相干，不是同一個覺知心。而下一世的那個覺知心，仍然是另一個色身旅亭中每天不停來來去去底客人；來世的色身旅亭，仍然是由此世如來藏去到來世新造而常住，如來藏仍然是來世新造色陰旅亭的常住主人。而來世全新的覺知心，以及祂所依的六根與六塵，仍然是可以歸還於所生處如來藏，所以來世全新的覺知心當然仍不是色陰旅亭中常住不離的眞心。既然每一世的覺知心，都是在色身旅亭中每日白天來住宿，夜晚就離去，不是常住的心，當然一直都是有來有去的生滅法，怎麼可以說祂是色身旅亭中的常住主人呢？

【阿難言：「若我心性各有所還，則如來說妙明元心，云何無還？惟垂哀愍，為我宣說。」佛告阿難：「且汝見我見精明元，此見雖非妙精明心，

如第二月，非是月影。汝應諦聽，今當示汝無所還地。阿難！此大講堂洞開東方，日輪昇天則有明曜，中夜黑月雲霧晦暝，則復昏暗；戶牖之隙則復見通，牆宇之間則復觀壅；分別之處則復見緣，頑虛之中遍是空性；鬱埻之象則紆昏塵，澄霽斂氛又觀清淨。阿難！汝咸看此諸變化相，吾今各還本所因處；云何本因？阿難！此諸變化，明還日輪；何以故？無日不明，明因屬日，是故還日；暗還黑月，通還戶牖，壅還牆宇，緣還分別，頑虛還空，鬱埻還塵，清明還霽；則諸世間一切所有，不出斯類。汝見八種見精明性，當欲誰還？何以故？若還於明，則不明時無復見暗；雖明暗等種種差別，見無差別。諸可還者自然非汝，不汝還者非汝而誰？則知汝心本妙明淨，汝自迷悶，喪本受輪，於生死中常被漂溺，是故如來名可憐愍。」】

講記：阿難菩薩因爲落在覺知心中，把覺知心一次又一次地變換著說，總是被 佛陀破斥；這好比咱們當代的大法師們一樣，一個人說一個樣兒，卻都同樣是覺知心，始終不離覺知心識陰變相的範圍；可見我見確實是極難斷的，也證明眞如心如來藏是極難悟得的。到了這個地步，眞的沒辦法了，於是阿難又問：「我這個覺知心的心性，如果各有所還，」各有所還的意思是：我這個心性分成幾個部分，把各個部分從所生之處歸還給能生的助緣，自己就不存在了。

這如同《封神榜》中所說的：哪吒太子析骨還父、析肉還母，認爲這樣還光了以後，只剩下覺知心自己；這時從父母那邊得來的骨肉全都還完了，就不再欠父母的恩情了。這個假使套在佛法上來說：如果把五陰（包括識陰覺知心）全都分析而還給所緣的各類助緣以後，我們覺知心等五陰全都滅盡了，那時只剩下能生萬法的如來藏時，發覺如來藏卻是無法析還給任何一法，那麼就能證明如來藏確實是無所還的，那當然就是眞實心了；既是眞實心，是可以獨存而無所依的心，當然是常住不壞的金剛心，這才應該是自己的心。千萬別把虛妄而生滅性的覺知心，別把可以還給種種助緣的覺知心識陰，當作是自己眞正的心，否則就落入虛妄法識陰之中，佛法智慧—般若實相及一切種子的智慧—就無法顯發出來了。

覺知心的存在與運行，是必須由幾個助緣和合才能構成的，所以覺知心是因緣所生法；既是緣生法，當然不是眞實而常住的主人，當然是虛妄心。誰願意虛妄生滅的覺知心是自己呢？只有沒智慧的當代大法師們才願意這樣，咱們可都不希望自己的心是可還的、是虛妄而生滅的。當我們把覺知心分析成好多個部分以後，將一個部分還給其中的一項助緣，再將另一個部分還給其中的另一項助緣；這樣一一的歸還以後，還到最後，覺知心就全然無法存在了，一無所有了，你將會發現覺知心根本就沒有獨立的實體存在；由此而證明覺知心是虛相法、緣生法，根本不是實相法，這就是覺知心各有所還的道理。而如來藏是無所還的，才是常住的眞我。

阿難不懂這個道理，所以向 佛陀請問：「如果我這個覺知心的心體與自性是各有所還的，那麼如來所說那個微妙而明顯的眞實心，原本就存在而不是依緣生起的眞心，爲什麼可以是無所還的心？」這是請問說：「是依什麼道理而說眞心是不能還的？」也就是說，種種其他的緣還掉了以後，祂還是有一個不能歸還給別人而本來自在的眞實體性。「惟願如來垂憐哀愍我們，爲我們來說明。」

佛陀就向阿難尊者說明：「我暫且這樣子說：你現在看見了我這個能見能知的精明的心，」「見精」是說一見就了了分明而能了知所見是什麼，是了了分明而非常精靈的。或者解釋爲：「你阿難看見了我的時候，你阿難能見之心是具有精明性，而且看來似乎是原本就存在著的常住心。這個能見之性是很精明，而且作用是很靈光的，而且看來又似乎是原本就一直存在著；這個很精靈的能見之性，雖然不是我所說的不可還的眞心——不是色身旅亭中常住的主人—不是我所說的妙精明心，但是這個能見的覺知心卻像是第二月，而不只是明月的影子一般無所作用。」

這一段開示，自從古時以來直到現在，一直都有很多人誤解了，所以要先把它說明一下。第二月，並不是完全否定的意思，而是有一些嘉許的意涵在內；月影則是全無功用的，只是一個影像而已。第二月的意思很不容易理解，我們且先來解釋月影，然後再說第二月，大家就容易理解第二月的意思了。譬如說天空有明月，照到地上的水池中，如同禪宗祖師所講的「千江有水千江月」；假使地上同時擺了一千個臉盆，你也可以在每一個臉盆中都看到有一個明月的影子，這時我們也可以換個名詞來說：千盆有水千盆月。但是這些水中所映現出來的，或者是用鏡子反映出來的月影，都不能叫作第二月，只是月影。

爲什麼只能稱爲月影而不能稱爲第二月呢？因爲如果是第二月，是應該與第一月互相關聯而會有所互動的；可是水中的影月卻與天空的明月不能互動，二者之間的作用是不會有所聯結的，影月只是顯現天空明月的影像罷了。所以，影月並不是第二月，只是月亮的影子—只是明月的影像而無作用—只是影像性質的明月。若是第二月，就可以把明月的某一些作用，經由第二月自己而作用出來，這樣才不是影月——不是只有影像而無實質。所以，第二月雖然是明月所出生，卻能把明月的某一些功能作用出來，而不是像影月一般無法將明月的功能由自己身上作用出來。

「同樣的道理，你現在這一個見精明元的能見之性——你這個處在六塵中了了分明的覺知心，雖然還不是我所說的常住不去的妙精明心，」妙精明心就是講如來藏，「卻猶如第二月一般的有作用，並非只是明月的影子。」也就是說，這個能見之性，能從色像中生起分別的功能，並非如同影月一般無法生起作用；覺知心能緣於聲音而生起分別聲塵之性，是有作用的，是能將如來藏中的能聞功能由覺知心自己作用出來，所以猶如明月如來藏所出生的第二月，是有作用的，是能將如來藏的某些作用移轉到自己身上來運行的，所以並不只是如來藏的影子——影月。

如來藏的影子—影月—其實就是如來藏運行過程中顯示出來的現象，也就是如來藏的行相；而祂的行相—現象—是無作用的，不會有任何功能來改變什麼或成就什麼。但是覺知心—第二月—卻能將如來藏所含藏的識陰六識的功能運作出來。這意思就是說，覺知心的作用，其實是眞心如來藏所蘊含的種種功能性之一部分；所以覺知心是有作用的，不是如同影月一般只是顯現出來的現象而沒有作用。所以，佛陀說覺知心的能見、能知之性，是如來藏明月的第二月，不只是月影現象——不是影月。

這是說，阿羅漢們執著識陰六識爲因緣所生法，認定是虛妄心，是應該消滅的；所以急著消滅識陰六識而不再受生，想要取無餘涅槃。外道及佛門中的所有凡夫卻是執著識陰六識爲常住法，不知其虛妄；所以繼續寶愛覺知心自己，想要使覺知心離念、離煩惱而快樂地活在三界中，便繼續輪轉生死而不能斷絕各類痛苦。但菩薩們卻是早就知道六識心的虛妄，卻因爲親證金剛心如來藏而現見覺知心六識及其功能，都是明月如來藏所蘊藏的種種界——種種功能——中的一部分，因此而生起了實相般若，現見無量世的生死之中本就已無生死；生是在明月如來藏中生，死也是在明月如來藏中死，而明月如來藏卻是從來無生死的。而且菩薩現見阿羅漢們死後入無餘涅槃時，仍然是明月如來藏的本來無生無死境界；而這個無生無死境界卻是未死、未生之前就已經存在著，因此就不必急著入無餘涅槃了！由此現觀而產生的智慧，就使菩薩願意不離生死的痛苦而世世都在人間受生，繼續自度度他直到成佛以後仍不休止。

這意思是說，覺知心六識以及祂的了別性，雖然都是因緣所生法而無自性，可是當祂附屬於明月如來藏時，卻可以把明月如來藏所含藏的了別六塵的功能發揮出來，有了分別六塵的功能；因此說，識陰覺知心等六識如同第二個如來藏——第二月，是附屬於如來藏而有其作用的。這才是菩薩的心境，是不滅除識陰六識而使如來藏所蘊含的種種功能—各類種子—不斷地流注出來而加以體驗，藉此來成就一切種智，才能成就究竟佛地的功德。所以，阿羅漢是以滅盡五陰十八界而入無餘涅槃，作爲一生所追求的目標；但是菩薩並不以此爲目標，而是以圓滿具足地實證一切種子而圓滿一切種智，作爲最後的目標；因爲只有一切種智圓滿的時候才能成佛，阿羅漢對一切種智是完全無知的。所以，識陰六識及其功能只是明月如來藏的第二月，不是明月如來藏的影子——不是影月；在成佛之道的修行過程中，是不應該滅掉識陰覺知心的。而當時的阿難尊者才剛剛從聲聞道中迴心大乘，暫時還聽不懂這個道理，知見還差很遠，因此 佛陀就說：「汝應諦聽，我現在應當打開及顯示給你看見，那個無可歸還的如來藏自身的境界。」

「阿難！此大講堂洞開東方，日輪昇天則有明曜[1]**，中夜黑月雲霧晦暝，則復昏暗**[2]**；戶牖之隙則復見通**[3]**，牆宇之間則復觀壅**[4]**；分別之處則復見緣**[5]**，頑虛之中遍是空性**[6]**；鬱𡋯之象則紆昏塵**[7]**，澄霽斂氛又觀清淨**[8]**。阿難！**

汝咸看此諸變化相，吾今各還本所因處；」這一段開示是八還辨見的起頭，先開示能見之性的八種所緣之處——八處辨見，然後才開示八還辨見——能見之性的八個藉緣全都還給八個所緣之處以後，這能見之性卻不是這八處所出生、所擁有的——見性無法還給這八處。這八處只是能見之性的藉緣而已，八種所緣全都歸還八處以後，還有能見之性是應當歸還給如來藏的，是無法歸還給這八處的；由此來顯示能見之性雖然是有生有滅的虛妄法，卻仍然不屬於自然性——不是自己本來就存在的常住法，但也不屬於因緣生，應當歸屬於如來藏：如來藏才是能見之性的來處，如來藏才是覺知心的來處。說明覺知心的能見之性**非自然性、非因緣生，本如來藏妙眞如性**——是由如來藏運用祂的妙眞如性而出生的。

接著先開始八處辨見。佛陀開示說：「**這個大講堂的門戶是朝著東方完全打開著的，**」很多人都不喜歡東西向的房子，可是我買房子住，向來都選東西向；因爲坐西朝東或坐東朝西都是很好的：坐在娑婆世界看琉璃世界也很好，坐在娑婆世界看西方極樂世界也很好，在這三個世界來來去去時也都很不錯，所以我住的房子都選東西方向。

「**這個大講堂洞開東方，**」表示大門是面向東方而完全打開的，「**每當**

日輪—太陽—上升在天上的時候，就有光明照耀[1]進來；若是到了午夜，又剛好碰上了黑夜，」也就是下弦月過了以後，到最後連下弦的那一弘彎月也不見了，完全看不到明月而沒有一絲絲的光明了，「當這樣的黑夜之時，又遇上了濃厚的雲霧籠罩，可就完全昏暗無光[2]而使人無法分辨明暗及方向了。可是在一般有光的情況下，講堂中也是不很光亮的，也阻隔了講堂外的景色；這時講堂的門窗若是沒有完全關緊，從戶牖的縫隙[3]之中看出去，能見之性就又可以和講堂外的景色相通了；若不是從門窗的縫隙向外看，而是面對講堂的牆壁往外看，這個能見之性可就被壅塞[4]而不能與外境相通了。當能見之性有所見而產生了分別的功能時，則又證實能見之性確實是有所緣的[5]；若是能見之性只看虛空而不看其他色塵時，就沒有色塵像可緣，只能看見一無所有的頑虛之中，全都是空無之性[6]。」到這裡，已是六處辨見了。

虛空之性—空性—爲什麼說是頑虛呢？是因爲全無一絲一毫的功能或作用，只是一無所有——空無；至於如來藏雖然也叫作空性，卻不是如同頑虛一般全無所有，而是有作用的，正是一直都有這個無形無色的心在不斷地運作著；因爲不是一無所有，所以如來藏空性不是頑虛、頑空。而能見之性卻必須依靠自己與所見物之間都無阻隔，才能看得見，所以得要有頑虛的空無之性才能看得見所見之物。「譬如門戶或窗戶的空隙，」因爲現在的窗戶是有玻璃的，所以雖然有戶牖，一樣有光明進來屋中；以前沒有玻璃時，是用木板釘成的；「在白天時，縱使把門窗關起來，但是從木板的縫隙之間，還是可以看見屋外的景色，能見之性就可以和所見之色塵相通了。」所以說「戶牖之隙則復見通。」這時能見之性又可以通到屋外了，可是如果面對牆壁而不是門戶的間隙，「從屋子的牆壁向外看出去的時候，能見之性可就只能看到壅塞之相了。」所以說「牆宇之間則復觀壅」。壅就是壅塞不通，可就無所分別了，因爲眼前的牆壁，你根本就不必分別，也不想分別，所以就無所謂分別可說了。

「分別之處則復見緣，頑虛之中遍是空性；」「凡是有覺知心的分別作用在運行時，一定是有色塵被自己覺知心的能見之性所緣的。」也就是說，當覺知心分別六塵的時候，一定有能見之性的所緣境界，譬如色、聲、香、味、觸、法。「可是頑虛之中，遍是空無之性，」譬如說大晴天，除了太陽以外，你往天空看去；或如黑月之時烏雲密布，那時往虛空看去，都是看不見什麼色塵；這時所見只是一片青或一片黑暗而無物可觀，所以就無其他的色塵作爲所緣了，「這時只能看見虛空中的頑虛空無之性」，而無其他的色塵可緣了。

「**鬱孛之象則紆昏塵，澄霽斂氛又觀清淨。**」這是第七處及第八處辨見。「**鬱孛之象則紆昏塵**」：「**鬱**」就是陰鬱，整個被籠罩時叫作鬱；「孛」，是說土堆，或是說灰塵非常的多而堆在一起。「若是處在鬱孛的狀況時，則是被昏暗的灰塵[7]遮障住了。」「澄霽斂氛又觀清淨」：「等到昏暗的灰塵澄清下來的時候，整個天空開朗了，昏濁的氣氛全部收斂以後，你以能見之性再來觀察色相時，所見就又變成清淨了[8]。」佛陀這樣子說明，把與能見之性有關的藉緣之相加以說明，是說能見之性若是離了這八個藉緣時，就無所能見了。這樣子，能見之性總共有八個法：明、暗、通、塞、緣、空、昏、清，總共有這八個處所，以這八處來辨正能見之性的所緣。

接著開始八還辨見。佛向阿難說：「**汝咸看此諸變化相，吾今各還本所因處；**」「你們大家全部都來觀察我所說的能見之性所面對的這八種不同變化的法相，我如今將把能見之性所緣的八種變化相，一一歸還能產生這些現象的所緣原因之處所。」前面說完八處辨見以後，這就準備要開始**八還辨見**了，所以 佛陀接著說明：

「云何本因？阿難！此諸變化，明[1]還日輪；何以故？無日不明，明因屬日，是故還日；暗[2]還黑月，通[3]還戶牖，壅[4]還牆宇，緣[5]還分別，頑虛[6]還空，鬱埻[7]還塵，清明[8]還霽；則諸世間一切所有，不出斯類。汝見八種見精明性，當欲誰還？何以故？若還於明，則不明時無復見暗；雖明暗等種種差別，見無差別。諸可還者自然非汝，不汝還者非汝而誰？則知汝心本妙明淨，汝自迷悶，喪本受輪，於生死中常被漂溺，是故如來名可憐愍。」

佛說：「什麼叫作本因呢？阿難啊！能見之性所面對的這一些變化，」如同前面所說的，總共有八種變化，「我來說給你們聽吧！如果沒有太陽就不會有光明，所以能見之性所緣的『明因』屬於太陽，」你們能夠看見色塵，是由於有太陽放射出光明的緣故，「所以能見之性所緣的『明因』應該要歸還給日輪。」因為光明是從日輪生出來的，是從太陽而來的。這是說，能見之性使人們可以看見各類色塵相，卻必須具有八種藉緣為因，其中的「明因」要歸還給日輪。這是能見之性八種藉緣中的第一還——明還日輪；而如來藏卻無法歸還給日輪，日輪的光明只是能見之性的藉緣而已，不能出生能見之性。

「『暗』就應該歸還給黑月，」因為你會看見暗，是由於黑月時的中夜，由於雲霧晦暗而遮住了微弱的星光，所以屬於黑月，應該把暗歸還給黑月，所以「暗」是可以還的，這是第二還——暗還黑月。而覺知心的能見之性卻不能歸還給「暗」，因為能見之性並不是從「暗」出生的。

「『通』就還給戶牖，」因為必須有戶牖的縫隙，能見之性才能通達戶外所見的色塵；如果沒有門戶木板之間的縫隙，能見之性就不能通到屋外去；所以在屋中看見屋外時的能見之性，是屬於戶牖，這是第三還——通還戶牖。而覺知心的能見之性卻不能歸還給「通」，因為能見之性並不是從「通」出生的。

「『壅』則是應該歸還給牆宇，」壅這個法，也不是本來自在的，因為「壅」這個法是由於有牆宇遮斷、阻隔了，能見之性這時才會有「壅」可說，所以這時能見之性看不見屋外了；因此，能見之性被壅而無法看見戶外時，顯然是被牆宇所阻隔而導致的，這個「壅」就還給牆宇，這是第四還——壅還牆宇。而覺知心的能見之性卻不能歸還給壅，因為能見之性並不是從「壅」出生的。

「至於『緣』，能見之性的所緣就是因為一見之下就已分別完成，」如果沒有一見就分別完成的功能自性，就沒有能見之性可說；一切有情都是一見之時即已分別完成的，甫見某甲之時即知是某甲，甫見某乙之時即知是某乙，不必等到覺知心中生起語言說「這是某甲、這是某乙」，才知道是某甲或某乙。「正因爲有分別的功能性，所以才能夠有能見之性，所以能見之性的所緣就還給分別性。」這是第五還——緣還分別。而覺知心的能見之性卻不能歸還給「緣」，因爲能見之性並不是從「緣」出生的。

「至於你所看見的頑虛——一無所有的虛空，」虛空爲什麼要叫作頑虛的空性？爲什麼不單講空性而要加上頑虛二字？因爲虛空是頑空，全無一絲一毫的功能，與空性如來藏不同。佛法所說的空有兩種，一個叫作空性、一個叫作空相：空相即是無常故空，終歸於空無；或如頑虛，一無所有而全無作用。空性則是其體迴無形色，卻有其自身的作用——空無形色而有自性。空性是講我們的法界實相心如來藏，空相是講我們蘊處界等現象法界的無常故空的法相——空相。眞心如來藏—空性—所生出來的五陰十八界諸法，全都緣起性空、無常故空，所以叫作空相。

但虛空並不是佛法中所說的空性，虛空是頑虛、頑空；因爲虛空無法，虛空這個法是依附於色法的邊際而施設的，只是一個名相——是人們依物質邊際無物之處而施設出來的名詞，來表示那個處所是沒有物質而無所阻隔的地方，可以讓人來去自如而無障礙。所以虛空、頑虛，才是眞正的性空唯名，般若諸經所講的內涵卻是實相心的本來解脫、本來涅槃、本來具足萬法的眞實法性，絕對不是性空唯名；所以印順把般若判定爲性空唯名，已經顯示他完全不懂般若。

般若是實相法而不是虛相法，但般若雖然是實相法，卻也含攝了虛相法在內，是由無爲法實相來含攝有爲法虛相，是具足實相與虛相二法的，而不單單只是頑空、虛空，所以般若不能判定爲性空唯名。在阿羅漢所造的論中，也說虛空又名「色邊色」——虛空是歸屬於色法的；如果沒有色法來顯示無物之處，就沒有虛空可說；虛空是沒有任何一法存在的意思，是依無物之處而施設虛空一名，虛空無有實體，唯是名詞施設，所以虛空才是性空唯名。又譬如印順所建立的不可知亦不可證的意識細心爲持種心，亦是性空唯名，因爲徒有名詞而無此心可知可證故，當然不可能是眞正持種的心，只成戲論而無實義；印順這樣子主張意識細心常住說，當然不是眞實佛法，卻正是他自己所判的性空唯名。

由於物質之外空無所有而名爲虛空，譬如一個茶杯，這個茶杯的邊際——也就是茶杯的邊緣以外——就叫作虛空；所以阿羅漢們說，虛空是依物質的邊際而施設的法，本質歸屬於物質，所以稱爲色邊色；所以虛空本身不是空法，而是色法，是依附於色法而有的法，叫作色邊色。不但聲聞法中的《俱舍論》是這麼講的，世親菩薩後來迴心大乘以後所講的法中，也是這麼講的。所以虛空無法，虛空是依附於色法而有的純屬名言施設的名相，來表示那個處所是一無所有，是沒有物質遮障而可以通行無阻的。

虛空既然是無，就能遍一切時空；所以，加以細觀的時候，你會發覺，這個茶杯所在的地方一樣是有虛空；如果這個茶杯所在之處沒有虛空的話，那麼把茶杯從這裡拿走以後，這裡就應該沒有虛空了，因爲這一處的虛空已經隨同茶杯被移走了；所以當茶杯還在的時候，茶杯所佔住的虛空處，仍然是有虛空的，才能使茶杯放在那個地方。可是反過來說，茶杯所在的地方有虛空嗎？卻又沒有！因爲如果你說還有虛空的話，你就不該會碰到茶杯，這時茶杯所在之處已經被虛空所阻隔而不能碰到茶杯了；所以應該說：虛空非有亦非無，卻終究只是名言施設，藉以顯示無物之處所。

而且，若虛空是實有的法而不是唯名無實的法，那麼當茶杯被拿走的時候，這邊的虛空就應該跟著茶杯被移到另一處；可是茶杯原來所佔住之處的虛空，並沒有跟隨茶杯被移走。這意思是說，虛空是無法；因爲是無法，所以不會被移走——沒有一法可以被移走。所以，虛空是依附於色法的邊際——由於物質的邊緣以外並無物質，所以把物質以外的處所喚作虛空，純屬名言施設；所以虛空迴無一法，是依附於色法而施設的唯名無實的名言法相，所以虛空叫作頑虛、頑空。而大眾所見的虛空，正是由於其中無物阻隔，其中是空無一物，這就是第六還——頑虛還空。當頑虛若是還給空無時，頑虛也就不存在了。

那麼我們能夠看見遠方的色相，一定是由於能見與所見中間無物阻隔，二者之間是空無一物的虛空；所以，你能夠看見日輪，是由於你跟日輪之間是虛空，無有物質等法遮障。因此，想要能夠看見日輪，必須要有虛空爲緣；如果在能見與所見的中間，有一道牆把眼光遮斷了，就看不見日輪了。所以你之所以能看見日輪，還得要加上虛空這個緣。那麼虛空這個法，既是無有任何一法存在而成爲頑虛，當我們把頑虛中的空無一法的事實還給空無時，頑虛就不復存在了，所以頑虛也是可還的，離開了空無就沒有頑虛可說了。而覺知心的能見之性卻不能歸還給「頑虛」，因爲能見之性並不是從「頑虛」出生的，當然是如來藏所生的。

接著是第七還：「**鬱𡋯還塵**」。鬱𡋯之所以存在，是由於虛空中有了許多粉塵來遮障的緣故；若是把空中的大量粉塵移走了，就不再有鬱𡏖可說了；所以鬱𡏖也不是可以獨自存在的法，而是可歸還的，因此說「**鬱𡏖還塵**」。譬如大火燒起來，一陣黑煙擋住了視線，你就看不見黑煙後面的景象了，能見之性被昏塵所遮隔了，所以鬱𡏖是可以歸還給厚重色塵的。這是第七還──鬱𡏖還塵，然而覺知心的能見之性卻不能歸還給「昏塵」，因爲能見之性並不是從「昏塵」出生的，而是從如來藏中出生的。

「**清明還霽**」，霽就是天空整個放晴了；天空中的清明可以存在，本質就是空無；那麼清明這個法相當然也不是自己可以常住的，因爲得要依靠整個虛空的放晴；若是虛空不放晴而繼續有許多粉塵來遮阻光明，那麼清明就不復存在了！所以清明是可以歸還給放晴的。這是第八還──清明還霽，而覺知心的能見之性卻不能歸還給「霽」，因爲能見之性並不是從「霽」出生的，而是從如來藏中出生的。

「**則諸世間一切所有，不出斯類。**」從這八種藉緣來看，覺知心的能見之性，是要依靠這八種助緣來看見的；若是有這八緣中的多種或一種，能見之性就可以繼續存在；而這八緣全部歸還各自的本位以後，已經證明全都是可以歸還的；既然能見之性所依的這八種緣，全部都可以歸還於所來之處，那麼不管是哪一個世間（五陰的世間，十方三世的世間，極樂世界的世間，純一清淨世界的世間，五濁惡世的世間），不管是什麼樣的世間，「**諸世間一切有情所有的能見之性，其助緣全都不會超出於這八個種類之外。**」而能見之性雖然不會超出於這八類法之外而存在，但是能見之性卻是無法歸還於這八種助緣之中，除非歸還於覺知心的來處——如來藏；而如來藏卻是完全不可歸還的，是法爾如是、本然存在的；所以，附屬於如來藏的第二月覺知心的能見之性，也就隨之成為不可還的法了——無法歸還於任何一法，只能攝歸如來藏的妙眞如性所有。這才是 佛陀所說的「**無所還地**」——無所還的境界。

「**汝見八種見精明性，當欲誰還？何以故？若還於明，則不明時無復見暗；**」這是從菩薩的證境來說的，不是從聲聞聖人的證境來說的；聲聞聖人所看到的六識能見、能聞乃至能覺、能知之性，其實全都是因緣所生法，全都是可還的生滅法——全都應該還給如來藏的妙眞如性，所以不說這六識能見、能聞乃至能覺、能知的自性是「見精明性」。所以 佛陀說：「**你現在看見了這八種情況中的能見之性以後，這個能見的精明自性，是否能夠歸還給這八種法中的哪一種法呢？**」大家都可以觀察看看，這能見之性，依這八緣來一一歸還了以後，你能見之性還在不在？（大眾答：還在）還在！正是因爲祂不能被歸還於這八種緣之中，正是因爲如來藏的妙眞如性一直存在著，所以流注出能見之性而使覺知心能見，而這個能見的精明之性無法歸還給這八個所緣之法。

爲什麼能見的精明性不能歸還於明暗、通壅、緣空、塵霽等八種緣之中？因爲：能見之性雖然是要依靠這八種緣，才能見得分明，但是能見之性卻不是從這八種助緣之中出生的，這八種助緣只是幫助能見之性來見得分明，但卻都不是能出生覺知心能見之性的法，當然能見之性就不該歸還於這八種緣法之中。所以佛陀反問說：「汝見八種見精明性，當欲誰還？」大眾都可以觀察處於這八種助緣中的能見的精明性，應當要歸還給哪一個助緣？都無法歸還，當然只能歸還給如來藏的妙眞如性了。

接著佛陀又開示說：「如果你們想要把能見之性歸還給『明』，那麼突然變成黑暗的時候，你就應該看不見暗了；」因爲當你把能見之性歸還給明的時候，能見之性就不存在了，或者說能見之性只能存在於光明之中；那麼當光明消失的時候，能見之性當然是應該隨著光明而一起消失的。可是當眼前的光明消失掉以後（能見之性只能依附於光明才可以存在時），當光明離開了，變成黑暗時，你卻還是可以看見暗，顯然能見之性並沒有眞的被歸還給明，所謂的「**已將能見之性歸還給光明**」的說法，只是一種猜測妄想而說的妄語罷了！因爲，如果能見之性若是確實能夠歸還給光明，當光明離去而變成黑暗時，能見之性就應該隨著光明的消失而消失不在了，這時就不應該仍然可以看見暗。既然明消失了，改爲暗來了，能見之性已經跟著明離開了，那麼這時黑暗之中已經沒有能見之性了，又如何繼續有能見之性存在？而仍然可以看見暗相？顯然能見之性是不許歸還給明的。

「**雖明暗等種種差別，見無差別。**」雖然，明與暗、通與壅、緣與空、塵與霽，有各種差別不同，但是能見之性處在這八種不同情況中時，原來的能見之性卻仍然是能見的，只是所見有所不同，不因爲有這八種差別而使能見之性變成不能見。也就是說，能見之性不因爲明暗、通壅、緣空、塵霽等不同而改變，能見之性是繼續存在而沒有改變祂能見的自性；這已經證明能見之性不是從這八種助緣中出生的，而能見之性的運行也不是由這八種助緣來支援而運行的。

這意思是說，能見之性是第二月——是如來藏的另一種功能——是如來藏出生了識陰六識覺知心，然後由如來藏支援覺知心六識來運行的；所以覺知心及其能見之性，是第二月而不是影月——是有功用的，是能將如來藏中含藏的某些功能，從覺知心自己身上來運作而顯示出功能來。若覺知心的出現與存在，是沒有功能的——不是第二月而只是影月，才會是可還的虛妄法。所以，從眼見佛性的十住菩薩所見來看，識陰六識的自性是與七、八識同時並行運作的，也是可以直接眼見的，不是純依思惟、理解、領受、感覺而說爲見性的，因爲是直接聯結到如來藏而產生作用的，不是純屬覺知心的能見之性，也不是純屬如來藏運作時的現象，而是有作用的，所以名之爲第二月。

能見之性既然不可歸還於見物之時所必須有的明或暗……等助緣，同理，能見之性若是可以歸還給「通」——若是從「通」中出生的，那麼當你被牆宇阻絕的時候，能見之性已經隨著「通」的離去而不存在了，那麼接下來你就不應該還能看見牆宇阻絕之相；因爲當你把能見之性還給「通」的時候，能見之性就應該已經消失掉了，不應該還有能見之性來看見壅塞之相。若是主張能見之性可以還給「壅塞」之相，當牆宇被打掉而變成「通」以後，或是當你轉頭而使牆宇不復遮在眼前，改變狀況成爲與戶外相通時，能見之性應該已經隨著「壅」的消失而不存在了，那麼這時就不該還能看見屋外的景色。若是改說爲能見之性歸還給緣與空、塵與霽時，道理也是一樣的；所以，能見之性是不該歸還給八種助緣等法的。

佛陀於是作了結論而開示說：「**諸可還者自然非汝，不汝還者非汝而誰？**」「可以被歸還的八種藉緣，自然不是你阿難的心；但是無法被你歸還給八種藉緣的能見之性，若還說這不是你自己，那又該說是誰呢？」意思是說，能見之性不可能被歸還給見物時所緣八法中的一種，或是被歸還給所緣八法中的全部，只能被歸還給能見之性出生的根源——如來藏。意思是說，能見之性其實是如來藏妙眞如性中的一種，是有作用的第二月，不只是影像一般的影月而已。雖然所緣的明暗有種種的差別，有時候明多暗少，有時候純明無暗，有時候純暗無明，有時候暗多明少；即使明與暗之間可以有種種差別，可是你的能見之性完全沒有因此而被改變或消失，所以能見之性並無差別。乃至通與壅、緣與空、塵與霽，不論這六個助緣的情況是如何的改變，不論其中的狀況有多少種類差別，乃至廣說到無量的差別狀況中，能見之性都是不因爲那些改變而有所不同的，仍然是原來的能見之性——從來都是附屬於如來藏而由如來藏支持著不斷地運作，才能分別種種色塵。

所以佛說：「**凡是一切可以歸還的法，全都是生滅法，**」全都是來來去去而不能常住不去的，「**那自然不是眞正的阿難你自己，可是這一個不能夠歸還於一切諸緣的能見之性，若不是你阿難，又能把祂叫作誰呢？**」但是這個道理，很難理解，即使是明心了，也還是很容易產生誤會的；因爲這些道理是牽涉到眼見佛性密意的，如果明心明錯了，又沒有眼見佛性時，可就完全聽不懂了，這時只會越聽越迷糊；可是明心了以後，若是再加上眼見佛性的現量境界，你這一聽就懂了！這時就會大聲地說：「唉呀！眞是過癮！」

已經明心而未見性的菩薩，當然也可以聽懂大部分，卻無法完全理解，因爲佛性是八識心王合爲一個整體時的作用，不只是六識的作用而已；所以明心而未眼見佛性的菩薩們，都只能從如來藏運作過程中所顯示的影像，以及識陰六識的功能性上面來理解，卻無法從佛性整體來理解，當然是無法全部聽懂的。至於尚未明心，更沒有眼見佛性的具慢凡夫，卻往往會自以爲全部聽懂而反過來質問我，那其實是完全沒有聽懂而產生了疑問，誤以爲我說錯了。但是，我卻不能把明心及見性的密意當眾明講，我只能講到這裡；再講下去，佛性密意就洩漏了，你們將來就沒有親自體究而獲得眼見佛性境界的因緣了。而且，佛陀也一樣沒有明講，那我還敢明講來斷送你們將來眼見佛性的因緣嗎？

言歸正傳，這意思就是說，能見之性雖然是第二月，並不只是明月如來藏的影子，但是祂也不能歸還給八種助緣。這能見之性是可以「單獨」存在的，是怎麼樣「單獨」存在的呢？是依附於如來藏而在八緣之中獨立存在，如同鶴立雞群一般，不被混合於八緣之內——不能歸還於八緣之中，而是有自己能見的體性確實存在於八緣的境界中。

「**則知汝心本妙明淨，汝自迷悶，喪本受輪，於生死中常被漂溺，是故如來名可憐愍。**」佛陀的意思是說：「你們應該要從這裡知道自己的眞心是本來就已經微妙光明清淨的心，」那就是講，你們各人都有的本來清淨的如來藏心，而這個眞心是從無始劫以來本就已經很微妙的、很光明而本來清淨的心；由這個本來清淨微妙的眞心中，出生了第二月——覺知心，再由覺知心來顯出如來藏中所含藏的能見之性；所以藉覺知心顯示出來的能見之性，正是如來藏明月所出生的第二月——可以經由覺知心第二月來產生如來藏含藏著的能見之性的功能。這就是在說明佛性的道理，但是你們千萬別想要先了知佛性是什麼，千萬別去思惟理解佛性是什麼，否則一定會落入識陰六識的自性中，無法眼見佛性。

而且，在福德莊嚴、智慧莊嚴、定力莊嚴（看話頭的動中功夫）還沒有圓滿之前，你若是提前參出佛性的義理與內涵了，那你就死定了——這一世確定是無法眼見佛性的了！因爲眼見佛性這一關很奇特，在見性時必須具備的三種莊嚴尚未具足之前就先參出來的人，這一世就沒有眼見的因緣了，是無法事後再補修三種莊嚴來補救的。我對諸位說的這一些，全都是老實話，因爲事實上確實是這樣，這是我度眾十幾年累積下來的經驗。所以，關於佛性的部分，你們聽過就好，不要去思惟它；也不要去整理，更不要在夢中去思惟、整理、歸納、分析、參究；目前只要知道能見之性是佛性中的局部內容就行了，千萬別去參究。在福德莊嚴等三種助緣還沒有圓滿以前，一定會把六識的自性認作是佛性，落入凡夫所知的見性境界中；或是把對於如來藏的本覺之性的觀察，當作是眼見佛性，那麼這一世就再也沒有眼見佛性的因緣了——再也無法於山河大地上面看見自己的佛性了，再也無法於他人身上看見自己的佛性及他人的佛性了，那可就眞的可惜了這一世見性的機緣了。

因爲，如果你是自己參究出來時，而你的福德、慧力、定力三個莊嚴法都還不具足的時候（譬如這三個條件中缺少了一件），你就絕對看不見佛性，只能靠想像來猜測眼見佛性的現量境界；萬一又對善知識的信心不具足，就會認定善知識是自創之說，然後就開始誹謗善知識；卻不知道明心以後又能眼見佛性的善知識，都是證量很高的人，對凡夫而言，那個無根誹謗的罪業可就很大了。如果見性的緣還沒成熟之前就先參究出來，你將會證明自己確實是看不見佛性的，一定無法在山河大地上眼見自己的佛性；即使後來補做功夫、補修福德以後，使眼見佛性的條件具足了，也是無法看得見的。假使見性應有的三個條件都有了，卻還是差一些而沒有圓滿，若是自己參出來的，還是有一些可以看得見；雖然如此，縱使你眞的能夠看見了，一定還是模模糊糊地，並不分明；並且一定是沒有大功德受用的，身心世界如幻的現觀很難成就，當然也無法圓成十住位的功德；想要轉入初行位中修行，這一世就困難重重了。爲了保護諸位將來眼見佛性的因緣，我當然不應該說破，保留諸位將來可以眼見的因緣——當諸位將來見性必備的三個條件都圓滿的時候。

言歸正傳，佛陀說：「你阿難應當要知道，你還有另一個本來就有的、微妙的、光明性的、清淨性的心；而你現前觀察這個能見之性不能歸還給八個助緣時，這個能見之性當然只能歸還到你自己本有的自性清淨心；而你自己卻總是處於迷昧之中而憂愁著，由此而喪失了本心能直接領受外六塵的種種功能了，於是就在生死之中輪轉，不斷地被生死海所漂流而陷溺於生死海中；由於這個緣故，我釋迦如來說你們都是可憐愍的愚癡人。」

每一個人都有這個眞月如來藏心啊！可是爲什麼當今大乘佛法中被稱

爲大修行者、被稱爲大悟徹底的大法師們，已經都自己迷失於明月的影子之中呢？連這個第二月覺知心不可還的道理都不懂，何況能知道明月如來藏心的所在呢？被無明所遮障的緣故，於是就自己悶在那邊，繼續憂愁而不曉得該怎麼修行、該如何利益眾生了。這些大師們，都是散失了本覺妙明所領受的眞實境界——佛性的境界，而且又迷失了自己的本心如來藏，誤以爲第二月識陰六識就是自己的眞心明月，也誤以爲第二月識陰六識的功能就是佛性，所以稱爲「喪本受輪」。由於這個緣故，就在無量世的生死當中，常常被生死海所漂、所流、所溺，所以才被如來說爲可以被憐愍的人。

但是這種可以被憐愍的人，在末法時代的娑婆世界中實在太多了，不是只有一、二位大師而已；更可憐愍的是這些大師根本不知道 佛陀於經中是在講什麼，卻自以爲懂了，還在文章或電視節目中，公開的說只有他們是開悟的人，別人都沒有悟。但是他們所謂的悟，卻不是悟得如來藏明月，也不是悟得佛性而眼見佛性，全都是落入第二月中，或是落入月影之中，反而來打壓眞悟的菩薩所弘揚的勝妙正法，謗爲「阿賴耶外道、如來藏神我外道」。這些人往往自以爲是在護法而破斥邪說，卻都沒想到自己才是正在打壓極勝妙正法的破法者，所以是更加可憐的人。

在大乘佛法中，單單明心破初參這一關，就已經很困難了；若是想要眼見佛性而透過重關，更是加上十倍的難；因爲眼見佛性這一關眞的很難通過，已經有親證的善知識指導，都還不一定能眼見佛性。過牢關，還要比眼見佛性再加三倍的難，哪裡能像那些尚未明心、乃至尚未斷我見的大師們，動輒就說已過三關了？

過牢關確實很難，想要具足道種智而入初地，又要再加十倍的難。這幾乎是等比級數的加上幾個倍數的困難，所以眞悟的菩薩們，每當想到佛地的境界要如何才能修成時，腳底可都涼了！我們的修爲，距離佛地眞的差太遠、差太遠了！當你修證越高的時候，摧邪顯正的功夫就越強；當你越有能力摧邪顯正的時候，心中卻越沒有慢心，因爲深知佛地功德不可思議，自己確實還差很遠。雖然在表面上看起來，破邪顯正的人都是文筆犀利而句句見血，著著都使未悟凡夫無法回應，似乎總是盛氣凌人的；但在實際上，能夠破邪顯正的菩薩們卻總是覺得自己根本不值一提，特別是在諸佛、諸等覺菩薩、諸上地菩薩面前。可是這個心境有誰知道？得要你們自己去走，走到了這個地步時自然就會知道；那時將會老是覺得自己什麼都不是，修行很差。

那麼這一段經文之中其實是在說明，眞如心與佛性之間，是有體有用、有性有相，在這個體用性相之間，就已經讓明心的人無法直接從經文中讀出來了，何況還沒有找到如來藏眞心的凡夫修行者，可就更加拿捏不準了！如果你已經明心了，再加上眼見佛性分明以後，本身又沒有文字障，懂得文言文，這段經文中所說的體用與性相，你就可以弄清楚了，這個時候你就可以說：「我眞正的入了佛門，我是眞正懂得實相的菩薩，不會墮於空中也不會墮於有中。」但是這樣子懂得實相、親證實相的菩薩，只是在大乘成佛之道的大學中剛剛註冊完畢而已，才剛開始要學習眞正的大乘道而已；所以註冊之後，接著要走的路就更長、更遠了！因爲修到見性完成的時候，成佛之道的三大無量數劫中，只是在第一大無量數劫中修完了三分之一，距離成佛之時還是極遙遠的。

可是換一個角度來講，第一大無量數劫的時程，咱們同修會的師兄姊們，有一些人是可以在此生就明心而又眼見佛性的；是能在這一生之中，就過完第一大無量數劫的三分之一。假使能完成這兩關的實證，就是長劫入短劫了，也眞的足夠讓人大大高興一番了！明心不退時，就過完第一大阿僧祇劫的三十分之七了啊！而明心所入的第七住位，與見性所入的第十住位，只不過差了三個階位；若是一生之中能夠通過這兩關，想想也是夠便宜的了。

而且，也不必像華□電子公司那位大老闆，一次就捐給慈濟二十七億元新台幣，卻不可能明心；別說是明心，連佛法的邊都還沒有沾上，而且是連聲聞解脫道初果所斷的我見，都還斷不了啊！

可是，他們還是得要繼續再做下去，所以他們大力捐款還是做對了，因爲每一個人都要像這樣，一世又一世去累積成佛之道的見道福德啊！當福德不夠的時候，他們就得要不斷地去做布施，要一世又一世的累積大乘見道所需要的大福德。見道所需的大福德並不是一世就能完成的，所以有些時候，我往往在初見面時覺得這個人是可以度的，我就會告訴他：「**你的福德不夠，你要去補修。**」有的人聽了就會努力去做，眞正成功的修集了許多福德，所以不但後來可以明心，而且明心以後也不會再退失了。但是有的人偏不信邪，不接受我的勸告來廣修福德，那麼他們的道業就一直都無法成就，永遠不會成功。假使一直在同修會中共修而不離去，時間久了而僥倖被他知道明心的密意了，他將來也會因爲福德不足而退轉，甚至造作謗法及謗賢聖的大惡業。

我對初見面的人，往往會作這種判斷——嘗試判斷對方的大乘見道福德夠或不夠。這個判斷要靠直覺，但是這個直覺得要很多世不斷的熏習累積起來；這很不容易，也得要有一些禪定的實證才能做得到；而最直接的種子流注感應，則是由於眼見佛性而能與對方如來藏中的種子相應而引生的。但是即使是到今天，我也沒有辦法絕對準確，有時也會看走眼。但如果是存著盜法之心和慢心來學法的，我會觀察出來的。如果他的盜法之心或慢心是可以轉變的，我會幫忙轉變他。所以有的人懺悔以後，我本來不想動手幫他明心的；但是後來我又想，還是動手引導會比較好，就動手引導了！甚至於有時我會用腳踹，明知自己將來要受報，那也沒有關係；只要能把人踹出來就好，佛教正法中就多了一份力量；我將來受報而擔一點業，那有什麼關係！菩薩若老是存心自私，從來不肯幫人家擔一點業，那算什麼菩薩？

身為出世弘法的善知識，有時候要去觀察：如果某人有慢，但他若是悟了以後就不會有慢，你就應該為他擔一些業，就引導他證悟，來為正法做事。善知識要能藉助各種因緣去觀察，或是直接感應對方如來藏中的種子；有些人，他們的慢是潛藏著的，在還沒有證悟之前是看不出來的；等他悟了以後，慢心就會顯現出來了！這個你也要去觀察，但是這種觀察的能力很難訓練，是要很多劫的修行之後才能有一些成績的，也是要藉極深厚的眼見佛性功德，才能激發出來的。

這一段經文所開示的意思，是說能見之性跟佛性是息息相關的，可是知道了能見之性是第二月時，並不就是見性的實證，這與眼見佛性是完全不同的境界，只是凡夫所住的境界而已，因爲能見之性只是前六識的自性罷了，並不函蓋意根的微細知覺性與如來藏的本覺性；縱使知道我所說的這些開示內涵，也只能領納、體會罷了，還是無法從山河大地上看見自己的佛性，更不會有能力來感應眾生如來藏的種子。假使能見之性就是見性，那麼就應該說每一個人都已經是見性的菩薩了，那還要再談什麼眼見佛性的實修呢？那你看見一切色塵的時候，或者能看見明暗的時候，就可以稱作見性的賢聖了！那麼就應該說，每一個人生來都是見性的人，生來就是十住菩薩了。

但事實上，佛陀所說的並不是這個意思，能見之性並不是禪宗極少數祖師眼見佛性的境界，而是販夫走卒乃至貓狗等有情都有的第二月，只是明月如來藏所出生的無量功能之一；而且，能見之性也是眼見佛性的菩薩們，在觀看佛性時的工具；由於有能見之性，所以因緣成熟的人，在參得佛性名義時才能看得見佛性——是以第二月覺知心的能見之性來看見佛性；所以，能見之性是眼見佛性時的工具而不是見性時所見之標的；佛性才是所見的標的，而能見之性是見性時的工具；能見之性有作用而可以看見佛性，能見之性是第二月，是能見者而不是被見的佛性；能見之性是工具，佛性才是所見的對象，所以能見之性是第二月，有其功能。

可是當我說「返觀自己佛性」的時候，一定是說「返觀」嗎？假使你認爲我是這樣說的，那你又是依文解義而聽錯了！因爲，往往有些人來告訴我，說他已經見性了！可是我告訴他說：「那不是見性。」因爲對於眼見佛性的境界，他被我一問就問倒了！我問：「在這花朵上面，你看得見自己的佛性嗎？」他心裡面想：「糟了！花是無情，怎麼可能有佛性？」我說：「不但花，那一坨狗屎上面一樣可以看見自己的佛性。」狗屎是無情，怎麼會有佛性？但我告訴你：在狗屎上面可以看見的是你自己的佛性。你如果說：「我的佛性怎麼會在狗屎上面？」我說：「你的佛性不在狗屎上面，但是你卻可以在狗屎上面看見自己的佛性。眼見佛性時就是這樣看的啊！」

然後，在別人身上也可以看見自己的佛性，在別人身上也可以看見別人的佛性，這樣才叫作見性啊！這是佛陀二千五百多年以前親傳下來的見性境界，就是《大般涅槃經》中所說的十住菩薩眼見佛性。若是見性了，卻無法從無情上面看見自己的佛性，那就不能叫作眼見佛性，那只是想像見性的境界；或者只是禪宗大部分祖師們看見如來藏的成佛之性，並不是《大般涅槃經》中所說的眼見佛性的實證。若是知道佛性的名義而無法眼見，就只能叫作領納佛性、體會佛性，那不是我所傳授的《大般涅槃經》的十住菩薩眼見佛性的實證。或者說，他所參究出來的佛性是錯誤的，這表示縱使見性所必須的三個條件具足了，在見性的時節因緣還沒有成熟時，他還是無法眞的看見佛性。所以古人說：「**欲識佛性義，當觀時節因緣。**」所以我說見性眞的很不容易，因爲末法時代的大法師們，往往錯把覺知心的能見之性當作佛性，當他們知道覺知心有能見之性的時候，就說自己是見性了。但是，這完全錯了，這絕對不是眼見佛性的實證。

而且，能見之性也只是佛性中的極小局部而已——其中有佛性的部分，也有覺知心的心所法；並且絕對無法從能見之性裡面來看見佛性，因爲佛性是與能見之性相對而被能見之性所見的；若是想要看見佛性，一定先要三個條件具足之後，再從佛性的總相上面去看。但是，佛性總相究竟是什麼？在見性所需的三個條件具足之前，即使參究出來了——即使參究所得的密意是正確的，仍然會成爲沒有見性因緣下的解悟，始終無法眼見，得不到絲毫見性應有的功德——世界身心如幻的現觀絕對無法成就。所以，你們千萬不要去參究佛性的內容——在見性應有的三種莊嚴尚未具足之前。我再三地奉勸諸位，可以說，已經老婆到不能再老婆了！簡直是再三、再四、再五、再六的奉勸諸位：見性因緣成熟之前千萬不要去參究佛性。在福德因緣不夠的時候千萬別參究，萬一你先參出來正確的密意，那你此生眼見佛性的因緣就永遠失去了。

阿難尊者聽到佛陀這麼說：這個能見之性雖然是第二月，但是卻無法把祂歸還給見色時所需的八個助緣；這個能見之性不是因爲那八個助緣而存在的，那八個助緣只是能見之性出現時的助緣，而不是能見之性的根本因——能見之性的種子不是收存在那八個助緣之中，而是收存在如來藏心中，並且是由如來藏心在背後支援配合，能見之性才能繼續存在以及運行；所以能見之性只能歸還於如來藏——是明月如來藏所出生的第二月，而不能歸還於那八個助緣。

能見之性是識陰六識覺知心的功能，是依附於如來藏而存在的——如來藏才是能見之性的根本因，而那八個助緣只是能見之性的所緣境界，不是能見之性所依止的根本因；所以那八個助緣只是能見之性所分別的對象，不與能見之性有所互動，不是第二月；而能見之性是與如來藏在每一刹那之中都互動不斷的，所以能見之性是如來藏明月的第二月；而能見之性所見色塵中存在的八個助緣，只是明月如來藏顯現的內相分中的內涵——是如來藏明月依外相分而顯現出來的內相分中的八個狀況，所以是如來藏明月的影子，仍然不是第二月；並且只是能見之性—第二月覺知心—的所緣。

能見之性就好像第二月，是與明月有直接聯結而不斷地互動著；但水中的月影只是依附於天空的明月而有的，卻不與天空的明月互動，而只是天空明月的影像，並無作用，只是被動的顯示罷了。雖然天空中明月所生的第二月—能見之性—想要了知水中的月影時，必須有頑虛、水面……等緣，然而這些助緣卻都不與天空的明月互動，只是被動性的被第二月所了知、所攀緣的對象；所以，能見之性不該歸還於頑虛、水面……等緣，只能歸還於天空中的明月。只要天空中的明月存在，並且出生了第二月來了知明月所顯現的影子時，明月的能見之性仍然需要有種種助緣；當這些助緣存在時，明月所面對的各種水中，就一定會有月影了。所以，能見之性不該歸還給各種助緣，不屬於生滅性的八種助緣所攝；只能歸還給如來藏，由如來藏所攝，因爲第二月覺知心所擁有的能見之性是由根本因如來藏所出生的。如來藏既是常住不壞法，而能見之性被歸還到常住的如來藏時，如來藏所生的第二月—能見之性—當然也就隨之成爲不壞的常住法了，當然不該否定能見之性而說不是自己眞心中的一部分了。

能見之性如此，能聞、能嗅、能嚐、能覺、能知之性也是如此；但是這裡還只是說到六識的功能性而已，這六識的功能性雖然也是十住菩薩眼見佛性時的內容之一，但十住菩薩在山河大地上所眼見的佛性，卻遠超過這六識的功能性，是包含七、八二識在內的。而這個事實，在十住菩薩眼見佛性的時候，他自己其實也仍然是弄不清楚的；所以眼見佛性是極深、極勝妙的現量境界，唯有實證者才能了知局部；尚未實證的人，或是證錯了的人，只要一開口描述，就會立即顯示他還沒有眼見佛性，會被眼見的人立即加以勘破。並且，十住菩薩可以在山河大地上眼見自己的佛性，也可以在別人身上眼見自己的佛性，也可以在他人身上眼見他人的佛性——當見性所必須的動中定力仍然保持著的時候。但卻無法在山河大地上看見別人的佛性，這也是唯證乃知的事，卻是法界之中法爾如是而無理可說的現量境界，唯證乃知。

如是，阿羅漢不知明心菩薩的智慧境界，明心菩薩不知眼見佛性菩薩的智慧境界，眼見佛性菩薩不知地上菩薩隨順佛性的智慧境界，諸地菩薩不知諸佛隨順佛性的智慧境界。當然一切未斷我見而仍然處在識陰境界中的凡夫，又如何能知第二月覺知心攝歸明月如來藏以後的智慧境界？又如何能知見性者所見的各種現量智慧境界？以凡夫無明之世俗智慧誤判及誤評的結果，就成為誣謗最深妙勝法及大乘賢聖菩薩的大惡業了！這正是末法時期膽大而心粗的求名聞者最嚴重的過失，都是 佛所說的可憐憫者。

【阿難言：「我雖識此見性無還，云何得知是我真性？」佛告阿難：「吾今問汝：今汝未得無漏清淨，承佛神力，見於初禪得無障礙；而阿那律見閻浮提，如觀掌中菴摩羅果；諸菩薩等見百千界；十方如來窮盡微塵清淨國土，無所不矚；眾生洞視，不過分寸。阿難！且吾與汝觀四天王所住宮殿，中間遍覽水陸空行，雖有昏明種種形像，無非前塵分別留礙，汝應於此分別自他。今吾將汝擇於見中，誰是我體？誰為物象？阿難！極汝見源，從日月宮，是物非汝；至七金山周遍諦觀，雖種種光，亦物非汝；漸漸更觀雲騰鳥飛，風動塵起，樹木山川草芥人畜，咸物非汝。阿難！是諸近遠諸有物性雖復差殊，同汝見精清淨所矚，則諸物類自有差別，見性無殊。此精妙明，誠汝見性；若見是物，則汝亦可見吾之見；若同見者，名為見吾；吾不見時，何不見吾不見之處？若見不見，自然非彼不見之相；若不見吾不見之地，自然非物，云何非汝？又則汝今見物之時，汝既見物，物亦見汝，體性紛雜，則汝與我

并諸世間，不成安立。阿難！若汝見時，是汝非我，見性周遍，非汝而誰？云何自疑汝之真性？性汝不真，取我求實？」

講記：阿難又問：「我現在雖然已經識知這個道理，已知我自己的能見之性不能歸還到八種助緣之內——不是由八種助緣所出生，那麼我從這樣的了知之中，又如何能夠知道能見之性確實是我自己常住不壞的自性呢？」阿難尊者當時會這樣子問，都是由於不知道自己如來藏在哪裡，無法親見能見之性是從自己的如來藏中出生的，當然會有這個疑惑。因爲前面已經說能見之性要依於八緣才能夠看見色塵，可是能見之性明明是每天都有生有滅之生滅法，佛陀卻又說祂不可還，又說祂不是月影而是第二月，這樣聽起來又似乎是說能見之性是自己的眞實心，而且 佛陀也說：「**諸可還者自然非汝，不汝還者非汝而誰？**」又似乎是說：能見之性就是自己眞正的心。於是阿難這時無法眞正明白 佛陀所說正理，因此才會提出這樣的問題：「**我雖識此見性無還，云何得知是我眞性？**」

不但當時阿難尊者甫聞一次之時不能明白，乃至末法時代的大師們捧著此經一讀再讀以後，仍然是誤會了 佛陀的意思，讀到此處就直接認定說：「我的能見之性就是眞心佛性。你沒看見佛陀說了嗎：不可還者即是自己的眞性。」同樣都落入第二月覺知心中，根本就不知道要尋找明月如來藏本身，所以就無法離開常見外道、自性見外道的邪見；這樣一來，當然也不知道能見之性只是如來藏明月所出生的第二月，更不知道自己眞正的明月在哪裡，也就是不知道自己的如來藏在哪裡。

於是 佛向阿難說：「我現在問你：你如今還沒有證到無漏清淨的俱解脫阿羅漢的境界，你是承蒙我釋迦佛的威神之力，所以能夠看見初禪中的清淨境界而沒有遮障與阻礙；」這也就是說，由於 佛陀的威神力加持而使阿難尊者當時獲得初禪的證境，「而天眼第一的阿那律，他的眼睛雖然哭瞎了，可是他以修得的天眼，觀察娑婆世界南面的閻浮提洲，猶如一般人在看自己手裡的菴摩羅果一般的清楚；」菴摩羅果又叫作白淨果，可能就像日本的水梨那樣白白的、清清淨淨的、不容易沾染灰塵的果子。「至於諸菩薩的所見，就不是只有娑婆世界四大部洲中的一大洲而已，而是能看見百千個世界；而十方的如來，都可以看見猶如微塵數的不可計數一切世界中的清淨國土，沒有一個世界是如來所看不見的；若是從這些聖者的所見來說，一般眾生所能看見的世界，就如同是一分或一寸的距離而已。」

我們人類肉眼所能看得清楚的最遠處，不過是幾公里遠；即使是看見了太陽或月亮時，太陽或月亮也都只是一個影像；實際上太陽與月亮的內涵仍然是看不清楚的。也許有人這麼說：「我看得很清楚。」但是當你把望遠鏡拿來給他再看一次，他將會訝異地說：「哎呀！原來差這麼多！」何曾看清楚呢！然而「十方如來窮盡微塵清淨國土，無所不矚」，那麼人類若是想要跟 佛陀相比，所見當然是如同只有分寸一般了。

譬如我們人類可以看見幾公里遠的景色，若是把螞蟻所見的距離拿來與人類所見的距離相比，我們也可以說螞蟻所見不過分寸；因爲螞蟻所能看見的距離，應該只是眼前一、二公分的距離。也許連一、二公分的距離都還看不清楚呢！因爲我曾經用物品擋在牠前面，牠卻看不見，牠得要上去接觸了以後才會知道是有物品擋住牠；可見牠所看的距離，可能只有零點幾公分，而且還要上前接觸來嗅嗅看，才知道是什麼。我們所見的距離若是與諸佛所見的距離相比，眞的就像是螞蟻所見來與人類所見的距離相比一般，確實不過是分寸而已，所見的距離眞的太小了。

「阿難！且吾與汝觀四天王所住宮殿，中間遍覽水陸空行，雖有昏明種種形像，無非前塵分別留礙，汝應於此分別自他。今吾將汝擇於見中，誰是我體？誰為物象？阿難！極汝見源，從日月宮，是物非汝；至七金山周遍諦觀，雖種種光，亦物非汝；漸漸更觀雲騰鳥飛，風動塵起，樹木山川草芥人畜，咸物非汝。阿難！是諸近遠諸有物性雖復差殊，同汝見精清淨所矚，則諸物類自有差別，見性無殊。」

佛說：「阿難！暫且先說我與你現在一起觀看的四天王所住宮殿，在那四個宮殿與我們人間之間，可以清楚地普遍觀察到其中的水中生物、陸上生物，以及常常在空中飛行的眾生；在我們人間與四天王的宮殿之間，雖然都同樣有昏、有明，也有種種的物質形像，然而歸納起來無非只是眼前所見而分別的色塵上是否有滯礙罷了；」也就是眼前所見的色塵分別，其差別只是有沒有物質留住於眼前而障礙了更遠的色像，「但是你卻應該在所見的這些色像上面來分別自己與他人的真心自性。」也就是說，從眼前的所見色像中，就可以分辨自己與眾生的眞心自性了。

「今吾將汝擇於見中，誰是我體？誰為物象？」「現在我把你放在能見與所見之中來做一個揀擇，」「將」是取或拿的意思，「擇於見中」的「擇」是動詞，是移動及安置的意思。「現在我把你放在這個能見之性裡面，來針對能見與所見而做揀擇，到底什麼是自我能見的本體？什麼是能見之心所見的物象？」

「阿難！窮盡你這個能見之性的根源來看，從你所見的日宮、月宮，」也就是從所見的太陽、月亮來看，「全部都是物質有色之法，都不是你的心；乃至你在我釋迦如來的加持下而能觀察到娑婆世界四大海外圍的七金山，當你普遍而周到的詳細觀察七金山時，雖然有種種光明照耀而能夠看得清楚，但是你的所見都只是物質世界而不是你的心。假使再往近一些的地方來看，漸漸的再來觀察我們人間的雲騰鳥飛、風動塵起、樹木山川，以及雜草和種子、人類、畜生等，全部都是物質而不是你的心。阿難啊！這一些近的、遠的一切物質的存有——種種有物質的色類——雖然是有種種的差別不同，卻同樣都只是你這個能見的精明性，依於無灰塵遮障時的清淨性所看見的，」也就是說，能見之性只要是沒有被遮障時，就全部都可以看得很清楚，「但是你所見的各種物類雖然有種種差別不同，而你的能見之性卻都同樣是這一個覺知心第二月，並沒有各種差別不同的能見的覺知心啊！」

在見到種種不同的色像時，並不是由各種不同的覺知心來看不同的人或物，都同樣是這一個覺知心的能見之性啊！不是由很多種的覺知心來分別看見不同的人或物。覺知心的能見之性並不會說：我要看人時用這一種能見之性，要看太陽時就得要換另一種能見之性。在眼見天下萬物時，都是同樣的一個能見之性，並沒有許多種不同的能見之性，而是同一個能見之性就可以看一切色塵；而這個能見之性不可能被歸還給任何一種助緣或色塵之內，只能歸還到明月第八識如來藏中，因爲能見之性的功能差別—能見之性的種子—是永遠都被第八識如來藏所收藏的，也永遠是由如來藏及意根共同合作而流注出來運作的，當然是只能歸還給如來藏而無法歸還給八緣或外塵的。

「**此精妙明，誠汝見性；若見是物，則汝亦可見吾之見；若同見者，名為見吾；吾不見時，何不見吾不見之處？**」「**這一個見精妙明之性，確實是你的能見之性啊！**」是能見一切物的覺知心的自性，並不是物質，也不是所見之色塵，「**如果這個覺知心能見之性是物質或所見的色塵，那麼你就應該可以看見我的能見之性，**」因爲，當阿難的能見之性是物質時，就應該 佛陀的能見之性也是物質，這時阿難當然是應該可以看見 佛陀的能見之性了。當能見之性不是心，而是物質色法時，那麼 佛陀的能見之性一定是可以被阿難看見的；「**那麼你阿難的能見之性就是物質了，而我釋迦如來的能見之性也應該是物質了，如果你我二人都同樣在看某一物的時候，那麼你我的能見之性應該同樣都是同一個所見之物，那麼當你阿難看見那個物質色塵的時候，就應該可以稱爲看見我釋迦如來了。**」然而事實上並不是如此。

假使能見即是所見——能見之性就是所見的色法物質，那麼能見之性也應該是在所見的色法物質之內；在此情況下，當阿難看見 如來所見的色法物質時，就應該是同時看見 釋迦牟尼佛的覺知心了。在同一個前提下，當 釋迦如來不看色法物質時，釋迦如來的能見之性也應該在不見之處的物質中，那麼阿難也就應該同樣的看見了 釋迦如來的不見之處了。所以，佛陀接著對阿難提出質疑說：「如果是這樣的話，那麼當我沒有看見的時候，你為什麼沒有看見我的不見之處呢？」換句話說，能見之性並不是物質色法；既不是物質色法，當然不該歸還給物質色法中的八緣，只能歸還給收藏覺知心種子的如來藏。事實上，如果能見之性是物法，那麼阿難當然應該可以看見 如來的能見之性；可是覺知心能見之性並非物質，所以阿難當然也看不見 釋迦如來的能見之性啊！

當覺知心、當能見之性是物質時，那麼 佛陀不見一切事物時的覺知心應該也是物質，因為是同一個覺知心；那麼阿難這時也應該可以看見 釋迦如來的不見之處，可是明明看不見 釋迦如來的不見之處啊！這已經證明覺知心不是物質色法了，當然不該歸還於物質的八緣了！當一般人知道別人看見了自己所說的事物時，或是知道別人已經理解我們所指稱的事物時，其實只是經由雙方色身、眼睛與語言的相對與觀察，來領納或瞭解到對方是在看著我們，而不是真的看見對方的覺知心或能見之性。而能見之性也不是物質色法，否則，當別人正在看某一個物品時，他的能見之性應該與所見的物品同時存在，那麼我們就應該可以從他所看的物品上面看見他的能見之性啊！

但是，其實對方並沒有看見我們的能見之性，因爲對方與我們的能見之性都不是物質。如果對方的能見之性是物質，我們的能見之性也是物質，那麼他就應該可以從我們所看見的物品上面來看見我們的能見之性。那麼，當我們不見一切物的時候，對方也應該可以看見我們的無所見；因爲所見的物品不再看見的時候就是不見之處，覺知心能見之性既是物質，不見之時應該同樣也是物質才是；那麼我們不見之時，對方應該也可以看見我們的不見之處。然而事實上並非如此，可見覺知心、能見之性並不是物質，不是色法，所以不該歸還給能見之性所藉的色法八緣。

「若見不見，自然非彼不見之相；若不見吾不見之地，自然非物，云何非汝？」「如果看見了我不見物品的覺知心時，就知道覺知心不是那個沒有看見物品的境界相；如果你阿難不能看見我不見一切物品的境界時，你當然就知道覺知心是相對於無所見的境界相，當然知道覺知心不是無所見時的外色塵境界，當然不該把覺知心能見之性歸還給物質所攝的八緣；這樣一來，覺知心能見之性難道不是外於所見的色塵嗎？這難道不是你阿難自己的嗎？」也就是說，如果能見之性是物質，當我看見某一個物品時，你就可以在我所看見的物品上面看見我的能見之性；也應該能在我閉眼不見那個物品時，看見我這個不見之性；因爲我的不見之性與能見之性是同一個覺知心，而覺知心既是物質，當我不見一切物時，你也應該可以看見我的覺知心物質。

「如果你可以看見我那個可以不見色法的境界時，自然就知道覺知心不是那個不見時的境界——知道覺知心不是那個不見之相。」可是阿難的覺知心只能從世尊的開示中，瞭解世尊所說的意思，而不能由自己的能見之性來看見世尊的不見之處；「如果你阿難沒有辦法由能見之性來看見我這個不見一切色的境界，」「地」就是地位，就是那個處所，也就是指不見的境界相；「如果你不能以能見之性來看見我看不見的境界時，那麼你的能見之性以及不見之性自然都不是物質，那當然是心，你怎麼可以說這覺知心不是你阿難自己呢？」這是把覺知心的能見之性與所見的物質或色塵作出區分，教導大眾不要落入色法之中，要大眾瞭解覺知心不能歸納在所見的物質或色法之中，當然要歸納到心法之中，然後才點出一個重點：覺知心其實是從如來藏中出生的，不是單憑所藉的八緣出生的，當然也不是自然生。

「又則汝今見物之時，汝既見物，物亦見汝，體性紛雜，則汝與我并諸世間，不成安立。阿難！若汝見時，是汝非我，見性周遍，非汝而誰？云何自疑汝之真性？性汝不真，取我求實？」

佛陀又開示說：「而且如果這一個能見之性是物質的話，那麼你現在看見種種物質、色相的時候，那一些你所見的物質也應該會看見你，因爲你的能見之性就是你所見的物；物既是你，物當然也有能見的功能，所以當你看見物品的時候，物品就應該也能看見你阿難自己的覺知心。」這樣一來，能見之性是所見的物質，所見的物質也是自己覺知心而有能見之性，就會成爲能見與所見互見，那麼究竟應該說是能見之性看見了物品？或是應該說物品看見了我們的能見之性？或是能見之性自己是物，而所見的物品也有能見之性？這樣一來，可就所見與能見的體性紛雜而分不清楚能見與所見了。而且，這樣一來，也可以由所見的物品自己來見；當物品有所見時，我們的覺知心也就同時看見了！那麼我們的覺知心又何必一定要有能見之性呢？

「若是眞的如此，那麼你和我之間的區別，你我與世間之間的區別，可都無法安立了。」因爲你即是我，我即是你；你我即是世間，世間即是你我；

就成為含混一體而不可能有你我之間的區別，也不可能有你與世間應有的互相區別了，這豈不是天下大亂了嗎？這樣一來，一切世間就沒有辦法安立了，世間就紛雜不堪了，一切有情根本就沒有辦法在世間生存與運作了。所以，「阿難！如果你看見一切法的時候，或者當你看見我釋迦如來的時候，你的能見之性是周遍於所見的一切物品，而不可歸攝在所見的一切物品之中，那麼你這個能見之性，難道不是你自己的嗎？難道會是所見的物品？或是所見物品上顯示出來的八緣嗎？」

這意思是說，能見之性對於山川、草木、明暗、通壅等現象，都可以周遍而觀察；也能周遍觀察所見的一切無情物中，都沒有自己的能見之性；既然能見之性有能力周遍觀察，而且能見之性是心，不能歸還於一切所見之色塵與物質，是獨立於所見的一切色塵與物質之外，這如果不是你阿難自己的心，那又是誰呢？

這也是說，覺知心能見之性就是第二月的自己，不是物，不是自然。既是自己的第二月，功用確實歷歷在前而可以體驗，也無法歸還給種種外緣，當然是由自己的性淨妙明的如來藏妙眞如性中出生的，這難道不是自己的第二月嗎？「為什麼你還要懷疑自己有沒有眞性呢？為什麼卻執取不眞實的第二月的自性為自己的心，然後向我釋迦如來這邊來求取眞實的自性呢？」因為阿難當時還沒有找到自己明月如來藏的眞實法性，落入第二月覺知心中，卻仍然不懂得要向自己這邊來尋覓眞實心如來藏，還想要從佛陀那邊去求取眞實心的體性，所以世尊這樣反問阿難。同樣的道理，諸位聽到這裡，有沒有懷疑說：「我自己的眞實法性在哪裡？」我想，聽到這裡，大家都會覺得很難理解吧！所以大家才要想辦法去參加禪三精進共修，我們也是因為這個緣故而每年舉辦兩次禪三共修。不過每次都無法避免，一定都會有遺珠之憾；因為我們沒有辦法一年辦十次、八次的禪三，人力確實無法負擔，我的體力與時間也確實無法負擔。

我們也不想舉辦禪七，因為如果辦禪七—不是像外面大山頭的禪七都只是靜坐求一念不生—而是一直不斷地小參，每天晚上還要普說公案兩小時，每晚都只能睡五個小時，我的體力一定負荷不了。縱使體力能夠負荷，也會有後遺症：七天共修下來，保證百分之百都開悟——人人有獎。因為每天小參去黏解縛以後，又在每個晚上普說指示入處，每天三次過堂時又有許多機鋒及較短的普說，眞是不悟也是難。所以，我們前後四天的共修——三永日的參禪，可以有一半以上的人破參（編案：自從二〇〇三年起，求質而不求量，將印證標準提高，所以被印證的人就變少了）；但是像我們這樣的禪法、機鋒、開示，如果連續辦七天，一定是所有參加的人全部都會開悟了！但是這樣一定會有不好的後果。

換句話說，辦了禪七以後，因緣還沒成熟的人也會被全部引導出來，那對他們反而不好。所以你們要有一個正確的觀念：有許多人第一次去參加禪三時沒有悟，到了第二次禪三時才終於證悟了，那時總是會發覺，原來在第二次時證悟，品質確實比第一次參加時就證悟更好；若是第一次參禪時就證悟了，反而不一定是最好的時機。這次有人是第三次才悟的，並且座位排得那麼湊巧，剛好就成個倚角，前面第一排的最左邊、最右邊都是第三次打禪三的人；但我相信他們一定會覺得在第三次禪三時悟入，確實是比提早悟入要好。因為這回理路通透了，證悟時的品質就提高了。所以，還沒有進入正法之時，一定要趕快進入正法，不能慢；一旦進入正法之中，對於求悟的事就不要太急，還是要順其自然，在因緣成熟的時候再悟是比較好的。

譬如水果，我們在臺灣吃的香蕉是比較甜的，日本人吃的香蕉一定比較不甜，因為經由船運而送到日本，一定需要很多天的時間，必須提前幾天採收下來，然後放在船上運送的過程中，用一些方法在紙箱中慢慢催熟，當然甜度會比較差一些。譬如台灣的俗話說：「在叢黃的。」（閩南語）是在樹上已經成熟的香蕉，摘下來就可以吃，是最成熟也最新鮮的，這樣的品質是最好的。求悟也是一樣的道理，就怕沒有機會進入可以實證的正法中，一旦進入可以實證的正法道場以後，就不該操之過急，應該等待適當的時機才悟入，品質才會最好。

那麼聽到這裡，大家會想：「那我的眞實心在哪裡？我自己的眞實不壞體性在哪裡？」當然你得要去探究祂了。因此我先跟諸位交代，不可以操之過急，應該因風使帆、順水推舟，或者順風搧火，才會省力。千萬別逆風搧火、逆水行舟。也就是說，先把正知正見一點一滴地建立起來，在建立正確知見時，同時努力修集見道時應有的福德，具足見道者應有的條件；當自己的福德、慧力都具足的時候，再來證悟，品質會比較好，也才會有功德受用，並且永遠都不會退轉。但是提醒大家回到經文意旨：覺知心、能見之性，是心而不是物質，不該歸還於所見之物質或色塵，不是以眾緣爲因而出生——非因緣生；也不是自然而然無因而生的——非自然生，而是由常住的主人如來藏爲能生之因，藉種種助緣而自然地從如來藏中出生，所以能見之性仍屬於自己而不屬於物質性的五色根、六塵及明暗等八緣，也不是屬無因而自然生的外法，當然也是由自己的如來藏心所含攝。

【阿難白佛言：「世尊！若此見性必我非餘，我與如來觀四天王勝藏寶殿居日月宮；此見周圓，遍娑婆國；退歸精舍，只見伽藍清心戶堂，但瞻簷廡。世尊！此見如是，其體本來周遍一界，今在室中，唯滿一室；為復此見，縮大為小？為當牆宇夾令斷絕？我今不知斯義所在，願垂弘慈，為我敷演。」

佛告阿難：「一切世間大小內外諸所事業，各屬前塵，不應說言見有舒縮；譬如方器，中見方空。吾復問汝：此方器中所見方空，為復定方？為不定方？若定方者，別安圓器，空應不圓；若不定者，在方器中應無方空。汝言不知斯義所在，義性如是，云何為在？阿難！若復欲令入無方圓，但除器方，空體無方，不應說言：更除虛空方相所在。若如汝問：入室之時縮見令小，仰觀日時汝豈挽見齊於日面？若築牆宇能夾見斷，穿為小竇，寧無竇跡？是義不然。一切眾生從無始來迷己為物，失於本心，為物所轉，故於是中觀大觀小；若能轉物，則同如來身心圓明不動道場，於一毛端遍能含受十方國土。」】

講記：阿難又向 佛陀稟白說：「世尊！如果這個能見之性一定是歸屬於我自己，不是歸屬其餘的因緣所有，也不歸屬於自然，那麼我現在跟著如來一起同觀四王天的四大天王所住的勝藏寶殿，他們是住在日宮與月宮之間；當我在如來加持之下這樣看見時，發現這個能見之性是周遍的、是圓滿的，是可以遍觀娑婆國土的。可是我如果把自己的能見之性退回到現在這個精舍之中，卻只能看見伽藍，」伽藍就是寺院，「我卻只能看見這個能使人清淨心性的門户與講堂之內；當我從講堂的門户中看出去時，就只能看見講堂外的屋簷，以及講堂旁邊的側屋廂房。」

「世尊！我現在想請問的是，我這個能見之心性，祂的體性本來是周遍於色塵一界，也是周遍於整個娑婆世界的，可是我現在住在這個清心户堂中的時候，這個能見之性卻只能遍滿於這個講堂裡面；那麼，當我看見整個娑婆國土時，這個能見之性是不是被擴大了？當我在講堂中只能看見講堂內的狹小空間時，這個能見之性是不是被縮小了呢？或者我的能見之性被講堂的牆壁與門户夾斷，而無法與户外的能見之性相通？我現在眞的不知道這個能見之心性，道理究竟應該在哪裡。我很希望世尊垂憐，廣大的顯出您的慈心，爲我敷演這個道理。」

大家想一想，確實如同阿難尊者所說一般；既然能見之性周遍整個娑婆世界，因爲確實是可以看見日輪、月輪等等廣大娑婆世界的法相；但是爲什麼現在處於講堂之中，卻只能看到講堂裡面的狹小空間而無法看見外面的廣大世界了？這時覺知心的能見之性，是不是被從大變小了呢？或是被物質限縮了呢？因為在戶外之時，是很廣大而可以看見遠處的日月星辰世界的；現在處於講堂中，仍然是同一個覺知心的能見之性，所見卻只有講堂這裡面的小範圍。最多就只能從門戶看出去，而只能看到講堂兩邊的廂房而已；這是不是被牆壁所遮擋，被牆壁所剪斷而不與外面的能見之性相通？或者被剪斷而使覺知心的能見之性成為兩個——有外面的能見之性與裡面的能見之性？是不是這樣呢？

如果認為覺知心的能見之性只有一個，似乎是比較正確的；如果說是被牆壁夾斷了，所以只能看見裡面而不見戶外；當覺知心能見之性被牆壁夾斷時，應該覺知心的能見之性會有兩個——有講堂內的能見之性，還有講堂外的能見之性，那麼戶外的能見之性就會成為別人而不是自己了。假使說戶外的能見之性也是自己，那就應該有兩個見；一個見內、一個見外，就不該說是被牆壁夾斷而看不見戶外的景色了。所以，覺知心的能見之性，是被牆壁遮斷了，因此而看不見外面的景色；這說法看起來似乎是比較合理的，卻似乎又有問題：覺知心能見之性被牆壁縮小了。阿難對此，又似乎沒把握，所

以提出來請問 世尊。

佛告阿難：「一切世間大小內外諸所事業，各屬前塵，不應說言見有舒縮；譬如方器，中見方空。吾復問汝：此方器中所見方空，為復定方？為不定方？若定方者，別安圓器，空應不圓；若不定者，在方器中應無方空。汝言不知斯義所在，義性如是，云何為在？阿難！若復欲令入無方圓，但除器方，空體無方，不應說言：更除虛空方相所在。」

佛向阿難尊者開示：「一切世間不管是大或小，是內或外，以及一切所有的事行所產生的種種業行，各都屬於前塵，也就是都屬於我們覺知心所面對的六塵法，你不應該說這個能見之性有舒張或者有收縮。譬如一個方形的容器，你在這個方形容器裡面，可以看見裡面的空間是方形的。那我現在來問你：『這個方形容器裡面所見的四方形的空，一定是四方形而不會改變的空呢？或者不一定是四方形的呢？』如果你說這個方形容器裡面的空間一定是四方形而不會被改變，那麼你另外安置一個圓形的容器，那裡面的空間就不應該說是圓形的，因爲你說那個空一定是方的。」也就是說，把那個方形容器移走以後，換了另一個圓形的容器來，在方形容器中的空不會改變的前提下，這個圓形容器中的空間應該仍然是方形的，但是現在明明已經變圓形的了。

「如果你阿難認爲不是一定成爲方形空間的話，或者不是一定圓形空間的話，那麼在這個四方形的容器當中其實並沒有不變的四方形的空間。」換句話說，四方形容器中的空，不該說爲四方形的空；如果是圓形的容器，裡面的空也不應該說一定是圓形的空；「空是隨著容器的改變而跟著改變的，你所說的不知道其中的道理所在，而它的道理、它的法性就是這樣的，你阿難爲什麼一定要找出一個空的所在？」這意思懂嗎？

也就是說，能見之性是隨緣而變；就好像空間一樣隨緣而變，四方形的容器就顯現裡面的空間是方形的，圓形的容器就顯現出裡面的空間是圓形的；所以這個空，沒有所謂的方，也沒有所謂的圓；不是一定方，也不是一定圓。能見之性也是一樣，沒有所謂的一定舒張，也沒有所謂的一定收縮，道理就是這樣；你爲什麼一定要探討說，祂是否有收縮或舒張呢？「所以阿難！如果你想要使一個空所入的處所沒有方也沒有圓的話，只要把那個四方形或是圓形的容器拿掉，這個空就沒有所謂四方或是圓形可說了！所以空的法體，並沒有所謂四方形或圓形可說啊！所以你不應該說必須要把那個四方形的虛空給除掉，才沒有四方的空的法相，你不應該這樣說的。」

「若如汝問：入室之時縮見令小，仰觀日時汝豈挽見齊於日面？若築牆宇能夾見斷，穿為小竇，寧無竇跡？是義不然。一切眾生從無始來迷己為物，失於本心，為物所轉，故於是中觀大觀小；若能轉物，則同如來身心圓明不動道場，於一毛端遍能含受十方國土。」

「如果像你所問的這樣子：進入室中之時就把能見之性縮小了，顯然能見之性是有物質自性的；那麼如果你阿難出到屋外仰觀太陽的時候，難道是你的這個能見之性也觸及太陽的表面而跟它接觸嗎？」其實都不是這樣啊！你只是看見太陽的影像，而你的能見之性並沒有去跟太陽的表面接觸，你只是看見了太陽所顯示出來的色相罷了。「如果說建築了牆壁就能夠把你的能見之性夾斷的話，」應該後來在牆壁穿了一個小孔以後，仍將看不見小孔外面的景物，因爲能見之性已經被牆壁夾斷了。「既然能見之性被牆壁夾斷了，當你後來在牆上再鑽個小洞時，難道能見之性不能再從那個小洞接觸到牆壁外的色塵相嗎？你難道還是看不到那個被打穿的小洞的痕跡嗎？」事實上還是可以看得見從小洞中往外看出去的景色，也一樣可以看見那個小洞的存在，可見你原來的能見之性並沒有被牆壁夾斷。「當那個牆壁被鑽一個洞，你又可以從洞裡看見外面的景色了，所以能見之性並沒有被牆宇給夾斷，所以你所說的被牆壁夾斷了能見之性的說法，是不對的。」

「一切眾生從無始劫以來都是迷己爲物，都是把自己給迷失了，一向都在六塵萬法上面去執著，因此就迷失了本心，總是不知道自己的本心在哪裡？結果就被種種物象所運轉。被物所轉的時候，就在種種的物塵色法上面去觀察這個比較大、那個比較小；」這正是一般人的分別性：這是大法師、那是小法師，這是大居士、那是小居士；就這樣在這裡面做種種的分別，這都是迷失於本心，迷己逐物，在物象上面被種種物象所轉。「如果能夠轉物，」五陰也是不離物啊！色陰的五色根是物，六塵也是物，只有明心之後才能眞的運轉色陰等十一法。這就是說，你要能夠先找到如來藏本心。這時 佛說：「你如果能夠轉物，而不是被物所轉，」以前老是把色身當作自我，現在卻反過來，現在我找到如來藏，能夠運轉五陰中的一切物法，「能夠這樣轉物時，你當下的境界就跟如來的身心圓明不動道場一樣了。」

十方如來也是由這個第八識妙精明性所成就的身心圓明，而這個第八識的身心圓明就是不動道場。有很多人痛恨《維摩詰經》，總毀謗說是後人結集編成的。印順法師他們就是這麼講，他們是不承認《維摩詰經》的，認爲這是後人所集結的，因此他們一定會加以扭曲。因爲《維摩詰經》所講的法義，他們都弄不通；由於印順派中的所有法師與居士們都是六識論者，而覺知心並不能以心轉物，所以就沒辦法了知如來身心圓明的不動道場。道場在哪裡？《維摩詰經》已經明講了，早就爲印順法師等人明講了，可是印順派的法師居士們都弄不清楚。而《維摩詰經》就像是禪門中的照妖鏡，《楞嚴經》也一樣是佛門照妖鏡啊！

道場，很多人找不到道場，到處在找道場，但我告訴你：道場在你身上，不要到處去找。你來正覺道場修學，我們也只是幫你找到你自己本有的道場而已，並沒有幫你找到別的什麼道場。所以，正覺講堂也是假名道場，眞正的道場在你那裡，不在正覺講堂中；所以證悟以後才會知道經文中說的：「菩薩諸有所作舉足下足，當知皆從道場來，住於佛法矣！」這才是眞正的道場。可是這個道場又很難悟，一下子說：「法離見聞覺知。」又說：「不會是菩提，諸入不會故。」緊接著又告訴你說：「知是菩提，了眾生心行故。」所有人讀到這裡時，都說：「這下子完了，不可能悟入了。既說離見聞覺知，也說不知是菩提，突然卻又說知是菩提，該怎麼會？」所以很多人都死在句下，沒有辦法弄清楚。

必須要眞正明心——證得第八識明月如來藏了，這時你才能眞的弄清楚經文中所說的道場。你如果還沒有眞正明心，一定弄不清楚；因此說，當你明心的時候，你就明白道場了！當你找到了道場，你就能轉物；你若是已經能轉物了，就同於 如來的身心圓明不動道場。所以，道場就在你身上啊！這時候，「於一毛端遍能含受十方國土」，於一毛端之中能夠普遍含攝十方如來國土的道理，在你眞悟時就會知道了！而且後來也會發現：十方國土全都是這樣的，跟這個不動道場並沒有差別。

爲什麼一毛端之中就含攝了十方如來國土？因爲十方國土都是由這個所成的啊！天氣熱時，人就流汗了；天氣突然轉涼了，毛孔豎起來就起雞皮疙瘩了。十方國土同此無二，十方國土於是都在這一毛端中顯現出來了。你如果悟了，就是這麼簡單；如果悟不了或是悟錯了，你再怎麼想也想不通：十方國土那麼廣大，爲什麼會在一毛端裡面？佛法就是這麼妙，所以很難體會與理解。但是，在很難體解之際，還是要想辦法深入體解啊！否則你來正覺講堂要學什麼呢？所以我們還是要繼續賣命說法、打三。

【阿難白佛言：「世尊！若此見精，必我妙性，令此妙性現在我前，見必我真，我今身心復是何物？而今身心分別有實，彼見無別，分辨我身；若實

我心令我今見，見性實我而身非我，何殊如來先所難言物能見我？惟垂大慈，開發未悟。」佛告阿難：「今汝所言見在汝前，是義非實；若實汝前，汝實見者，則此見精既有方所，非無指示。且今與汝坐祇陀林，遍觀林渠及與殿堂，上至日月，前對恒河；汝今於我師子座前，舉手指陳是種種相，陰者是林，明者是日，礙者是壁，通者是空，如是乃至草樹纖毫大小雖殊，但可有形，無不指著；若必有見現在汝前，汝應以手確實指陳，何者是見？阿難當知：若空是見，既已成見、何者是空？若物是見，既已是見、何者為物？汝可微細披剝萬象，析出精明淨妙見元，指陳示我同彼諸物，分明無惑。」

講記：阿難尊者還是希望 如來幫他開悟，他自己還不想參究。阿難說：「世尊！如果這個能見的精明性就是我的眞實妙性，使我這個妙性顯現在我的身心面前——在我面前能夠運作——這個能見之性既然能生出這樣的體性，這個能見之性就必定是我的眞實法，那麼我這個身心到底又是什麼物品？」這是因爲在《阿含經》中的記載，佛在初轉法輪時期都說這個能見之性是虛妄法啊！爲什麼現在又說這個是眞的呢？那麼我阿難今天這個身與心到底又是什麼東西？「如今，我這個色身以及我這個心，確實可以分別出來是各有不同的體性，可是那個能見之性卻沒有因爲身心有所差別而跟著不同——都是同樣的一個能見之性，這樣來分辨我的色身。如果確實是由我這個能覺能知的心，使我看得見自己的色身；這時能見之性就是我自己的心，而色身並不是我自己，那跟前面如來所質難的物能見我，又有什麼差別？很希望如來能夠垂憐於我們，開發我們這一些還沒有開悟的人。」

上週《楞嚴經》講到妙精明性也就是在說我們如來藏的體性。如來藏這個法一向都是甚深難解，這個法的甚深難解並不是現代才這樣，而是自古以來就一直都是這樣的。所以，有的人在禪三時沒有破參，覺得很難過，這其實不必要，完全沒有必要。因爲這是連諸天天主也不懂的，除非是菩薩發願去當諸天的天主，否則天主還是不懂的；至於一般的神祇，或如一貫道的母娘，其實也都是沒辦法弄懂的。因此說，參加第一次禪三而沒有破參，都是正常的；若是第一次參加禪三時就破參了，那其實是一個非常的人，應該說是不正常的人——因爲他不是人，而是菩薩。

如果明心以後再加上眼見佛性，那又更難懂了！因爲明心和見性這二關，雖然說是非一亦非異，但是認眞講起來時，也眞的是截然不同。所以佛法之中，光是第七住位的明心與第十住位的眼見佛性，就已經是非常的困難了，何況是入地的智慧境界。因此，在第一次參加禪三時若是沒有破參，應該才是正常的；往往第二次、第三次或者是第五次、第六次才破參的，反而見地比較好，因此我們不鼓勵大家走得太急、太快。就好像一個嬰兒，如果骨骼、肌肉還不夠強壯的時候，你硬要他學走路，對他就不太好。所以，對於第一次禪三沒有破參的人，我心中往往另外寄予厚望，因爲自古以來有一句話說：「**大器晚成。**」

且不談別人，就說我個人吧：少小的時候，我比較喜歡探索哲學類的，譬如羅素等人的說法，又如後來比較流行的《天地一沙鷗》書中的存在主義，或是但丁《神曲》這一類的書籍，蠻喜歡去探索。當年的基督教領導者編訂出來的教科書中，總是認爲佛教是一種迷信的宗教；但這是因爲當時對佛教與道教，並沒有正確的認知二者的分際，所以被教導而誤以爲宗教是迷信的，只有基督教是不迷信的，所以就在這樣的環境下自己盲目地探索。探索了很久以後，總是探索不到所要的答案，於是不了了之；後來投入滾滾紅塵中，打滾了二十幾年以後，才又重新回到往世修過的佛教這一條路上來。

大家也可以看我這一世的歷程，一九八五年的年初重新皈依佛門，一九九○年十一月破參。我從一九八九年的元月開始參禪，常常住在忽略外境的狀況中，也就是見山不是山的疑情境界中；直到一九九○年的十一月才破參，這樣總共不到六年。不但是沒有人引導，並且這一世的師父教給我的參禪知見都是嚴重錯誤，而且是方向相反而絕對不可能悟入的方法。但是，我這一世是到了四十幾歲才開始學佛的，這當然算是大器晚成，提供給大家自我安慰；所以禪三之中沒有破參的人，都不要氣餒。我們往往看到有些人在第二次、第三次破參的時候，他們的見地反而比較透徹，他的智慧反而比較好，功德受用也比較大，所以不必急在一時。

同樣的道理，《楞嚴經》比其他的經典更難懂；因爲《楞嚴經》所講的並不像《金剛經》等經典純粹開示眞如心，這部經典也兼談佛性，所以往往把眞如與佛性合在一起講。由於怕耽誤大家眼見佛性的正受，身心世界如幻的現觀將很難成就，所以我又要想辦法把眞如與佛性的密意遮遮掩掩地說，又得要把經中所說的正確知見告訴你們，所以《楞嚴經》很難講。以前我一直沒辦法把握那個分際，所以我以前聽到同修們向我建議講《楞嚴經》的時候，我總是一再推遲；因爲沒有把握保護密意時又能使大家獲得佛法上最難體會的知見，以免害了大家將來失掉眼見佛性體驗時的正受，又要把這部經講得好，這個分寸就很難拿捏。

這兩年來（編案：這是二〇〇二年的春天講的），是因爲覺得方便善巧已經比往年多一些了，所以才敢宣講這一部經；那麼諸位聽這部經的時候，千萬要很小心，因爲這部經有時候從正面講，有時候從反面講；有時候講眞如心，有時候卻是在講佛性。那你如果不是兩關都體驗得很好的話，往往會以爲自己聽懂了，但其實不是眞正的懂。由於這一部經的特性與其他經典的特別不同之處正是在這裡，所以沒有悟的人也會引用《楞嚴經》的經文來證明他已經開悟了，而眞正證悟的人卻也可以從《楞嚴經》的經文引用出來證明對方悟錯了。由於這部經有這麼一個特性，所以眞的也是難講，聽聞者也會覺得很難懂；得要明心了，再加上眼見佛性以後，並且本身進修了別相智，你才能眞正的聽懂。一般大師們是連讀都讀不懂的，何況能爲人解說呢！

可是，當你眞懂了以後，又發覺這部經典其實並不容易講，得要有道種智才能有方便智來宣講它。這時才能想辦法保護眞如與佛性的密意不洩漏，又能夠表達經中的知見。所以，講的人不好講，當然更不容易聽得懂。所以我在上週才會說：「**這部經會聽得大呼過癮的，一定是要明心與見性二關都通過了的人。**」但你是否因此就得要趕快過見性這一關再來聽？也不盡然！這是牽涉到佛法修證的一個大問題；在佛道上，明心其實是比眼見佛性重要得多；因爲見性之後並沒有什麼好整理的，見就是見，不見就是不見，刀切豆腐一刀兩斷。又像是玩牌九一般，一翻兩瞪眼，沒得補救的。

參出佛性名義時若是看不見，這一世就是永遠都看不見的了！以後若是有因緣出現時，也有可能就突然看見了，那時也是沒什麼需要整理的。可是明心這一關可就大不相同了，是有很多見地需要整理的；那就意味著說：眼見佛性之後，想要再快速地進步，沒什麼地方可以進，還是要回到明心這一關上來；所以有的菩薩就如同《大般涅槃經》中所說，直到第九地滿心時才眼見佛性，然後才能進入第十地中。當然，如果在十住位中先見性了，以後修學無生法忍是會比較快速的。然而憑著明心的功德，也就可以進修到九地滿心，你說明心的功德大不大？

但是如果你明心的條件不具足，強行奉送明心之後，被假名善知識一轉就退失了，可又退回常見外道法中去了！所以我們很注重明心以後在別相智和種智上面的熏習、體驗，如果沒有在明心後繼續修學別相智和種智，那麼智慧不容易引生出來，往往被一些大名氣的假善知識幾句話一唬、一籠罩，也就退轉了！這一退轉回去，可能就像往劫的舍利弗尊者那樣，一退就是十劫；所以我們比較重視明心後在種智上的證驗，以及在明心之後進入道種智之前，應當要修學的別相智，這一些是遠比見性更重要的。

至於眼見佛性的部分，希望大家不要提早去參究。諸位也看見過我們書上列出來很多的見道報告，那些眼見佛性的報告中，最痛快的就是他只顧去看話頭、修福德，別的都不參、都不管；等到我觀察他的見性因緣成熟了，我只不過是二、三句話就幫他解決了。那麼，這樣被引導的人，也只不過是二、三句話之間，他就看見了佛性，那不是很輕鬆愉快嗎？爲什麼要參到那麼痛苦、如喪考妣呢？那眞的沒有必要。像這樣子，你也輕鬆，我也輕鬆，何樂不爲？因爲，如果在因緣還沒有具足之前就先參出來了，我將來想要幫他見性，是很辛苦的；眞的是要九牛二虎之力，而且還不一定就看得見佛性。那麼他也痛苦，我也辛苦，兩邊都吃力不討好。

應該是先把見性所需要的條件，自己去圓滿它、具足它，那麼到了見性因緣成熟的時候，我只需要幾句話就能幫他解決了！這樣子，他也能眼見分明，我也痛痛快快而沒有牽掛，不必心裡面老是耽憂他到底有沒有看見佛性？那不就兩廂無事、天下太平嗎？這是我個人的希望，也是我們在度眾過程中希望看見的現象。所以我希望諸位，凡是有準備要過第二關而求見佛性的人，仍然還是應該多方在般若的別相智以及一切種智上面用心來修學，增長慧力；另外就是必須在看話頭方面，只要單純地去看，不要去參它，更不要生起疑情。雖然你已經破參明心了，無妨仍然用準備破參的話頭去看，這樣就不會對佛性生起疑情。這樣子單純地看話頭，以後見性的功德會比較大一點，這是我特別要跟大家提醒的。因爲我現在對這一關很小心，深怕耽誤了人。言歸正傳：這部經中既然有時候講眞如，有時候講佛性，所以這一些法，諸位要很詳細地聽，聽過以後要把正知正見建立起來。

上一週說，阿難向　佛稟白：「這個能見的精明性如果必定是我的妙覺明性，如果這個精明性能夠使我的能見之性的妙性出現在我眼前，那麼這個能見之性必定就是我的眞實心了。既然是這樣，我眼前這個色身以及我這個能知能覺的覺知心，到底又是什麼東西呢？」這就是說，身與心和合而有能見之性，那麼現在能見之性既然是眞實法，分明顯現在阿難身心之前，毫無遮隱；但卻是身心和合所成的，又不該是眞實心啊！如果能見之性是眞實自我、金剛寶明妙精明性，那麼阿難的五陰身心到底又是什麼？而如今現前觀察的結果，色身以及這個見聞覺知心加以分別之後，確實都有各自眞實存在的法性在；而且，色身明明就在眼前，覺知心也明明在眼前，可是當阿難的能見之性在分別色身與覺知心自己時，並沒有差別啊！似乎又是同樣一個覺知心啊！

這個能見之性，能夠分辨阿難這個色身，也能夠知道阿難的覺知心自己；如果眞的是阿難的能見之性使阿難可以看見色塵的話，這樣看來，應該說能見之性與覺知心就是阿難的眞實自我，而這個色身就不是阿難的眞實我。這樣一來，又跟 如來在先前所質難的「**見性是物，物能見我**」的道理，又似乎沒有差別了！所以眞的是很難懂，那麼阿難就代替大家提出這個問題來問，請求 佛陀「**惟垂大慈，開發未悟。**」

佛告阿難：「今汝所言見在汝前，是義非實；若實汝前，汝實見者，則此見精既有方所，非無指示。且今與汝坐祇陀林，遍觀林渠及與殿堂，上至日月，前對恒河；汝今於我師子座前，舉手指陳是種種相，陰者是林，明者是日，礙者是壁，通者是空，如是乃至草樹纖毫大小雖殊，但可有形，無不指著；若必有見現在汝前，汝應以手確實指陳，何者是見？阿難當知：若空是見，既已成見、何者是空？若物是見，既已是見、何者為物？汝可微細披剝萬象，析出精明淨妙見元，指陳示我同彼諸物，分明無惑。」佛陀向阿難開示說：「如今你所說的，這個能見之性分明地顯現在你眼前，你說的這個道理並不是正確的；如果說這個能見之性眞的是在你眼前，如果你眞的可以看見能見之性，那麼這個能見的精明性既然是有方向與處所，那就不應該指示不出來啊！」那麼阿難應該是可以指示出來能見之性的所在啊！「而且如今我釋迦如來跟你阿難一起坐在這祇陀林中，普遍觀察樹林溝渠以及殿堂，從地面看過去，乃至看到上方的日月；再觀察回來而看到眼前所面對的恆河。如今你阿難在我的獅子座前面，舉手把所見的這些景物一一的指陳它們的種種法相；這時已顯示出來，陰暗的地方是樹林，明亮的處所則是日輪，有遮障的地方是牆壁，能與戶外相通的地方是空無；就像是這樣子，甚至纖細如毫與粗大如樹，小如雜草與樹木之間，它們的大小雖然差異很大，但只要是物質而有形色的，沒有一樣事物是不能指示出來的，」譬如說，是石頭就能指出來說是石頭，是房子就能指出來說是房子，是樹林就能指出來是樹林；乃至纖毫，也就是很微細的一根刺、一根纖維都可以指陳出來，說是刺或纖維。不管大小，差異多大，都可以指示出來。

能見之性既然說是在眼前，就應該如同物品一般可以指陳出來才是，「那麼我現在問你：如果必定有一個能見出現在你眼前，你就應該可以用手把祂指陳出來，那麼哪一個是你的見呢？」你把祂指陳出來給我看看，到底哪一個是你的見？當然阿難尊者沒有辦法指示出來，因為見非形非色，如果能指示出來，就成為有形有色的了，就不可能是心了！見，不但沒有顯色、沒有形色，這個見乃至表色、無表色都沒有，你要怎麼指陳祂？根本就沒有辦法指陳。所以 佛就說：

「阿難啊！你應該要知道，如果你說虛空、空無就是見，既然這個虛空、空無已經成爲見了，還有哪個事物可以指陳是虛空或空無呢？如果你所指示出來的那一些物質，譬如樹木、殿堂、日輪……等物，若是已經被你阿難指陳爲見，那些事物既然是見，那麼你阿難還能有什麼可以說之爲物？」這意思是說，見不能說是物，物也不能說是見。可是也不能夠說物不是見，因爲離了物就沒有見；同理，離了明與暗，一樣是沒有見可說。所以，不可以說明不是見，見不是明；但也不可以說明就是見，見就是明。如果你說明就是見，那麼明本身就有見，何需要你來見？如果你改口說，明不是見；可是當明消失了，暗來了，你就不該看見了暗。如果又改口說明是見，那麼當暗來了，可又看不見種種事物了。

所以說，世間一切法無非中道性，沒有一法不是中道。只有自己不瞭解眞實法的時候，就無法了知出世間法以及世間法都是中道，一定無法了知。如果有了種智，隨便哪一法，都可以說是中道；不論怎麼說，都是中道。那麼 佛說：「如果見就是物，那麼見已經成爲物，那又有什麼東西可以叫作見？

如果空就是見，空已經成爲見了，還能有什麼事物可以叫作空？如果物就是見，那些物已經成見，當然就不需要你的心來見；那物假使就是見，還能有什麼東西可以叫作物？你阿難可以這樣微細地披剝萬象，」這個「披」字，現在閩南語中還在使用，譬如「披開」；這裡說的「披」，是把萬象攤開來，因爲捲起來時就看不清楚，所以要把它披平而攤開來看。剝，就是一絲一毫地把它剝除，也就是拆解。當你把某一件事物披開而細剝到最微細的地方，「去分析其中確實是有一個精明的、清淨的、勝妙的能見的元本，然後你就能把祂指示、顯現出來給我看，說那個能見的元本是與那些事物一體，並且很清楚而沒有疑惑地解說出來。」現在阿難聽到佛這樣指示了，當然要照著做。

【阿難言：「我今於此重閣講堂，遠洎恒河，上觀日月，舉手所指，縱目所觀，指皆是物，無是見者。世尊！如佛所說，況我有漏初學聲聞，乃至菩薩，亦不能於萬物象前剖出精見離一切物別有自性。」佛言：「如是！如是！」佛復告阿難：「如汝所言『無有精見離一切物別有自性』，則汝所指『是物之中無是見』者；今復告汝：汝與如來坐祇陀林，更觀林苑乃至日月種種象殊，

必無見精受汝所指，汝又發明此諸物中何者非見？」阿難言：「我實遍見此祇陀林，不知是中何者非見；何以故？若樹非見，云何見樹？若樹即見，復云何樹？如是乃至若空非見，云何見空？若空即見，復云何空？我又思惟：是萬象中微細發明，無非見者。」佛言：「如是！如是！」

講記：阿難回答說：「我如今在這個重閣講堂，」重閣講堂應該是前後兩排屋宇，所以叫作重閣講堂，「從遠遠流著水的恒河，乃至往上方看到的日月，凡是我阿難舉手指示出來的，以及我阿難以眼睛一望無際地看出去，凡是我所能指陳出來的全都是物，沒有一個是見。」

請問：「能見之性」與「見」，同不同？（平實導師問諸大眾，前後二次）不同？錯了；同？也錯了。因爲有能見之性，所以使你能見；但是能見之性如果就是見，譬如人悶絕了，能見之性中斷、滅失的時候，同時就沒有「見」了——也就是說永遠都不會再有「見」了！又如死亡了，能見之性中斷而滅失了，如果「見」就是「能見之性」時，當然死後也是永遠都不會再有「見」了！也就是說，當「見」的現象不在時就等於能見之性也已經滅失了、中斷了，那麼就不該在後來醒過來或轉入中陰階段時仍然還有「見」的現象。

這個問題是說：當「見」消失以後，是不是「能見之性（簡稱見性）」就跟著滅失了？如果確實消滅了，那你醒過來時，或者重新投胎出生了，爲什麼又能看得見？顯然「見」與「見性」非一非異——「見」與「能見之性」不一亦不異。如果說「見」就是「見性」，就有大問題；因爲當亡者亡故而沒有「見」的時候，應該「能見之性」就隨著壞掉了！「見性」既然壞掉了，爲什麼當他投胎受生，重新出生以後，又可以有「見」呢？既然能見之性就是見，當他死亡時看不見了；投胎以後也就應該看不見，將來出生時也應該是不再有「見」。因爲死了以後「見」滅了，而「見」就是「見性」，就應該前世死亡時見性隨之而滅，可是爲什麼未來世又有「能見之性」而產生了「見」？所以見性不即是見，但是見性亦不能說不是見；由有這個能見之性，所以才會有見的功能差別現行出來；如果沒有這個能見之性，當見的現象滅失以後就應該是永遠都不會再有見的現象了，將來可就一切都看不見了！所以，「見性」與「見」非一非異，不能單說是，也不能單說不是；說是，或說不是，都有問題。

那麼這裡面就要先把祂分清楚，因爲有的時候講「能見之性」，就簡略的說爲「見性」；有的時候講的是「見」的本身，是有情直接「見」的運作過程，那麼如果「見」就是「見性」——能見之性，將來眼見佛性時又會有問題產生了。你若是沒有「見性」就不會有「見」，若是沒有「見」，又怎麼能看得見佛性——如何能眼見佛性？能見之性簡稱為見性，眼見佛性也被簡稱為見性，同樣是在眼見上面來說的。看見如來藏具足使人成佛的體性，也被古時多數禪宗祖師簡稱為見性，所以「見性」二字的含意眞的很複雜。假使沒有證悟如來藏，就不知道如來藏本已具足的使人成佛之性，就稱為尚未見性者；已經確實明心以後，就能了知禪宗多數祖師所說的見性——看見如來藏具足使人成佛之自性，但是別誤以為這就是《大般涅槃經》中　佛所說的眼見佛性的內涵，二者仍是不同的。

假使證悟如來藏明心了，還沒有眼見佛性時，就不知道眼見佛性的見性的定義；錯把禪宗多數祖師說的看見如來藏使人成佛之自性，當作是《大般涅槃經》中說的眼見佛性，就會成為大妄語人。假使對能見之性與見的分際弄不清楚，不知道其中一個是功能而另一個是現象，不知道其中一個是心所法而另一個是心所法呈現的功能，那麼就會把見性二字的不同用途混同為一，對佛法的認知就會更加混亂不堪了。所以，大乘佛法的修習，若是沒有眞善知識的指導，眞的是歧路重重，由此就可以知道諸佛、諸上地菩薩的護念與指導，是多麼重要了。

等而下之，若如那些凡夫大師們所說的：「『見性』就是『佛性』。」那麼眼見佛性時就應該是看見能見的自己了！但這根本就不對。因爲若是眞的如此，那問題就大了！一切凡夫都可以自稱成賢證聖了！所以佛法的微細處，絕對不是像聲聞解脫道那麼簡單，這不是沒有證悟的人所能了知；乃至說佛法的微細處，還有許多是證悟明心以後都還不能了知的。因此，有很多人在破參之前說：「我只要破參明心了，也就差不多了，大概學佛的歷程就結束了。」心想：「我現在已經有看話頭功夫了，只要一念相應，我就開悟了，那麼學佛的過程也就結束了。所以，我只要破參明心了，就可以跟蕭老師說：莎喲哪啦！（註）因爲我的證境已經跟蕭老師一樣了！」（註：日語「再見」的意思。）

結果破參以後才發覺說：「還不能跟蕭老師說再見，因爲破參以後要學的法義更多，原來破參明心只是走那麼一大步罷了。」可是這一大步，相對於後面那些必須進修的過程距離來講，只是極小的一步而已；對凡夫們來說，你這是一大步，卻是他們遙不可及的；但對於菩薩悟後應該修學的佛道來說，也才只有那麼一小步，只是剛剛入門而已。當大乘法中的眞見道菩薩，剛剛進入內門的時候，見了這個、那個……，不論見了什麼，大部分都還不懂。猶如儒家說的：「子入太廟，每事問。」是一樣的啊！

當你破參了以後，眞正進了佛法的內堂了，其中的每一個法都得要請問，那時才發覺原來悟了以後需要修證的佛法比悟前更多，眞的沒有辦法說「莎喲哪啦」。即使是生生世世修學下去，也沒有辦法跟我說「再見」。大眾就是要藉此世結下的法緣，延續到未來世中一起共修下去，一直到成佛了才可以說「再見」。佛道的修習時程是三大阿僧祇劫，眞是沒完沒了的。即使是對我結了惡緣，未來世也是沒完沒了的；因爲退失了就會無根毀謗我，毀謗我的人在未來世中還是得要回來跟隨我。這一世不回來，未來世還是得要再回來；因爲他們的法緣是在我這裡啊！這是無可奈何的事情，所以一樣是沒完沒了的。這就像天魔波旬，將來還是要在 彌勒菩薩座下成爲菩薩的，將來還是要去護持千百億化身的 釋迦牟尼佛；雖然現在結的是惡緣，將來還是逃不掉。

也有人心想：「我已經明心了！將來我如果還能眼見佛性的話，那我就一定會與蕭老師一樣了！」但是，其實永遠都不可能一樣；因爲他是由我幫忙才能眼見的，而我平實是自己建立功夫、自己參出來而眼見的。此外，我眼見佛性之後，能直接與眾生如來藏中的種子相應，除非眾生是散漫心；但是他縱使將來眞的眼見佛性了，還是做不到這一點的。但是我若比起上地菩薩來，可就差得更遠了；至於佛地的佛性境界，那根本就無法想像。同理，大乘成佛之道所說的佛法非常地深，非常地妙，也非常地廣大，難可想像。

一般大師總是以爲悟了就沒事，就可以安逸地過日子了。可是我當年明心又見性了，見性報告遞出去以後，猶如石沉大海；後來與此世的師父見著面時，他又只是沒頭沒腦地說：「你寫的報告我讀過了，但是你不可以向人說是開悟了！」我當場向他作了頭面接足禮，他卻不耐煩地急著要離開（假使沒記錯，當時他似乎是準備要去環亞飯店演說，那時我是去買八十本《正信的佛教》碰巧遇見時，聖嚴師父沒有因爲徒弟悟了而產生一點點的歡喜，我當時感覺到的只是他底不耐煩）。我心裡想：「這或許就是印證。」卻又在後來處處壓制，讓我不能開口說話；一說話就會被禪坐會的輔導法師訓示或白眼，後來若遇有人問事或問法時，我都只用一句話或幾個字答覆，不論對方聽懂了沒有，我都不再答腔；那時有許多人誤會我，說我爲人苛刻，不愛幫別人求道。最後當然只能藉故辭掉幹部職務，不再每週都去護持了。

離開後大約半年了，沒想到卻又請人藉詞找了我去，說是幹部聯誼會，要我務必參加。我想，既是聯誼會，不討論法義，在禪坐會新任會長林淑華的強力邀約下，不好拂逆多年同修的情誼，也就勉強答應去參加。那天因爲是聯誼會，不必準時到場，我遲到了大約十分鐘；沒想到卻不是幹部聯誼會，而是改選禪坐會會長以後的第一次幹部會議，也不是在被告知的房間。問清楚房間了，我剛踏進門，聖嚴師父就以揶揄的口氣召喚說：**「來！來！坐到我面前這個位置，別怕。」**以這樣口吻要求我坐到他正對面的一公尺距離之內**（那是排列成ㄇ字形的座位）**，然後當眾否定了我所悟的內容；當時我仍是保持在憶佛淨念相繼的狀況中，都不動心。

當年證悟後，我一直都不曾起心動念去檢查此世之師是否悟錯了。直到這回被人用計以聯誼的名義把我叫回寺中當眾否定以後，在散會後開車回家的路上，我這麼思索著：**「同是證悟者，所悟內容必然相同，怎麼會否定我所悟的如來藏及佛性呢？」**於是心生懷疑：**「難道聖嚴師父悟錯了嗎？」**當夜回家後便展閱他的四本書籍，很吃驚地發覺他全都落在意識境界中，我見俱在；那時終於恍然大「悟」，方知絕對不可能獲得他的印證，因爲二人所悟完全不同：**他是意識境界，我是如來藏境界；他連看話頭的功夫都沒有，我則是在山河大地上分明眼見自己的佛性。**二人之間可說是全無交集。（平實案：以上三段文字是出書時補記的，並非講經時所說。因爲數年來一直有法鼓山的法師與學人在私底下，妄說平實忘恩負義：「蕭平實從聖嚴法師座下受法以後才出去弘法，卻又評論聖嚴法師的法義有誤，是個忘恩負義的人。這樣的人，說他有什麼修證，如何可信？」也有人持續在網路上如此無根毀謗。但平實多年鼎力護持之後，受之於農禪寺聖嚴師父的法義卻是生滅性的第六意識境界，並且是否定第八識如來藏的嚴重錯誤法義。而平實參禪的看話頭功夫是自己建立的，並非聖嚴師父所授；後來平實全面揚棄聖嚴師父所教授的禪法知見以後，自參自悟的卻是聖嚴師父所否定的第八識如來藏妙義；所眼見的佛性也不是沒有看話頭功夫的聖嚴師父所能看見的；故如來藏的眞如佛性法義並非得自聖嚴師父，而是源於往世證悟的種子現行時自行證悟的；而聖嚴師父是打壓如來藏妙理的，也是否認有如來藏常住的，並且是不承認佛性可以眼見的。這已說明了事實眞相：平實並未忘恩負義，而且是被他誤導者，以致延遲了此世證悟的時間——在法鼓山草創期多年鼎力護持及受學之後全部揚棄而自參自悟。今藉此處略說事實眞相，以免有人繼續誤造謗法、謗賢聖的大惡業。將來除非有人繼續妄言，否則即不再深入說明當年其他各項事件的內情，只略說到此爲止。）

後來我想：既然沒有人能爲我印證，我該怎麼辦呢？可別自以爲是而產生慢心才好！於是只好自己從經教去探索、檢查、印證，看看自己的所悟，到底是眞悟？或是假悟？所以破參後那兩年，我很努力在閱讀大藏經，每天至少要讀六個鐘頭，都是在三樓佛堂中盤著腿恭敬地閱讀。因爲我想要證明：到底我這個是眞的、或是假的？一直到最後我把《大般涅槃經》也讀過了，這才證明原來我所悟底眞如與佛性都是眞的。既然是眞的，受用又那麼大，就不必理會別人怎麼否定我們。而且我見性後不久便蒙 世尊召見認可，並且說明了此世的某一件大事的來龍去脈：原來是上一世被人利用，誤以爲是做好事而造下的因，在這一世實現了果報。這樣子，不止經由聖教，也承蒙 世尊印證了，就不再理會別人的否定，只要繼續把法弘傳下去就好。

也正是因爲這樣一個過程，所以我當年曾經深入探討：佛是明心的，也是見性的，所以成佛了。而我也明心了，也眼見佛性分明，可是我爲什麼仍然不是佛？這中間的差異在哪裡呢？我發覺確實有差異，而且差異很大！祂的雕像可以坐在上面讓人禮拜，我卻要在下面跪著呈上供養及禮拜；我既然已經確定是明心而且見性了，爲什麼差異還會有這麼大呢？於是我就去探討，最後慢慢、慢慢地探討到種智的部分時，才知道：「原來最主要的就是差在一切種智。」一切種智的有無及是否圓滿，是最大的差異所在，禪定與無量心、神通都是其次。後來深入經論把種智明白了以後，聲聞解脫道就沒有任何的疑問了，大乘菩提也隨之而沒有疑問了。因爲解脫道只是一切種智裡面的一小部分，聲聞十智中的第九智是盡智，第十智是無生智，前後總共十個智慧，聲聞解脫慧就只是這十智嘛！而這十智只不過是佛菩提智中的一個小部分而已。

所以，我後來發覺說，眼見佛性的功德受用雖然很大（因爲十住菩薩所證的世界及身心如幻的現觀是當下就具足的），見後也不必整理而只需要去領受即可；但是悟後起修時，明心時所得根本無分別智這個基礎才是最重要的。所以，在我度眾的初期—剛開始的那兩年—我很注重眼見佛性的實證，根本就覺得明心並不怎麼重要，因爲我那時覺得明心對我並沒有什麼解脫上的大受用，只是有智慧而已。所以弘法初始的那兩年，我對於明心的部分，自己也沒有怎麼去整理，只是覺得見性的境界受用眞的太棒了！親眼看見佛性的時候，哇！整個世界都改觀了，身心也轉變了！但是後來卻發覺，實際上明心確實比見性重要，後來的弘法方向就因此開始轉變；所以弘法後從第三年開始，在禪三時的作爲就偏重在明心的方向了，因爲明心所得的根本無分別智，才是進修般若別相智及種智時最重要的法義依據。

但是，你若是想要眞正聽懂我對《楞嚴經》的解說，還得要加上眼見佛性的實證——至少得要有對佛性的解悟。那你也許這樣說：「那沒關係，我就先解悟了佛性，再來聽你講解《楞嚴經》。」但我告訴你，這不是聰明的想法。因爲，這反而會使你失去了一剎那間就能證得世界身心如幻的現觀功德，解脫的受用就會少了很多。因此，聽聞這部經的時候，無妨多用點心，但是千萬不要自以爲是。有不少人總是以爲自己這一回去打三，鐵定沒問題：**「我找到的這個一定是眞心如來藏。」**沒想到在禪三道場中卻發覺原來南轅北轍，完全不同。那時可就頭痛了，到那個時候眞的是急起來了，因爲你的座位若是剛巧排在後面，輪到你小參的時候，發覺只剩下兩天時間，而那兩天之中既要參究出來，還要深入整理完畢，可眞的不容易。

這一次禪三的悟後整理，也沒有像以前那麼深細，因爲時間不很夠；這是由於我跌了一跤，引發中耳不平衡的宿疾而送入醫院，傍晚才趕回禪三道場，浪費了整整一天的時間；所以這一回我爲大眾做的悟後整理，比較沒有那麼深細，因爲我體力不夠，精神不濟；而且爲了撥出時間給還沒有悟入的同修們，對於已悟者的悟後整理過程，也得要趕時間，眞的沒辦法爲大家做很深細的整理。

言歸正傳。阿難尊者當時正如同我說的那樣，依舊混沌不清，所以就向世尊說：**「我所看見的，所指陳出來的全都是物，沒有一樣東西可以叫作『見』。世尊！就像您所說的道理一樣，何況我們仍是有漏位或是初學聲聞**

法的人。別說是我們這些有漏位的凡夫或是初學聲聞法的人們，乃至已經深入佛菩提道的菩薩們，也是一樣無法在萬物現象之前，剖析出一個精明的『見』，而說祂能夠離於一切物之外而另有自己的體性。」想要在一切物質色塵當中剖析出來有一個法可以叫作見，這是永遠都沒有辦法的！

也許有人會抗議說：「老師！你這個說法自相矛盾。」還沒有證悟的人也許會這樣想：「你不是說那花上也可以看見自己的佛性？又說那一坨狗屎上也可以看見自己的佛性？既然是這樣，那花上、狗屎上面應該是有佛性的，那就是有情啊！既是有情，就應該也有『見』啊！為什麼你又說那些物上無法剖析出一個具有『見』的功能的精明心體呢？」但是我告訴你，事實上卻是眞的這樣。等你眼見佛性的時候，你絕對會說：「眼見佛性的境界本來就是這樣，根本不用想像，也不用思惟；既不用去分析，也不用去歸納，本來就是這樣不可思議的。」但是當你還沒有眼見佛性的時候，你一定會懷疑這個說法不通、想法不對。

在依世間法所能理解的情況下，這個說法確實講不通；因為無情物上既然沒有佛性，怎麼能從它上面看見自己的佛性？但是，這個理卻不是世間理，也不是聲聞理，而是連聲聞大阿羅漢都想不通的世、出世間的佛菩提道。

所以當你親眼看見佛性的時候，你一定不會說花上面、狗屎上面有佛性，但是你卻都可以從花與狗屎上面看見自己的佛性，而自己的佛性其實並不在花或狗屎上面。並且，你也無法從花及狗屎上面看見別人的佛性，只能看到自己的。而這是無法以理說明的，莫說明心的菩薩們講不出其中的道理，乃至親眼從無情物上看見自己佛性的所有十住菩薩們，也是講不出其所以然的，卻能夠這樣從無情物上看見自己的佛性，也都一樣無法從無情物上看見別人的佛性。這是唯證乃知的事，尚未實證的人是無法相信，或是無法想像而知的，而且是無理可說、無法可言的。但是諸地菩薩如是見性以後，卻能夠與眾生如來藏中的種子感應，而了知眾生往世是否曾與自己結下善法緣或惡法緣——當菩薩所面對的眾生當時正好處在一心不亂的情況下。

阿難尊者說：「同樣的道理，這個見，明明見的時候是因爲有萬物而見，所以別說是我們初學聲聞法而未漏盡的人們，乃至證悟後的久學菩薩們，都沒有辦法在眼前一切物品色塵中分析出一個『見』，永遠都分析不出種種物品中具有『見』的自性。」佛答覆說：「就是這個道理，你阿難講的並沒有錯，」可見 佛在前面的九處徵心，阿難尊者還是有聽進去的。佛接著又向阿難尊者說：「就像是你所說的：『沒有一個具有精明了別之體的見，是能夠離一切物而另外有它自己的體性』，所以你現在所指陳出來的『這一些物中並沒有一個是具有這個見』的說法；我如今就再一次告訴你：你阿難跟我釋迦如來一起坐在這祇陀林當中，我們重新再來觀看樹林、園苑乃至日月種種物象有各種的差別不同，這些物象卻一定同樣沒有『見』的精明體，能夠被你所指陳出來。那麼你又再來發明看看，」發明就是把祂清楚地指陳、顯示出來，「顯示出這一些事物當中有哪一個是不能被見的？」

剛才是說見，現在說非見，非見就是無見——不能被見。阿難說：「我其實已經普遍的看見這個祇陀林中的事物了，可是我看見林中一切事物的時候，並不知道這裡面有哪一個是不被見到的。」前面不是說到「汝何不見吾不見之處」？就是講這個不見的。當「見」的本質若是物質時，那麼阿難看見 佛的所見時，應當也能有所見——也能同一所見；而且，當 佛沒有看到的事物中，也應該會有 佛的不見之處可以被阿難所看到——看到 佛的不見之處。然而事實上卻不是這樣，因為見不是物，而是心的功能，所以佛的不見之處是不可能被別人看到的；也就是說，任何人的不見之處，都是不可能被別人看到。

在這裡，佛說眼前這些物當中，有沒有辦法指陳出來哪一個是非見——

哪一個是無見呢？所以阿難繼續回答說：「是什麼道理這麼說呢？如果說樹是非見——不可見，那麼我阿難又如何能看見樹？反過來，如果樹的本身就是見，那樹自己就是見了，又如何可以說它是樹？就像這個樣子，」每一樣物品都加以同樣的解說，也就是把屋宇、日月、宮殿作同樣的說明，乃至最後說到空，阿難說：「如果像這樣子，乃至最後，空若是不可見的，爲什麼可以叫作空？」因爲一定要有空被看見了，你才能說那是空啊！若是沒有空的事實存在與顯示，你如何能看見空呢？阿難接著又說：「可是如果因爲空可見，而說空就是見，那麼空即是見，又怎麼可以叫作空？」因爲空若是見，空本身就有見了，就不必再有你來見空了；那你所說的這個空既是見，這個空又怎麼可以叫作空呢？「然後我阿難又這樣思惟：從這一些萬象之中很微細的把它尋覓探討，弄清楚萬象的體性之後，我看就沒有一件事物是不能被看見的。」佛說：「正是這個道理！就如同你阿難所說的這樣！」

我看有些人是越聽越迷糊了。這就是說，你不可以說物即是見，也不可以說物是非見；這樣說法時，都會落入兩邊。但是也不許像印順法師他們的中觀邏輯而這樣說：不要講祂是見，也不要講祂是非見，這樣就不落兩邊。佛法不是這個道理！得要親證眞如心與佛性的眞實理，然後你才能具足離開兩邊，不是在言語上或觀念上去離兩邊。所以，這一些物——一切物象，使你能看見它們，但是一切物象卻不能說它們自己有見。一切物象雖然沒有見，而有情的見卻是依於一切物象才能有見，所以也不能說一切物象非見。這個道理，這樣再一次作個總結，大家就聽懂了。

在二乘解脫道中，都說六識心的知覺性是生滅法，因爲連識陰六識都已經是虛妄法了，必須滅掉方能取證無餘涅槃；可是在大乘法中所演說的成佛之道，是永遠不取證無餘涅槃的，但本經中又說能見之性非生滅、非常住、非因緣生、非自然性，而說「見」只是「能見之性（見性）」的表相。從文字表相上看來，這似乎是與四阿含中的聲聞道互相衝突的，但其實並無衝突；因爲識陰六識的見，出於生滅性的六識心之功能；可是六識覺知心之所以具有能見之功能，卻是出之於八識心王的和合運作而有的，並非六識心自己所有；這是依眞如心**阿賴耶識一心說**而**含攝八識心王**所顯示出來的**性用**甚深道理，不是僅僅依識陰六識心的知覺性來說的，這與四阿含中所說的聲聞乘只限六識範圍來解說識陰緣生緣滅的道理，範圍與境界是迥然不同的。

即使是眼見佛性的十住滿心菩薩，對於所眼見的佛性境界，也只能獨自受用而無法解說的——總是知其然而不知其所以然，得要入地了以後才有智慧對佛性發起功行而了知其更深細內容，然後起用。否則，世尊將眾生、未入地、已入地菩薩、諸佛所隨順的佛性區分爲四種，就變成毫無意義了；而這四種區分，卻是成佛之道所必經的智慧境界，比起禪宗明心祖師之公案，更加深奧難解；何況普遍尚未明心而又未斷我見的凡夫大師們，如何能夠加以臆測？當然都是無所能知的。

大乘佛法確實不容易懂，玄妙也就在這裡，都只因爲甚深難解，而且極難親證：**真如心體離見聞覺知而常住，佛性不離見聞覺知而常住，同皆妙用無窮**。這是現代的凡夫大師們，乃至古時俱解脫大阿羅漢迴心大乘明心以後，而仍未見性時都無法理解的；所以不但是今時外道與佛門中的表相大師們，乃至古來許多已悟菩薩也一樣覺得佛法很難理解；若不是究竟了知教外別傳的密意—至少需要明心徹悟及眼見佛性以後發起了初分道種智—否則是無法窺測楞嚴密意的。由此可見，不只是一般未悟佛菩提的學佛人，乃至一世精進修行而深研的人也都必須承認很難懂；往往讀經數十年以後自以爲懂了，後來遇到眞善知識出來宣演解說以後，才知道自己其實還是沒有眞的讀懂，由此也就證明眞修實證以及眞善知識乘願再來的重要性了。也正因爲如此，所以諸大菩薩才要生生世世追隨諸佛進修成佛之道。接下來說：

【於是大眾非無學者，聞佛此言，茫然不知是義終始；一時惶悚，失其所守。如來知其魂慮變慴，心生憐愍，安慰阿難及諸大眾：「諸善男子！無上法王是真實語，如來所說不誑不妄，非末伽梨四種不死矯亂論議；汝諦思惟，無忝哀慕。」是時，文殊師利法王子愍諸四眾，在大眾中，即從座起頂禮佛足，合掌恭敬而白佛言：「世尊！此諸大眾，不悟如來發明二種見精色空是非是義。世尊！若此前緣色空等象若是見者，應有所指；若非見者，應無所矚；而今不知是義所歸，故有驚怖，非是疇昔善根輕尠。唯願如來大慈，發明此諸物象與此見精，元是何物？於其中間，無是非是。」】

講記：由於前面幾段 佛與阿難尊者間的對話，所以就變成在探討見與見性（能見之性）的關係，從表面聽起來又似乎與初轉法輪時期聲聞道中所說的六識知覺性虛妄的說法，並不符合；於是大眾茫然不知佛意，不能如同諸菩薩摩訶薩一樣地理解而沒有誤解。他們不知道 佛陀所說的，是從如來藏心中直接流注出來，在背後支援著識陰六識知覺性及意根微細知覺性的眞如心的本覺性。在八識心王和合運作時顯示出來的佛性，並非只是識陰六識的覺知功能。這已經導致在場大眾之中，凡是還沒有證得聲聞無學位的弟子們，聽到 佛說出這樣的開示時，心中茫然而全然不知這些道理的本末始終；

在完全不知道的情況下，當然一時之間心裡面就很惶恐、驚慌，更不知道要如何安住其心了！

其實，阿羅漢們縱使迴心大乘而明心了，若是還沒有眼見佛性時，聽了以上的法義時還是不能眞懂的。但是，他們爲什麼不會「魂慮變慴」呢？爲什麼不會惶悚呢？因爲他們想：「不論是聽懂或聽不懂，我都已經能出三界了，所以聽不懂也沒關係。若是聽懂了，我就往菩薩道繼續前進；如果不懂的話，至少我也不必再輪迴生死了，何必懼怕？」心想：「以後慢慢再來弄懂也可以，反正佛還在，只要依於佛座之下，總有一天會懂。」所以阿羅漢心裡面也就沒有擔心。

這就好像去監獄裡面佈道、弘法，雖然進了監獄的門，獄卒把鐵門鎖了，你一點兒都不擔心；因爲，事情做完了就隨時可以出去，所以獄門被鎖了也沒什麼關係。同樣的道理，阿羅漢想：「反正我已經可以出三界了，捨報的時候就把自己滅了，就可以出三界了！這些佛菩提道，懂或不懂並不是重要的問題。」若是聽懂了，可就是賺到了；要是聽不懂，那也沒有損失。所以說，無學者並無恐懼，只有還在有學位及凡夫位的弟子們才會驚恐惶然。如來知道他們「魂慮變慴」——心裡面產生很大的驚慌，因此 佛陀心生憐憫，就跟阿難和大眾們安慰說：「你們這一些善男子啊！無上法王所說的話是眞實語，如來所說的話都是不對別人欺誑的，都是眞實語、不妄語。如來所說的話並不是像末伽梨外道等四種不死矯亂的論議，你們應該詳細的思惟，不要辜負了你們原來對如來的哀慕之心。」因爲也有可能少數人聽了佛陀的開示以後，覺得無法理解而心中懷疑，所以要提醒大眾。

末伽梨等四種外道的不死矯亂論議，不管你說什麼，他們都將你否定，卻不管自己的立論是不是錯誤百出；現成的例子就是密宗的應成派中觀—印順等人所說的六識論的中觀—和末伽梨等外道的四種不死矯亂論議一樣。應成派中觀是不立自宗而立自宗，專破他人而立自宗，是自稱一法不立而立自宗，也是專門破斥佛門正見而極少破斥外道法的密教宗派。他們正是《楞伽經》中所講的建立一法不立思想的外道宗派——一切法空說的斷滅論者。

你們仔細去探究應成派中觀時將會發覺一個事實，不論是哪一宗哪一派所說的法義，他們全都要破斥掉；被他們破斥了以後，你問他們：「那你們的宗旨是什麼？」他們說：「我一法不立，一切法空。」他們大聲主張說：「一切法緣起性空，你還想要建立什麼本住法？」認爲一切法都是緣起性空而不承認有常住法、本住法——第八識如來藏。但這是一種錯誤的知見，其實在

《楞伽經》中 佛早就破斥過了！也是在四阿含諸經中就有記載了。曾有外道來辯法，佛問他說：「你自稱已經成就無上道了，那你以什麼爲宗旨？」外道說：「我一法不立。」佛就問他：「那麼，一法不立之法，你立不立？」這時外道就不曉得該怎麼答了！因爲如果**一法不立**之法也不建立的話，那麼自己的**一法不立**這個法就不可以存在了，就沒有法可言而成爲斷滅空了，就不該建立**一法不立**之法，那又如何能用**一法不立**之法來破斥別人的法？

當自己主張**一法不立**時，當然也不可以允許自己建立一個**一法不立**的法，必然成爲無法；若是堅持要維護自己所立的**一法不立**的法，那還是建立了法，並不是**一法不立**的，那又有什麼立場來破斥別人所建立的正法？當自己連最後一法都不存在的時候，還有什麼法可言呢？所以他們應成派中觀**不立一法**而立自宗的時候—否定根本法如來藏而建立一切法緣起性空時—已經是不死矯亂的妄說了，因爲**一法不立**時所見的現象界，必然要墮入因緣外道論、自然外道論、無常外道論中，違背了法界實相，也就是違背 世尊聖教所說**「依入胎出生名色的本識如來藏所出生的蘊處界來說緣起性空」**的正理。

可是應成派中觀者連住胎出生名色的本識都不建立時，名色就成爲**無因**

唯緣而純依**或然率**來出生的了，那就與因緣外道、自然外道、無常外道所說的道理相同了，顯然違背法界「**有因有緣集世間，有因有緣世間集；有因有緣滅世間，有因有緣世間滅**」的實相了，成為公然違背四阿含聖教的邪說。世間是指蘊處界，蘊處界世間的合集與壞散，並不是**無因唯緣**便能成就的，都是要有**根本因**如來藏以及**種種助緣**和合才能成就；所以應成派中觀所說的：**無如來藏本識而純憑父母因緣就能出生名色，無如來藏常住而滅除名色以後不會墮入斷滅空中**。正是「**無因有緣集世間、無因有緣滅世間**」的外道理論，全部都是違背四阿含聖教，也全部都是違背法界實相的不死矯亂論議。

而且，當他們建立了**一法不立**之法的時候，那仍然是建立了一個法——建立**一法不立**之法。當斷滅論外道被 佛這麼一問，沒辦法回答時就知道自己墮在負處了。不幸的是，密宗**應成派中觀見**正是這種斷滅論底外道，因為他們都是六識論者，而且他們顯然到現在都仍無法了知自己的錯謬所在，所以還住在應成派中觀的六識論邪見中無法出離。不論他們把意識如何細分，都仍然不能外於意識，仍然是第六意識；當應成派中觀師印順、達賴、宗喀巴、阿底峽、寂天、月稱、佛護等人，極力主張一切人都只有六識時，面對四阿含聖教中所說「**眼色因緣生眼識**」乃至「**意法因緣生意識**」時，就無法自圓其說了！因爲都不能將自己建立的意識細心、極細心、極極細心……變成不生滅心，都無法使他們所建立的羅漢涅槃遠離斷滅境界之譏；於是應成派中觀師們就轉移焦點到別人身上，專門針對別人的法義不斷地提出一連串的質疑，使對方窮於辯護；甚至在答覆別人對他們的質疑時，也仍然以質疑對方作爲對自己的辯護，終究無法對自己立論的錯謬處辨正清楚。

然而，當他們主張六識論時，從聖教及醫學、生活常識上，都可以證明意識是夜夜斷滅的，也可以證實意識是只有一世而不能去到後世的，也可以證實意識是緣生法，緣散即滅；這時他們竟然還沒有智慧趕快承認四阿含中所說的入胎、住胎出生名色的本識常住法，當然就不免落入斷滅見外道論中了！於是在面對傳統佛教（不論是天竺或中國的傳統佛教）的質疑時，就不得不採用不死矯亂外道的辯論手法，混淆視聽強詞狡辯。但是，當代若還沒有眞悟底菩薩出世弘法時，縱使由得他們繼續狡辯而影響了絕大多數佛教徒；總有一天會有菩薩乘願再來而自修自悟、而出世弘法，那時應成派中觀的六識論斷滅見，也就無所能辯了！因爲應成派中觀見的斷滅本質，根本就沒有中道可以觀行，只能在言語上建立想像的中道思想，卻是不堪一擊的；在無生法忍智的照耀下，是無法再隱瞞佛教界的。

應成派中觀師就是像這樣，不管你說什麼，他都要破斥你，不斷地破你——把你所說底法全部破掉。他們專門用破斥別人法義的手段，來顯示自己的殊勝。若是沒有人具有道種智去破它，就會讓應成派中觀的外道見繼續誤導佛教界多數學人；由於五、六百年來的中國政治情勢，皇帝們追求後宮內院的后妃淫樂，愛死了雙身法而全面信受西藏密宗——由唐密的暗修雙身法轉爲藏密的公然承認實修雙身法，於是全力支持密宗的應成派中觀六識論邪見，全力抵制傳統佛教的如來藏八識論正法，使中原地區五、六百年來難以弘傳如來藏正義，於是而使密宗應成派中觀囂張了五、六百年；都只因爲密宗應成派中觀的六識論是認定意識常住，既然意識是常住的心，是因果業種的執持者；而雙身法也是意識境界，所以應成派中觀的六識論可以全面支持雙身法，使雙身法意識境界的成佛理論得以成立。

皇帝後宮畜養著一后、二妃、三宮、六院、七十二嬪妃，當然要支持密宗的雙身法；而且可以藉雙身法的立論來使自己同時也當上法王——人王而兼法王，何樂不爲？於是如來藏正法妙義在中原地區的弘傳，就開始被皇帝們抵制而不能再順利地弘揚了。最有名也最大力抵制如來藏正法，而且最支持密宗的皇帝就是清朝的雍正——夜夜廣行貪淫而同時自稱爲法王，還寫了

《揀魔辨異錄》大力打壓如來藏妙理，大力支持意識離念境界，認定樂空雙運爲究竟法王的境界，不許如來藏妙義弘揚，也不許印製如來藏妙義的書籍，連刻板都要被他銷燬；因爲雍正的落處即是離念靈知，離念靈知是與雙身法中的樂空雙運相應相契的；若允許如來藏妙義弘傳，雍正的法王身分就會被正法所剝奪，他當然不願讓如來藏妙義弘傳下去。

　　現在我們不得不開始破斥應成派中觀的六識論邪見，這才是將雙身法逐出佛教的釜底抽薪根本辦法；若單單破斥雙身法的邪淫、破戒，只是揚湯止沸而無法徹底顯示它的錯謬處。因此，平實所寫的書中大部分是在破斥應成派中觀，使應成派中觀的六識論邪見底蘊，全部顯示於佛教界及學術界人士面前，使大眾瞭解他們究竟錯在哪裡？所以，應成派中觀的不死矯亂論議，看來似乎沒有一個中心的主旨，其實還是有所建立的——建立一法不立的法；然後在建立一**法不立**邪法把別人都破盡以後，自己再私底下建立意識細心或極細心常住的**本住法**，暗中回歸到**本住法**中，繼續破斥別人正確的**本住法**。然而這卻是可以被破斥的，因爲應成派中觀師不離斷見而必須回到常見中，當然不免被有智慧的人所破斥。然而我們卻與他們完全不同，我們有一個很明確的中心主旨：**真如心可以證得，佛性也可以眼見，無餘涅槃中的本**

際常住不變而非斷滅空，真如與佛性二法都具足圓滿實證的時候可以使人究竟成佛。我們所提出的內容與道次第都很清楚：諸佛境界的成就是應該如何入門，入門後應該依止哪些次第而如何修行圓滿，全部都講清楚。

但是應成派中觀有什麼法義說清楚了呢？所謂大乘入門的見道、修道、種智，一切都付之闕如，就只是講一切法空來破斥別人的法義，而且不是專門用來破斥外道的法義，只是專要破斥佛門各宗派的法義，來顯示他們是最勝妙的；破斥了別人所主張眞實可證的**本住法**以後，卻又自己建立一個妄想中的**本住法**常住不滅——意識細心常住或滅相眞如常住。事實上，應成派中觀師除了「一**法不立**」四個字以外，就沒有別的法了！他們不論是解說什麼法，都會以一切法空來講，最後都變成斷滅論。然而斷滅論的邪見不必應成派中觀師來講，人家斷見外道早就講過了！所以我才會說他們是**不立自宗專破他**，不知道自己其實是一**法不立立自宗**。他們這樣用一**法不立**來建立自己的宗旨，那跟末伽梨外道的不死矯亂論議是一樣的。

不死矯亂外道在跟你論法的時候，從來不跟你說是，也不跟你說不是，只隨著你的話一直轉，讓你摸不清他到底是什麼宗旨？然後就在你論法的過程中摸出你的底細來破斥你。但是這種辯論手法只對一般人有用，遇到了有道種智的菩薩們，他們雖然隨著菩薩的話轉，菩薩卻是同樣地破斥他們。因為，外道們的不死矯亂論議都屬於戲論，一切具有道種智的菩薩們都可以輕易破他們。然而，大乘佛法的眞如與佛性密意，卻不同於外道的不死矯亂論議，只是甚深難解、難修、難證，所以當時大眾們聽不懂，有一點好像在聽不死矯亂外道說法一般。

因為他們聽來聽去，一下子說「能見之性」是眞、非物；一下子又說「見」是假非眞，然後又說非假；眞眞假假，眞的是撲朔迷離，雌雄莫辨，不知道該怎麼辨，所以大家心裡面害怕惶悚。這時 佛就開示及安慰他們說：「如來是無上的法王，所說的話一定是眞實語，不是在籠罩你們的；我所說的法義絕對不是虛妄語，這跟末伽梨等四種外道不死矯亂的論議是不一樣的；你們應當要好好地探究，別辜負了以前對如來的哀慕之心。」

是時，文殊師利法王子愍諸四衆，在大衆中，即從座起頂禮佛足，合掌恭敬而白佛言：「世尊！此諸大眾，不悟如來發明二種見精色空是非是義。世尊！若此前緣色空等象若是見者，應有所指；若非見者，應無所矚；而今不知是義所歸，故有驚怖，非是疇昔善根輕眇。唯願如來大慈，發明此諸物象與此見精，元是何物？於其中間，無是非是。」現在 文殊師利法王子，看見是該他爲眾人講話的時候了，所以他出來講話了。菩薩要善觀因緣，不該你說話的時候就閉嘴，不管人家說得多麼爛，你就是不講話；等到人家講到某一個時節因緣，已經該你說話了，你再出來講，才不會有衝突。文殊師利法王子爲什麼能當法王子？也是因爲有這種智慧嘛！看看現在是該自己出來說話的時候，他就出來與 佛配合而演出一場好戲，於是就提出一個建議來。這就好像中藥往往會有藥引子一樣，用這個藥引子把另外一味藥的藥性引出來。所以 文殊菩薩能夠做法王子，並不是沒有原因的。

這個時候 文殊菩薩是憐憫四眾，因爲 佛所說的對他來講都是很淺的法義，是他早就親證的內容，可是看看這些迴心大乘不久的阿羅漢們個個都不懂，有學位聖人及凡夫菩薩們就更別說了！所以憐憫他們，就在大眾中，從座位上站起身來，頂禮佛足。可見他坐的位置離 佛不遠，不然怎麼能夠頂禮佛足？頂禮佛足就是頭面接足禮，把額頭碰觸在 佛的腳掌上面或是碰觸到腳尖，這叫作頂禮佛足，這是古天竺最尊貴的禮敬方式。菩薩有時候又用捉足禮，捉足禮跟頂禮佛足是有差別的，不能亂用；捉足禮是對方站著時，或者對方雖然是坐著，但是兩腳著地，那你就可以用捉足禮。

捉足禮並不是真的抓住上師的腳，不可以真的抓住（我以前曾經用這種方式頂禮過這一世的師父，但是他嚇了一跳）；捉足禮就是當他兩腳已經碰到地上或者站在地上時，你把額頭碰觸他的腳背，然後兩掌輕輕的往他的腳後跟碰觸，成爲這樣（導師作了一個碰觸的手勢），就這樣碰住。你不可以眞的抓住，若是眞的抓住腳後跟，你可就是失禮了！只能把四指彎回來輕輕地靠住上師的腳後跟，而額頭放在上師的腳盤上，這叫作捉足禮。但是頂禮佛足也有比較廣義的解釋，就是額頭著地時即算是頂禮佛足了，有時不一定要把自己的額頭碰觸到上師的腳尖或放在腳盤上面！所以頭面接足禮與捉足禮是不同的。這時 文殊菩薩是頂禮佛足，不是捉足禮。

文殊師利法王子頂禮佛足之後，合掌恭敬向 佛稟白。「白」讀作駁，凡是下對上的說話都叫作白。文殊菩薩說：「世尊！這一些大眾們都沒有辦法體悟如來所發明的，」這個發明不是講世間的發明，是說把內容打開而明白地顯示出來，「大眾們無法發明世尊所說的這兩種法義—見精、色空—究竟是正確或不正確的道理，無法分出是與非來。」然後 文殊菩薩又說：「世尊！如果我們眼前所攀緣的色法以及虛空、見、見性等心象及物象，如果都可以叫作見，那麼應該可以在所見的色、空等物象上面，指出它們的見。」譬如指出所見的物品或虛空中，也有見或能見之性。「那麼如果所見的這些物象乃至虛空都不是見，應該就沒有大眾所看見的種種事物與虛空可見了。」矚就是看見。「而今他們不知這個道理到底是應該歸結到什麼地方去，」因爲他們都還不知道萬法的根源在哪裡，「所以心中就有所驚懼、恐怖，但他們並不是往昔世（過去無量劫以來）善根很輕微或者很微小的人。」

他們其實都是很有善根的，只是因爲不瞭解如來所發明的見、見性、色等法之間的是或非是的道理，所以他們心中都有驚怖。「我文殊現在很誠懇地祈求如來發起大悲心，來爲大眾說明這些萬物萬象跟這個見精，到底是什麼事物（什麼本質）；使大眾在物象與見精之間了然分明而不再存有或是或非的錯誤想法。」也就是求佛更深入爲大眾說法，想要讓大眾都離開**是與非**是兩邊，對法界實相的疑惑便可以解除，就不會再對一切物象是見非見、是虛是實，產生不必要的疑惑。

【佛告文殊及諸大眾：「十方如來及大菩薩，於其自住三摩地中，見與見緣并所想相，如虛空花，本無所有。此見及緣，元是菩提妙淨明體，云何於中有是非是？文殊！吾今問汝：如汝文殊，更有文殊？是文殊者為無文殊？」「如是世尊！我真文殊，無是文殊，何以故？若有是者，則二文殊。然我今日，非無文殊，於中實無是非二相。」佛言：「此見妙明與諸空塵，亦復如是；本是妙明無上菩提淨圓真心，妄為色空及與聞見。如第二月，誰為是月？又誰非月？文殊！但一月真，中間自無是月非月。是以汝今觀見與塵，種種發明，名為妄想，不能於中出是非是；由是精真妙覺明性，故能令汝出指非指。」

講記：接著 佛就開始與 文殊師利菩薩對答，在對答之中，爲諸大眾們說明：「十方如來以及大菩薩們，」當然是指既明心又見性的人，「十方如來和大菩薩們，在他們各自所安住的三昧當中，見與所緣的能見之性，乃至見能見等能緣之法，以及他們所觀想或是所見的種種相，都只是猶如虛空中無故妄現的花一樣，本來就不是有眞實法的。這一個見以及見所緣的能見之性，其實原本就是佛菩提中所說的妙淨明體所攝的，根本不需要去執著，何必在這裡面產生妄想分別而指稱何者是而何者不是呢？」

請問：觀想所得的影像是眞是假？假？還是眞？非眞非假？你們都不取其中的某一個說法，由這裡可見你們都有聽進去了。因爲你如果說它是假，明明是你自心所顯現出來的影像；這個你所觀想出來的影像，不管是比較下劣的或者比較上妙的，全都是你的自心眞如所顯現在勝義根中的影像；既然都是自心眞如所顯現，怎麼可以說它是假？但是，所觀想出來的相分，譬如觀想出一大堆的米山，觀想如同大山一樣的食米來布施給眾生，眾生能不能眞的得到你的布施？（眾答：不能。）因爲那只是你的內相分，實際上並沒有眞正的米食存在或被布施出去；只有八地菩薩以定果色變現出來的，才能布施給眾生食用。

現在，從這裡的說明之中，大家都應該知道：在觀想出來的境界相中，不論是相分或是見分，全都是從你的如來藏中所出生或顯現的，都應該攝歸於如來藏心；所以你不能夠說那相分是眞，因爲只有你能看見，而眾生受用不到。但是你也不能說它是假，因爲它是眞實心如來藏所顯現；如來藏既然恆、常、不變異、不壞、不滅，怎麼可以說如來藏常時顯現的相分及見分（見與見性）是假呢？譬如說一隻手，這個手就是你嗎？說是你也錯，說不是你也錯，只管用來利樂眾生就行了，何必分別是或不是呢？

若要說不是你，那我拿把刀把你的手砍了，你願不願意呢？一定不願意，因爲手也是自己的一部分啊！可是如果說手就是自己，又明明不是啊！所以，手與身體是不應該分別爲是或不是兩法——如來藏與祂所生的相分與見分（見與見性）不應該分開來說是或不是。因爲在大乘法中這應該是整體的，而不該是要分別出來而把如來藏所生的相分（影像）以及見分（見與見性）強行分割而滅掉其中的局部或全部；否則就無法成就種智，也無法成佛了。

佛說：「現前一切的物象，」一切的相分，「見以及所緣的能見之性（見性），都是由自己的如來藏中出生的；之所以能見，這個能見的緣（見性）也就是讓你能看見種種物象的能緣功能，以及所見的種種物象，」有情所見的種種物象其實都不是眞的看見了外面的物象，而只是看見了明月的影子（內相分），大眾所看見的都只是自心如來藏所顯現出來的影像，只是如來藏在勝義根中所顯示出來的內相分，大眾都沒有眞正的看見外面的影像，所以你所看見外面的影像只是明月的影子。而見是緣於能見之性（見性），見只是第二月，只是如來藏所出生的功能；所以見並不是明月如來藏本身，只是代表如來藏來見，當然不是月體而只是第二月。而菩薩把所見、見、見性等三法都攝歸不分別的如來藏明月時，又何需再作分別而說「這個是眞、那個是假」呢？

這意義就是說，十方如來及大菩薩們既明心了、也眼見佛性而能隨順於佛性的運作了，「在菩薩們自己所安住的三昧境界當中，他們的見、見性，以及使他們能有所見的種種的外緣，譬如說明、暗、通、塞……等，以及所想出來的相分（想是了知之相），他們所了知的各種法相都是像虛空花一樣，並沒有一個眞實的東西，本來就沒有所有——都只是因緣假合而成的，都應該攝歸眞實常住不壞的如來藏中。那麼這一個見、見性及所緣諸法的相分，其實本來都是佛菩提中所證的妙淨明體中的局部，都不外於妙淨明體如來藏心，爲什麼還要在這裡面妄作分別而說那個是、那個不是？」

那麼諸位！也許你聽到這裡時，心中說：「啊！賺到了！那我只要心裡面不要去想能見與所見是或者不是，那我就悟了。」那又錯了！應該要探討的是：雖然見性及見緣，原是菩提妙淨明體的一部分，可是那個妙淨明體在哪裡？這才是最重要底事。你現在才剛聽到說：「這個手，不能說它不是我，手也是妙淨明體的一部分。」那你就把手當作是全部身體了，還是落入第二月中；前面世尊明明說過，覺知心與了知性都是第二月，所以見與見性都仍然是第二月啊！可是妙淨明體（明月如來藏）在哪裡呢？還是不清楚啊！那又怎能現觀祂的所有體性呢？智慧又怎能生起呢？這仍然是落在第二月中，還沒有找到自己的明月啊！

就如同有人隱身於屋中而露出一隻手來，當你看見那一隻手時，還得再找到身體時才能說是找到那個人了！否則一生都只看到那人的手，根本就不知道那個人的模樣，怎能說是認識及瞭解那個人呢？這比如說，覺知心等六識自體以及祂們的覺知性、了知性，固然全都附屬於明月如來藏，但不能說六識自體及其了知性就是明月如來藏，因爲都只是被生出來而附屬於明月如來藏，但是出生六識自體及其覺知性的明月如來藏在哪裡呢？這才是學佛人要弄清楚的大問題。學佛學不好的問題都是出在這裡，總是錯將第二月當作是明月，或是錯將指月之指當作明月。

所以說，古今都有很多人讀經時誤解了，於是產生了很大的問題，就以爲能見之性即是眞實不壞底自我，於是就認爲能見之性即是佛性。事實上錯了！這樣是永遠都看不見佛性的，反倒是成爲自性見外道了。所以徐恆志老居士在寫給劉東亮的信中質問我，他們貼上網以後，我們張老師不但把回覆的信寄給他，我們也一樣貼上網站去，爲什麼徐老居士不敢回話？因爲他知道自己的落處早被人家看清楚了，可是張老師的落處在哪裡？他根本摸不著底，完全不知道，所以不敢講話。（編案：詳見《護法與毀法》書中所說。）

所以說，見和見性所依的緣以及所緣的種種六塵相，其實原本都是菩提妙淨明體，但只是佛菩提的妙淨明體流注出來的局部功能罷了，仍然不是佛菩提中所說的妙淨明體。因爲見和見性所依的緣，其實不能等於妙淨明體如來藏，因爲都有所緣而且都可還歸來處；譬如見可以歸還見性及所見諸物及虛空等，而見性可以歸還如來藏，並且是有了別性而不是平等法，必然是會與是非相應的，其體性也是可以判爲是或非的，當然不是眞正的妙淨明體。若是想要能眞正「於是中無是非是」，想要於其中離是又離非是，就必須找到明月如來藏；找到了如來藏之後，你自然會發覺見與見性及其所緣法，都是從自己的明月如來藏中所出生的；那時自然能現觀這一切法都不是眞實法，只有明月如來藏才是眞實而常住不壞法。而明月如來藏對這些法卻又不會生起分別，不會有是與非是的看法存在。

當你找到了眞實心如來藏以後，發覺原來見、見性，以及見性的種種緣（也就是物象以及空明等），原來都是從如來藏中出生的；換句話說，當你看見了**明**的時候，其實你並沒有看見**明**，你所看見的**明**仍然是第二月，是如來藏運用五色根從外面攝取了外色塵之後，在你的五勝義根中將祂所攝取的外色塵變生出來內相分中的光明，然後你就誤以爲自己看見了光明，其實所見的光明相仍然是明月如來藏所變生的內相分色塵。當你找到如來藏的時候，現前體驗祂而確定是這樣，就發覺自己以前所分別的五蘊十八界諸法，以及自己在爲人解說祂的時候，所謂的眞與不眞，對明月如來藏而言都只是戲論，與祂無關，因爲在祂自己的境界中並不作這些了別。

從另一方面來說，假使你說第二月（見、見性、見性之所緣法）爲眞，明明只是如來藏中生出來的一部分功能；你若是說第二月不眞，第二月卻又是如來藏整體中的一部分，不曾外於如來藏自體而存在。你若說第二月覺知心等法是眞，明明又是有生滅的法，不許說爲眞實法；但是找到了明月如來藏以後，把第二月轉依於如來藏而成爲如來藏所有之法，你卻又不能夠說第二月是眞或者不眞。

依明月如來藏來看五陰十八界的時候，二乘人所說的五陰十八界虛妄，都已經是戲論了！因爲凡有言說，都是在現象界裡面，都在三界法蘊處界中，根本沒有觸及到第一義，也都是有言法性而不是離言法性。只有法界的實相才是第一義，二乘法中所說的都是蘊處界空，根本沒有觸及到蘊處界空背後的第一義，都沒有觸及現象界（蘊處界）的來處，從來都不知道實相法界中本來離言、本來離分別而無是無非的無境界相。落入蘊處界萬法中，來說第二月的是或非，來說第二月的常或無常，那都沒有意義；因爲第二月等法，本來都是佛菩提中所說的妙淨明體中的一部分；妙淨明體如來藏的自住境界中，從來不需要分別是或非是。你只要把明月妙淨明體找出來，其中全無是非可言，問題也就解決了。

這是 文殊師利菩薩故意提出來的一個話題，讓 佛作爲繼續深入開示的緣由，所以佛又說：「文殊啊！我現在問你，譬如你文殊師利，是還有另外一個文殊師利呢？或者你這個文殊師利其實是沒有文殊師利存在呢？」文殊師利菩薩就回答說：「就像是世尊您所講的那樣，我眞的是文殊師利啊！可是其實也沒有文殊師利可說啊！」我文殊師利其實是指明月如來藏，假使我另外又說還有一個文殊師利，就變成兩個明月——兩個文殊師利了。「爲什麼這樣說呢？假使我存在的當下還說有文殊師利在這裡，那就成爲兩個文殊師利了！然而我文殊師利今天，並不是沒有文殊師利，確實是有文殊師利明月存在，在明月眞實文殊的境界中，確實沒有是與非等二種法相存在。」

也就是說，當明月如來藏存在時，明月並不會分別自己的存在，這樣才是第一義。當明月本體又另外宣稱有 文殊師利的時候，已經是言說了，已經是戲論了，已經變成是在指出還有另一個 文殊師利同時存在了！就好像說，如何是月？你直接望天空看明月，就以明月爲月，這就解決了。如果另外再畫一個明月，再來指證說它叫作明月，這已經與天上的明月成爲兩個了！譬如畫中國畫時的烘雲托月，月是白的、光明的，沒辦法畫它，只好把旁邊的白紙畫上黑雲，就顯示出那個明月來；可是那個被畫的明月畢竟不是眞的明月，只是用來說明天上的明月，當然只能說是影月。所以明月就只有天空中那一個，如果再畫出另一個而說就是明月，那就變成兩個明月了。

也就是說，當明月如來藏存在時，只要直接認定明月如來藏自身就行了，明月如來藏的境界中是不會再自稱是明月的；那時假使還有一個明月可以被指稱出來，就成爲有兩個明月了。所以，找到明月如來藏的時候，不必管祂是有或無，因爲明月如來藏是從來無是亦無非的，沒有是與非是的問題存在。佛法也是一樣，你只要親證了如來藏，且別管祂是一切法有或是一切法空，因爲如來藏實相的境界中並沒有**法有**或是**法空**的分別性存在。當你親證了明月如來藏時，必然會發覺：一切法空是依如來藏而有一切法空，離了如來藏就沒有一切法空可說了。因爲一切法空是依五陰十八界而有的，若是沒有五陰十八界等法就不會有一切法空；可是五陰十八界歸結到最後還是從如來藏中生出來的，所以一切法空還是依明月如來藏而有的啊！

萬法都是依如來藏而有的，當你立足於明月如來藏自己的境界中，來看一切法空時；或是從如來藏自己的境界中來看一切法有時，才發覺原來這些從親證如來藏實相而引生的所有佛法智慧，對明月如來藏自己來說，仍然都是戲論。立足於明月如來藏自住的境界時，就不必管一切法空、一切法有，只是如來藏的本來涅槃、本來中道也就是了。只有親證明月如來藏的這個空性與有性，具足圓滿一切法時也就夠了；因爲明月如來藏的空性已經顯示出祂的恆常不滅而能生萬法，這就是實相。明月如來藏能生萬法的自性，也已經顯示五陰十八界的生滅相都從祂而來的，不外於如來藏。既然都已了知，再去講一切法空、一切法有，就都變成戲論了，因爲所說都不等於第一義諦。

佛言：「此見妙明與諸空塵，亦復如是；本是妙明無上菩提淨圓真心，妄為色空及與聞見。如第二月，誰為是月？又誰非月？文殊！但一月真，中間自無是月非月。是以汝今觀見與塵，種種發明，名為妄想，不能於中出是非是；由是精真妙覺明性，故能令汝出指非指。」佛又開示說：「這個見的勝妙光明與種種的虛空、色塵等，也是像這樣的道理；這些本來都是勝妙光明的無上菩提清淨圓滿的眞心中的功能，只因爲無明妄想而產生了色塵、虛空以及有聞有見。然而見的勝妙光明、虛空、色塵以及聞見等功能，都如同第二月一般；可是誰才是眞正的明月呢？而且又應該説誰不是明月？文殊師利！在這些法中只有一個月是眞的，找到了這個眞正的唯一的明月時，其中自然就沒有是月與非月的問題存在了。由於這個道理，你文殊師利觀察目前的見與色塵，作出種種發明之說來，可就被名為妄想了，自然就不能於這裡面指稱哪一個部分是明月，而說哪個部分不是明月；其實也是由於有明月如來藏的精眞妙覺明性，所以才能使你伸出指頭來而說那不是指頭。」

這一個見的勝妙光明，確實也眞的是妙明；好幾週來一直在講這個見，有時又說見性——能見之性；講了這麼久，還在講這個見與見性。若是不能見，確實就沒有光明可說了！你能說祂不是妙明嗎？這個妙明與空，空字就是講虛空；「及與聞見」，講的也是同樣的道理，說本來同樣都是妙明無上菩提淨圓的眞心中物。若是還沒有明心，就很難聽得懂這些法義，於是心想：「奇怪！明明這些都是明月如來藏所出生的生滅法，到這裡時，怎麼又說『本是妙明無上菩提淨圓眞心』？」若是還沒有眼見佛性，當然也會這樣想；但是你若眼見佛性了，這一句聖教對你就沒有問題了！還沒有眼見佛性又沒有明心的人，在這一句下就全都透不過去了！

前面的經文中，世尊都說蘊處界空，見與能見之性乃至能知覺性全都是虛妄法，都只是第二月，不是眞的明月，到這裡卻又告訴你說：「此見妙明與諸空塵，本是妙明無上菩提淨圓眞心。」怎麼又變成這樣了？這可得要明心以後又再眼見佛性了，你才會眞的很清楚其中全部的意涵。但是我能不能夠講出來？不可以全講，只能講一部分；若是把全部意涵都具足講出來，就會耽誤大家的道業，使大家都喪失日後眼見佛性的因緣了。講到這裡，因爲大眾無法貫通眞如與佛性，所以就住在虛妄想中，而從色與空、聞與見裡面，去錯誤的認知及執取爲實有、爲常住不壞。

於是 世尊又說：「就譬如第二月的道理一般，到底誰是月？誰非是月？看清楚時就不會弄錯了。文殊啊！明月與第二月之間，只有一個月是眞月；在眞月的境界中——住於眞月的境界中來看眞月與第二月時——就沒有所謂的哪一個才是月亮，哪一個不是月亮可說了。」因爲當你看見明月的時候，轉依明月自己離見聞覺知的境界時，來說我是月亮、它是第二月，其實都只是戲論，明月如來藏從來沒有這樣的分別。你得要親自看見了明月如來藏時，才是眞的明白這個道理的人。所以有些人在禪三時自認爲悟了，進來小參室中就跟我講：「如來藏的體性是本來就清淨的，是不生不滅的，是……」我說：「這是我告訴你的嘛！你講出來的都是我在書上講過的。這些都是公開講過的，不是你來禪三所要得的；來禪三應該得到的是我不曾在書上講過的密意。你若是眞的悟了，要拿出來給我看。」他說：「啊？這個可以拿出來啊？」我說：「你要是拿不出來，那你就是聽來的。那些都是我告訴你的內容，你拿來跟我重述一遍，有什麼用處？」

好多人在禪三時拿出來的眞心都只是第二月，仍然落入妄心之中。（編案：現在禪三起三之時，平實導師都要先殺掉大眾的我見，以免再落入五陰之中）既然說是悟得了明月，當然要拿出來說自己的如來藏是哪一個心；一定要手呈以後，我才能夠說：「你眞的是找到月亮了。」否則一定是拿第二月來冒充的。並不是說，已經瞭解如來藏的體性時就可以叫作開悟明心，這樣仍然是還沒有找到明月的人，仍然無法超脫於意識想像或理解的境界。可是很多人誤會了，外面也有很多人這樣；他們往往以為瞭解如來藏的體性時就是開悟了，所以就把我的書讀得滾瓜爛熟，然後好不容易找到我的時候，就不停地直說：「如來藏就是怎麼、怎麼……」，我說：「這都是我在書上寫的啊！那你的如來藏在哪裡？你拿出來我看看。」於是就傻眼了，眼睛就瞪得大大的，無言可說了。

這就是說，一般總是把第二月當作是眞實的明月，不知道自己已經落在第二月中了。可是眾生不瞭解，總拿著第二月（也就是離念靈知）充當作眞實的明月，就公開說：「我已經悟了！我是聖僧了。」但是等你眞正找到月亮的時候，才知道原來前面拿到的那個只是第二月，仍然是虛妄法。因此說，當你看見月亮的時候，住在明月自身的境界中來看的時候，就知道其中根本就不作這樣的分別：自己是不是月亮？第二月是不是月亮？因爲明月自身的境界中是沒有六塵中的任何分別性的。你既然已經很清楚看見這個眞相了，又何必再去討論是或者不是？

而且，《楞嚴經》中說的道理，又含藏著眼見佛性的密意，合在一起來說。也就是說，見是眼識的功能，聞是耳識的功能，嗅、嚐、觸、知等六種知覺的功能，正當現行運作之時，其實是與意根的了別性及如來藏明月的本覺性共同在一起運作的；當你眼見佛性的因緣成熟時，一剎那間看見了，以後只要定力不退失，就一直都可以繼續看得見。這時來瞭解這些經文中的開示，可就更親切了！就會覺得：見聞知覺等六種功能並不等於六識，而見聞知覺等六種功能其實也不離佛性，卻又不等於佛性。那時才會知道佛性是不離見聞覺知的，但佛性卻又不是識陰六識的見聞覺知。這道理，眞的無法爲尚未眼見佛性的人來說明；不論你怎麼說明，即使是明心很久的人也會誤會，無法眞的聽懂你在解說什麼道理。所以眼見佛性時就能確實懂得 世尊所說：「此見及緣，元是菩提妙淨明體，云何於中有是非是？」

若是單從明心的見地來說：「於其自住三摩地中，見與見緣并所想相，如虛空花，本無所有。」因為明月自己的境界中，根本就不會生起六塵中的任何分別性。文殊菩薩並非不知這些證境與道理，但是他這時站在尚未明心的大眾立場，也代替尚未眼見佛性的大眾立場來問　佛，所以　佛就開示說：「所以，由這些道理中，你們大眾如今所看到的見與色塵，從這裡面去做種種的發明，全都是想像所得的妄想，根本就沒有辦法在這裡面分清楚誰是明月、誰不是明月；然而，全都是由於這個精誠眞實勝妙本覺的光明體性，所以能夠讓你文殊伸出指頭而又說那不是指頭。」《楞嚴經》的難懂是出了名的，單單只憑明心的智慧功德，想要完全弄清楚經中的意涵，是非常困難的。即使眼見佛性了，也還是無法全部懂得的；何況是尚未斷我見的凡夫，又如何能讀懂呢？怪不得他們要否定此經了！然而我這樣解釋以後，已經明心的人，一定讀懂這段話中的部分法義；已經見性的人可以讀懂這段聖教中的更多法義，卻也還是無法全部都懂呢！

【阿難白佛言：「世尊！誠如法王所說，覺緣遍十方界，湛然常住，性非生滅；與先梵志娑毘迦羅所談冥諦，及投灰等諸外道種說『有真我遍滿十方』，有何差別？世尊亦曾於楞伽山，為大慧等敷演斯義：『彼外道等常說自然，我

說因緣，非彼境界。』我今觀此覺性自然，非生非滅，遠離一切虛妄顛倒，似非因緣與彼自然，云何開示不入群邪？獲真實心妙覺明性？」佛告阿難：「我今如是開示方便，真實告汝，汝猶未悟，惑為自然。阿難！若必自然，自須甄明有自然體。汝且觀此妙明見中，以何為自？此見為復以明為自？以暗為自？以空為自？以塞為自？阿難！若明為自，應不見暗；若復以空為自體者，應不見塞；如是乃至諸暗等相以為自者，則於明時，見性斷滅，云何見明？」

講記：這一段經文中所記載的，是阿難向 佛稟白說：「世尊！眞的就像是您法王所說的，」這個「法王」名詞不能亂用，密宗喇嘛們隨意使用法王二字自己封王，所謂四大法王……等，全都是常見外道，根本都還沒有悟，根本六住菩薩的能取所取空都還沒有親證——連聲聞人見道的初果智慧都還沒有，就敢互相封爲法王，都是大妄語者，太僭越了！法王這個名號不能隨便使用的，譬如我們偶爾出去演講，有時候海報設計出來：「平實大師…」我說不要用「大師」兩個字，因爲自覺承擔不起。「大師」二字的意思其實就是無上法王，我們怎麼敢當大師呢？那太自大了。

阿難說：「就好像法王您所說的，這個知覺—妙精明心如來藏的眞覺—本覺之性，能夠遍緣十方界，」這是說如來所說的眞實心如來藏能夠普遍緣於十方世界，這是依一切種智講的；當共業眾生們的業種成熟了，他們的如來藏就會共同運作，在虛空中某一個處所形成一個全新的世界；未來這些共業眾生都會往生到那個新生的世界去，可是這些共業眾生們的知覺心是完全不知道的，這都是由共業眾生們的如來藏自己直接在運作的。

如來藏的這種本覺能夠遍緣十方界，而見聞覺知心並不曉得；一直到成爲等覺菩薩時，見聞覺知心都還不知道；要到成佛時才能實際上現觀，具足了知如來藏本覺遍緣十方世界的功德。這也是唯識種智經典中所說的「不可知執受」中的一部分，等覺菩薩都還無法現觀，所以一切等覺菩薩見了　佛都仍然是那麼恭敬。等覺菩薩與　佛陀之間只不過相差一個階級，直接站起來講話就行了，卻爲什麼總是還要先頂禮佛足？還要先合掌恭敬然後才開口說話？等覺菩薩爲什麼要這樣呢？實在是因爲智慧證量相差太遙遠了！只差這麼一小步—一般所認爲的一小步—其實是差很遠的，眞是不只十萬八千里。這個「覺」是第八識如來藏的本覺，是本有而不是修行以後才得到的，當然不是覺知心處在六塵中的見聞覺知的覺；可別誤會了，就把識陰六識住在六塵中的見聞覺知中的妄覺，當作是　佛陀所說這個本覺的功能性。千萬別誤會了，否則就不免誤犯大妄語業，這可不好玩。那麼這個本覺之功能性，當你開悟明心以後，也可以或多或少體驗到一些；這個本覺，祂的所緣是遍十方界的，是沒有偏限的。

「**湛然常住，性非生滅**；」「湛然」，是說這個第八識妙心很澄清純淨，從來不會有所動搖。「常住」是宇宙萬法生住異滅之根本，若是沒有一個常住法恆住不壞，就不可能有宇宙的存在與運行；否則就會成爲無因唯緣而有萬法的生住異滅，因果律就無法實際上運作報償了！而因果的報償卻是三界間的事實，這已證明**無因唯緣**的立論基礎不可能成立，無法與人間因果律的現象契符；由此故說，一切學佛的人必須先信受有常住法而不是連法界實相都緣生緣滅。緣生緣滅、緣起性空，所指涉的只是三界現象界中的五蘊我、十二處我、十八界我、六入我，從來不涉及法界實相的層次；在法界實相的層面，是指諸法功能差別之所由生的常住不壞法，這個本住法、不壞法就是如來藏；而蘊處界入等現象界中的一切法，都是從本住法如來藏心中出生的：以如來藏心常住及持一切種子爲因，藉山河大地及業種、父母爲緣，才能出生蘊處界入等我。若無如來藏心爲因，山河大地及業種、父母都不可能存在，當然不可能出生蘊處界入等我；若是外於如來藏心的常住及持種，而說能有眾生我，那麼一切眾生都應該是無情生、無情物，不可能是有情；因爲無情的地水火風等四大極微物質，尚且不可能出生有情的色身，當然更不可能出生精神——見聞覺知心，而覺知心不可能由不存在的自己來出生自己。所以一切有情身心中，必然都本有如來藏妙心住持及運作不斷；否則有情眠熟以後精神（見聞覺知心）斷滅時就成爲斷滅空了，那時就應該不再有精神存在，那麼第二天早上就不應該還會有覺知心再度生起；因爲那將是無因而生、無因而起，完全不符合法界定律，也是事實上不可能發生的事。

因此而說，無常而世世不同的眾生五陰的存在，以及輪迴的現象不斷地繼續著，早就顯示人人都有本住法如來藏妙心不斷地在運作著；這個如來藏妙心正是出生有情色身及六識覺知心的常住法，而祂必然是常住不壞的，也必然是不被六塵勝劣境界所影響而產生好惡的，所以說祂「**澄淨不動而常住不滅**」，所以說「**這個如來藏妙心的體性不是生滅性的**」。「**湛然常住**」的**湛然**二字，是說妙明眞心如來藏對於六塵根本就不會動心，從來都不對一切境界產生好惡喜厭之心態，這樣才能純清絕點而永遠不動心；祂又是從來不曾一剎那斷滅過，無始以來始終如此，未來無量劫後也仍將如此，所以叫作常住。正因爲如來藏妙心不是夜夜有來有去、有起有斷的法，也不是在生死過程中有生有滅的法，所以叫作常住。祂心體自性不是生滅性，是永遠常住而沒有一個法可以用來毀壞祂，所以是永遠存在的，也是從來不曾暫時斷滅過一剎那的心，當然是常住不壞心。

由此 世尊提出如來藏妙心的法義，所以阿難尊者心中有疑而提出問題來：「法王世尊所說有這樣的常住不壞心，那麼您所說的法義，和以前已經往生的外道梵志娑毘迦羅所說的冥論中，主張有一個不可知而常住的冥性，能出生二十四法而合集成爲有情身心，這兩者到底有什麼差別？還有那個投灰外道所說的，有個眞我遍滿十方，又有什麼差別？」阿難尊者心中有疑惑，這是他所提出的第一個問題。阿難提出的這個問題，大家有沒有覺得很耳熟呢？密宗應成派中觀師印順法師，在書中指稱常住的如來藏心富有外道神我色彩；他這個說法，常常被他的追隨者一再提出來講；而他這個說法其實是從密宗的應成派中觀師宗喀巴的邪論中學來的，卻也不是宗喀巴自己的創見，而是從古時的佛護、月稱等密宗應成派中觀師錯誤的論著中讀來的，卻不知道這正是害他自己永遠無法實證羅漢法與佛法的大邪見。

如來藏妙心常住不壞，是出生有情身心及萬法的本源；而先前死去的外道梵志娑毘迦羅，也主張說有一個冥性，這個冥性是不可知的，當然是無法實證的；而這個不可知的冥性，一樣是遍緣十方界，當然也是湛然常住、性非生滅的，這兩種主張，從文字表面及法義表面看來，似乎是相同的。阿難當時還沒有開悟大乘法，當然是想不通的。無怪乎後代的佛護、清辨、月稱、安惠、寂天、阿底峽、宗喀巴、印順等人更是想不通，因爲佛護等人都是還沒有開悟如來藏本心而且未斷我見，都同樣落入識陰六識的境界中，當然都同樣是未見道的凡夫。

可是，佛陀所說的能生有情身心及萬法的常住如來藏妙心，與外道梵志娑毘迦羅所說的常住而出生有情身心的冥性，本質是大不相同的。因爲，外道梵志娑毘迦羅所說的冥性，是不可知故不可證的，無法經由有緣的人一再重複證實眞的有這個冥性的存在，當然更無法由有緣人一再重複證明有情身心都是由「它」所出生的；一切外道所主張的大梵（梵我、祖父）、神我、造物主……等，也都和這個冥性一樣是不可知而不可證的。這樣看來，這個冥性的說法只是一種**思想**而不是事實，只是一種主張而未經證實，怎麼能說是眞理或**義學**呢？怎能說是法界中的實相呢？而 世尊所說的如來藏妙心卻是可以由許多有緣人一再重複實證，證明如來藏妙心確實是本然存在的常住心；不但如此，而且在實證如來藏心以後，還可以經由**現量**、**比量**、**至教量**來一一證實，如來藏心確實是出生有情身心的常住法，同時證實祂的金剛不壞性、常住性——因為實證者永遠都無法找到一個方法可以滅壞如來藏心。

十方三世一切法界中，能出生有情身心、山河大地的法，永遠都只有如來藏心這個法，永遠不會有別的心或物可以被找出來證明是宇宙萬法的本源。無為法出生有為法，有為必依無為，是佛教經典中的聖教，也是哲學中推理所說的「假必依實」的道理。雖然在哲學上無法實驗證明這個「實」的所在，但這卻是無可推翻的正理；否則，將會落入**無因無果**的或然率中，那麼三界將不成三界，也必然是父不父、子不子，國不國、民不民……等混亂世界，成為**撥無因果**者。但是，事實上不可能出現這樣的現象，所以因緣合成的假法蘊處界可以自生自滅（**無因唯緣**而有生滅）的**緣起性空**說法，是非常無理的狡辯之說。蘊處界等法的生住異滅必然有其背後的眞正原因——如來藏妙心依所持的無明種、業種而直接運作，產生蘊處界等法的生住異滅而使有情無法自己掌控，這才是有情生死背後的因果律眞相。

佛法都是可以實證的，三乘菩提都一樣是可以實證的義學而不只是思想；必定是可以實證的法義，才是眞實的法教。若是如同外道所說的梵我、冥性、神我等法，都只是去推理法界本源而產生出來的思想，都是無法實證的推理所得；願意這樣相信而不再進一步推求更究竟正理的人，當然是迷信者而不是眞正追求究竟智慧的人。如來所提出的如來藏妙心常住而出生有情身心及世界的道理，卻是一切有緣人都可以一再重複驗證的，也是證得之後可以互相再三加以檢查而確定沒有錯誤的眞理。這才是眞正的佛法。

阿難尊者接著問道：「另外還有投灰外道等人，他們也說『有一個眞我是遍滿十方的』，而世尊所說的如來藏妙心也說是『覺緣遍十方界』，這與外道所說有什麼差別呢？」以前香港佛教界有一位很有名的法師說：「眞如遍滿十方。」有時說：「佛性遍滿十方、遍滿虛空。」死時還籠罩說「遍滿虛空大自在」（編案：詳見《正法眼藏—護法集》書中的辨正），請問是哪一個法師講的？（眾答：月溪法師）正是月溪法師嘛！這樣公然宣講外道法的人，怎麼可以說是佛教中的法師呢？佛門中的法師們說法，必須和 世尊所說的相同；如今有許多法師的說法卻跟外道法一樣，那怎麼可以叫作法師呢？

我在弘法早期，有些人才剛讀到我的書，他們都覺得很震撼，而且也覺得不很愉快。好比這次有位師兄破參了，他以前曾經去過很多地方學法；一貫道是他最早受學的，本來人家還要選他做點傳師；然後又學過現代禪、耕雲的安祥禪……等，也學過南傳佛法。但他總是要提出一個問題，想要解開自己心中的疑惑，他都是請問《楞嚴經》中的說法：「《楞嚴經》不是說『縱滅一切見聞覺知，內守幽閑，猶爲法塵分別影事』？大師您所講的離念靈知、放下一切煩惱、清楚明白而不生煩惱、一念不生，您印證我開悟了，可是我悟的境界跟經中這些聖教，不論怎麼兜，始終兜不攏，那我該怎麼辦？」

後來他學到沒辦法、沒出路時，最後學的是宜蘭自在居士的法；而自在居士的法其實就是月溪法師的法。他後來接觸到正覺弘傳的法義時，心中覺得很奇怪；別人也知道他學月溪法師的離念靈知，就打電話給他：「你不是有在讀月溪法師的書嗎？現在台北正覺同修會有個蕭老師，竟然寫書斥責月溪法師，說他的法全都不對。我看這是新出世的邪魔外道，寫這些書的人，我看要下地獄；讀他的書而信受的人，大概也要下地獄。你要不要拿去參考？」我們這師兄說：「你擱好心，明知看了會下地獄，還要叫我看。」（閩南語）他後來想：「不對！既然有人敢出書說誰的法義不對，能一一指出來，一定有內容，應該讀一讀。」所以第二天早上立刻去拿回來，就這樣拿到了一本《護法集》；所以才進正覺修學如來藏妙法，在這一次禪三中破參了！

破參明心以後，檢查所證的如來藏妙心，完全符合佛說，當然他也就發下了願：「以前我們到處去問法去求法，人家都以爲我去踢館、質問。」但他現在就有心理準備了：「不管誰來找我問法，甚至於踢館，我都接受。」

這意思就是說，當他找到了眞如妙心的時候，種種法自然都可以通達。他以前心中不解的「**內守幽閑，猶爲法塵分別影事**」一句，可以經由所證的眞心如來藏證實確是如此。證得如來藏妙心的人，都可以透過這一句聖教來檢驗：「**我所證的心是不是如同以前悟錯的離念靈知一樣『內守幽閑』而成爲『法塵分別影事』？**」他以前常常會請問大師們：「**您說一念不生的靈知心就是眞如，可是這樣跟經中說的『內守幽閑』有什麼差別？**」

他只問這一句話，不論去到哪裡都問倒大師們；然後來到正覺同修會，找到了如來藏妙心以後才知道：**原來那些大師們的法義，與經中所說的根本就是南轅北轍；都是把意識離念時當作眞如心如來藏，都是把意識修行以後想要變意識作眞如，正是內守幽閑而成爲法塵分別影事啊！**這時才知道，其實是我們意識離念而繼續存在的當下，本就另外有一個眞如心如來藏跟自己同時存在。可是那些大師們可都不曉得這個道理，所以剛聽到有人這麼說的時候，都覺得很意外，不相信心有眞妄之別。可是他們一直想要把我說的法義推翻掉，又無從推翻起；因爲不管是從眞經或正論中，都發覺原來蕭平實所說的才是正確的。這樣一來，蕭平實就變成是大師們苦惱的根源了。

猶如有人請問趙州禪師：「**如何是佛？**」趙州說：「**與人煩惱。**」眾生本來在世界上生活得好好的，偏偏你來成佛以後，害人家起了煩惱：「到底什麼是實相？」害得很多人生起煩惱了。眾生本來醉生夢死，還很快樂地輪迴生死，即使生死中有很痛苦的事，眾生也是痛苦得很願意啊！你來成佛，說出這一篇成佛之道的大道理來，害大家爲了成佛而起煩惱，眞的是給人煩惱的人。所以「如何是佛呢」？「與人煩惱」。就是這樣子。不幸的是，今天我也是在給人煩惱；人家大師們各個都自稱開悟而成爲聖者了，生活過得好好地、度眾也是度得很有成就的，每天很快樂地享受聖者的身分與生活。偏偏我出來說：只有證得如來藏妙心的人才是眞悟者。於是所有大師們都因此而起了大煩惱，因爲聖者身分消失了！名聞與利養都受到損害了！

但是這都只能怪他們自己少聞寡慧，不能怪我；救護眾生是我的責任，我可不能賣人情而不救眾生回歸正法。大師們錯傳佛法其實是正常的，因爲早在初轉法輪時期（譬如四阿含諸經所載），世尊都說見性、聞性、嗅性……乃至知覺性，全都是因緣所生的虛妄法；現在宣講大乘法的經中卻又說六識的六種自性並非自然性、亦非因緣生，說「本如來藏妙眞如性」，看來又似乎是不生滅法，這究竟該怎麼講呢？那麼世尊這裡所說的法義，跟先前死去的梵志娑毘迦羅的冥論，表面上看起來又似乎是一樣的；而且，世尊在這裡又說「覺緣遍十方界、湛然常住」，又似乎與投灰外道所講的「眞我遍滿十方」的常住不壞，表面上看來也好像沒有什麼差別。

阿難尊者在這裡提出的請問，跟當代所有大師們的看法，豈不是一樣的呢？怪不得當代所有凡夫大師們全都要把六識的自性當作是佛性，把六識心離念時當作是眞如心。而且一般人其實是跟那些大師們一樣讀不懂經典的，總是同樣地誤會經中的眞義而自以爲眞的懂了；所以阿難當時提出的質問，其實也是近代所有大師與學人們心中的疑惑啊！在未實證大乘菩提的前提下，讀經時一定難免誤會大乘經典；在誤會大乘經典的情況下，總會以爲後期所講的第二、三轉法輪大乘法，是跟前期第一轉法輪時所講的解脫道義理不同；正因爲嚴重誤會的緣故，呂澂與印順法師等人才會認定後期佛法跟《阿含經》中的佛法互相對立。呂澂甚至寫出〈楞嚴百僞〉文章來毀謗《楞嚴經》，但這其實都只是他們的誤會，也眞的是佛教所有大師與學人們的不幸。

印順法師說這是佛法的不幸，但我在書上說：這不是佛法的不幸，而是印順法師等師徒眾人的不幸，因爲是他們自己弄錯了，而佛法本身並沒有錯誤。他們把古時部派佛教時期的聲聞凡夫僧弘法時錯說的法義，當作是正確的法義；然後把那些凡夫僧弘法時不斷演變的各種法義，當作是眞正佛法的演變；那是基於錯誤的觀點而提出來的謬說，事實上並不是這樣啊！阿含部的佛法經典中早就已經隱藏了大乘法的密意與名相在裡頭，只是不發揚這個部分，只是在其中作了伏筆。事實上，四阿含諸經中的法義，都只偏在二乘的解脫道上面來說，並沒說到如何成佛，也沒有說到般若、種智等，凡是提到這些大乘法時都是只有名相而無實證之法；但是你不可以因此就說，阿含諸經中沒有顯示大乘法存在的事實啊！

印順與呂澂等人縱使讀不懂《楞嚴經》，仍然未必會極力否定本經，但是由於本經中極力推崇如來藏妙義，而呂澂與印順等人全都是六識論者，極力支持密宗應成派中觀的六識論中觀見，全都一樣墜入意識境界中，以意識離兩邊作為中觀的實證。由於《楞嚴經》中的說法，必須是證悟了如來藏而能現觀祂的勝妙眞如性，才算是證悟底人；在這種大前提與他們的六識論背景下，此經中的法義已經顯示呂澂與印順等人都是沒有開悟底凡夫。是可忍，孰不可忍？他們當然要出來否定《楞嚴經》，所以藉著經文表面上似乎與四阿含緣起性空的義理不同，就毫無忌憚的加以否定。但楞嚴眞義其實是與四阿含的緣起性空義理完全相符相契，絕無絲毫矛盾或衝突，只是楞嚴義理遠深於四阿含罷了！而呂澂與印順等人連四阿含所開示的聲聞解脫道粗淺義理都弄錯、都讀不懂了，何況能懂得連阿羅漢都不懂的《楞嚴經》？

其實四阿含中的許多經典本來就是大乘法，但是被聲聞法中的聖凡眾人結集以後卻都變成二乘法了！可是他們結集時，因爲所聞的是大乘經的般若以及種智、如來藏、三乘、大乘……等大乘經典中的法義與名句，所以也結集了一些大乘法義的名相在四阿含中；這時，大乘法的密意也就必然會同時少量地隱藏在四阿含諸經中了，但是聲聞法中的聖人與凡夫眾生是不懂這個道理的。不過，四阿含中，有時候只是兩個字，有時候四個字、幾個字就把大乘法略過去了，從來沒有深入解說大乘法的成佛之道與內涵。這都是因爲二乘菩提解脫道的法義，主要是讓憍陳如等人先證阿羅漢果；證實可以出三界了，於是對　佛就有信心了！然後再接下來的甚深微妙而必須長劫修學的佛菩提道，才有信心學得下去啊！否則，他們怎麼能信受奉行呢？

佛菩提道難悟難解啊！而且又必須長劫修學，人類一生卻只有短短百年，如何能在這一世中確定呢？所以，若沒有先讓他們證得解脫道，確定自己眞的可以出離三界生死，因此而對　世尊生起信心，才能相信　世尊所說三大阿僧祇劫才能成就的佛菩提道；否則，他們是無法信受的。如果我們正覺不是已經有人可以和我一樣現前證得眞如心——現觀如來藏的眞如性，如果我們不是也有人和我一樣可以現前眼見佛性，大家怎麼能完全信受呢？「佛性無形無色，你憑什麼說你看得見？你說看見了，我又不知道你是否眞的看見了。你說找到如來藏心了，又不肯告訴我哪一個是如來藏，那我憑什麼相信你？」眞的沒有那個道理，所以總得要弄出幾個人來，有現成的例子可以證實我所說的確實都是可以實證的。

同樣的道理，佛一定要先讓這些阿羅漢們證得解脫果，證實自己確實是梵行已立、所作已辦、解脫、解脫知見都具足了，確實可以出三界了！而出三界的道理也都懂了，他們對 佛就有絕對的信心了！當 佛開示說佛菩提也是可以親證的，不是不可知、不可證的，然後接下來再講甚深的佛菩提道；雖然剛開始宣講的三年、五年中，迴心大乘的阿羅漢們可能還是不懂，但還是會有很堅強的信心，到最後終於可以悟入如來藏妙心，也就確實進入佛菩提道中了，將來自然會繼續住持人間的正法，不會讓佛菩提道正法消失。那時，迴心大乘而成爲菩薩的所有阿羅漢們，每一個人都有般若實相智慧了，當然就知道初轉法輪時期所說緣生緣滅的蘊處界全都是緣起性空，當然知道所謂的緣起性空都是在指陳生滅性的蘊處界等五陰身心，而常住不壞的如來藏卻是出生蘊處界五陰的妙心，不是蘊處界等五陰身心，也不是外道所說的想像中才會有的冥性、大梵、神我、造物主……等，心中自然就沒有懷疑了，當然更不會妄說 世尊前後三轉法輪的經典義理互相矛盾。

這道理已經實證而瞭解了，三乘菩提的差異性也就瞭解了，前後三轉法輪諸經的一貫性，也就同時都能瞭解了。四阿含諸經中都說蘊處界等一切法空，當然是說有情眾生身心都無常故空；但是 世尊在這裡卻又說有一個妙精明性的如來藏心，是常住不壞的，粗聽起來，似乎是互相矛盾的，所以阿難在還沒有證悟佛菩提的情況下，就覺得疑惑而提出問題來：「世尊！您說如來藏妙心『覺緣遍十方界、湛然常住』，這跟先梵志娑毘迦羅所講的冥論中說冥性常住，以及投灰外道所講的『有眞我遍滿十方』的說法，有沒有什麼差別呢？」阿難緊接著又提出問題來：「世尊！您也曾經在楞伽山宣講《楞伽經》，那時也爲大慧菩薩們敷演這個道理，」敷就是把它鋪陳開來示現，演就是演繹及說明，「您那時如此說：『那些外道們常常說有自然性，能生萬法；我釋迦牟尼佛所說的因緣法並不是外道們的境界。』如今我觀察到眼前的見聞知覺等自性是多麼自然存在著，並不是有生，也不是會滅的自性啊！我這樣清楚明白而遠離了一切的虛妄顚倒，我住在這些自性中，看來似乎不是因緣所生，也不像是由自然性中出生的，」這就是那些佛門中的自性見外道們，常常引用來毀謗我所說的正法教理：「六識的知覺性並非因緣生，也不是自然生，當然就是眞如佛性。」其實是與外道一樣嚴重的誤會。

當時阿難這樣認爲：我看這見聞知覺之性很自然地存在及運作著，而且是不生不滅的，我現在正是遠離一切虛妄顚倒來看這六種知覺性，看來這些知覺性並非因緣生，也不是自然生，應該就是常住不壞而能緣遍十方界的如來藏妙眞如性了！但是心中卻還是沒有把握，於是就向世尊請問：「可是我阿難卻不懂其中的差異處，看來與世尊所說外道的落處似乎一樣；那麼我究竟應該如何在佛陀開發顯示給大眾的法義中，令一切大眾都不會進入那一群邪見者所說的錯誤知見中，而獲得眞實常住心的神妙本覺的光明性？」妙覺明性當然是指如來藏妙心的本覺所發揮出來的光明性——功德性。這個妙覺當然不是指大眾們六識覺知心能夠見聞覺知的妄覺。但阿難當時是誤會了世尊所說的「本非因緣、非自然性，本如來藏妙眞如性」的意涵，因爲世尊說的是第八識如來藏妙心，祂有本覺自性配合著六識的見聞知覺性同時在一起運作著；並不是覺知心出現以後、醒來以後才有的六塵中的知覺自性，而是在悶絕位、眠熟位中都一直清楚存在的六塵外的知覺性，這才是世尊所說的「本非因緣、非自然性，本如來藏妙眞如性」的本覺、眞覺。

這意思是說，佛所講的因緣法，是依不生不滅的如來藏爲**因**，藉種種助**緣**來出生名色，有了名色才會有老病死，這是「**有因有緣世間集**」，因爲，因緣法的觀修不能稍離入胎出生名色的本識如來藏；這不是呂澂及印順等人所弘揚的**無因唯緣**的因緣法，而是依不生不滅的本際如來藏爲**因**，才能出生蘊處界，才有蘊處界的**因緣法**可說——**緣起性空**是依如來藏所生蘊處界的生滅性來說的。在四阿含諸經中 世尊是以不生不滅的「識緣名色」的**入胎識**爲**因**，來說因緣法、緣起性空；可是外道與呂澂、印順等人所說的因緣法，卻純粹是從現象界來說因緣法，是**無因唯緣**——**以緣爲因**的因緣法。這是以所假藉的前一法爲**因**，說爲**因緣**，其實是**緣因**之法而不是 世尊所說的**因緣**法，更不是依出生蘊處界的不生不滅如來藏心爲**因**來說因緣法，所以 佛說那些外道們所說的因緣觀錯誤，當然呂澂與印順等人一樣是錯會解脫道了。世尊雖然也說自然，卻是由常住不壞的如來藏妙心爲**因**，藉著種種因緣而能夠**自然**地出生名色蘊處界，這是由如來藏依憑自己隨緣應物的功德力，自然而無造作地主動完成，不是**無因無緣**而可以自然完成；所以 世尊所說的**自然**或者**因緣**，都跟外道們所說的道理及境界完全不一樣，當然不是外道們的智慧所能了知的境界。

而且，**自性見外道**所知的**自性**，全都是識陰六識的見性、聞性、嗅性、嚐性、觸覺性、了知性，全屬識陰的知覺性，都不是有情本來常住而尚未能知的內法，都是內法如來藏所出生的六識心的自性；純屬識陰功能所攝的有生有滅法，與常住不壞的佛性（註）不同。但佛性卻不是這六識的自性，而是由妙眞如性的如來藏，配合著意根與六識等心而共同顯現出來的自性，是函蓋八識心王整體運作時的妙覺明性，才是與六識的見聞知覺性同時同處的佛性——即是與自性見外道所知的六識自性同時同處的佛性，所以佛性並不是六識的自性。落入六識自性中而自以爲證悟佛性的人，都是落入世尊所說「凡夫隨順佛性」的境界中，這是無法如同《大般涅槃經》所說那樣眼見佛性的。（此處所說佛性義，不是指如來藏具有令人成佛之自性，而是《大般涅槃經》中所說「眼見佛性」的佛性義——妙覺明性。）

而眼見佛性的十住滿心菩薩們，也未能了知佛性的全部內容、意涵、作用，還是完全無法與眾生如來藏心的種子直接相應；得要繼續修學入地以後，才能開始與眾生如來藏心中的種子相應。連眼見佛性的十住菩薩都仍不能了知的佛性全部內涵，一切尚未明心（未證如來藏）的人又如何能知？何況是尚未斷我見而落入識陰六識自性中的凡夫——正是與自性見外道落處完全相同的凡夫，更如何能知佛性全部意涵？而這部經中的說法，卻是把眞如心如來藏，與如來藏中流注出來的佛性意涵，隱覆密意而說；這是連眼見佛性的十住滿心菩薩們，都得要很小心地分辨的；至於那些未能眼見佛性而又尚未明心，乃至未斷我見的凡夫大師們，又如何能夠不錯會《楞嚴經》中的義理？所以說，《楞嚴經》確實很難理解：這尚且不是明心及眼見佛性者所能如實理解，更何況要講解給尚未眼見佛性亦未明心者知悉，確實是很難具足講解。這是因爲既要保護如來藏密意，又要保護佛性密意，也不能把二者之間的關係講得太清楚，以免揠苗助長而使這一世有可能見性的菩薩們，在善知識不愼洩漏密意的情況下，失去了眼見佛性的因緣。在種種考量下而想要講得圓滿，確實是很難宣講的。

佛告阿難：「我今如是開示方便，真實告汝，汝猶未悟，惑為自然。阿難！若必自然，自須甄明有自然體。汝且觀此妙明見中，以何為自？此見為復以明為自？以暗為自？以空為自？以塞為自？阿難！若明為自，應不見暗；若復以空為自體者，應不見塞；如是乃至諸暗等相以為自者，則於明時，見性斷滅，云何見明？」接著是　佛向阿難尊者開示說：「我如今已經這樣子爲你打開而示現給你看，並且還以種種方便把眞實法告訴你了，你卻仍然沒有辦法悟入，依舊把如來藏以妙眞如性而出生的妙覺明性，迷惑無知而誤以爲是自然性。」所以，你若是來聽經好幾週以後還沒有悟，絕對是正常的；因爲連佛陀親自爲大眾這麼方便解說，阿難尊者都沒有辦法悟入，都還迷惑自己的見聞覺知性是自然而有的，是不生不滅的；當代的大師們也都一樣認定這就是見性開悟的境界，每天都想要這樣保持識陰覺知心的清楚明白，恆常保持在離念的靈知覺了境界中，作爲證悟見性的境界；所以你們聽了好幾週以後仍然無法悟入，都是正常的。

接著佛陀又開示說：「阿難！如果你一定要主張說六識的見聞知覺性是自然性，那你自然必須先來甄明六識的見聞知覺性確實是有祂自然存在的眞實體。」「甄明」，就是去把祂弄明白，去確定無誤。「有自然體」，自然的意思是說不必依附別人就能自己存在，或是說不由別人所生，祂自己是本住法；所以，「有自然體」就是自己有本來自然就在的體性，既不是名言施設，也不必依靠別的法才能生起或存在；意思也就是說，祂自己確實是有實體的法，而不是依他生滅的虛體法。譬如說一切法空，是實體法呢？或是虛體法？（有人答：虛體法。）既是虛體法，就不能叫作「體」，可以叫作虛相法；因爲，一切法空是依一切法而有的，並且是依一切法的緣起緣滅而說爲空，所以了知一切法空的二乘智慧，一切法空這個名言，以及一切法空所依的一切法，全都是虛相法而不是實體法。

具有妙眞如性的如來藏則是實體法，因爲是實有法而且可以獨自存在，並且是具有種種功能的法，所以如來藏是實體法——**有自然體**。而蘊處界緣生緣滅的一切法空則是虛相法，不是實相，因爲只是一種智慧、名言。爲什麼一切法空不是實相？因爲一切法空只是一個觀念，這個觀念從哪裡來的呢？從五陰十二處十八界的生滅無常，以及最後終必歸空，來施設一切法空；也從物質以及心法上面的變異無常來施設一切法空，所以一切法空是依附於三界有才能存在的法相；既然是依附三界有而存在的法，若是一切法壞滅時，一切法空這個法相也就隨之而滅了，怎麼可以說是實體法呢？

大乘的一切法空是依如來藏及所生的蘊處界而說的，其義深遠；但二乘法中的一切法空，是依附於生滅有爲而且無常的蘊處界而施設的——是指蘊處界等一切法無常故空，不能外於五陰十二處十八界而講一切法空，這才是二乘菩提中所說的一切法空；這一切法空既然依附於五陰十二處十八界而有，就沒有自體性；既無自體性，就是虛相法，虛相法絕對不是般若。因爲般若是由於對實相法界的證知而產生的智慧，不是如同聲聞解脫道由於對蘊處界的生滅性如實證知而產生的智慧。

所以外於實體法如來藏的一切法空說，不是般若；如果六識論的一切法空就是般若，般若就變成虛相法而不是實相法了。這樣解釋以後，諸位就可以瞭解：應成派中觀的六識論一切法空說，究竟是實相法或是虛相法？已經如實瞭解了。以後遇到他們那些信徒，就把這個道理敷演出來，讓他們知道他們的一切法空，是依蘊處界的無常空而施設的；一切法空既然依蘊處界而有，蘊處界是無常法，當然一切法空只是一個現象與觀念，必須依附於三界有才能有一切法空，所以六識論的一切法空不是眞實法，他們的應成派中觀就只能稱爲虛相中觀。既然是虛相中觀，就不能稱爲中觀，因爲虛相根本就不可能是中道法，違背實相法界的正理，怎能建立中道的觀行而自稱爲中觀？當你把這個道理演說出來，他們縱使一時不信、不接受，回去以後也會進行思惟、整理、分析、歸納，到最後他自己就會轉變自己，不必當時要求他們轉變，這樣，你便能救了他們。

同樣的道理，「你阿難既然說，這些見聞知覺性確實有自然存在的體性，是本來就有而不是依靠別人才出生的，」有很多學禪的人誤認爲見聞知覺性是生來就有的，甚至於還說：「這眞自然！自然就是了。」(閩南語)所以常常有一些人來找我印證，他們說：「公案中都說吃茶去、砍柴去，這都是生活中很自然的事，本來都是自然就能這樣。」我說：「你這樣子就叫作自然外道、常見外道。」因爲全都不離五陰啊！從來不曾外於五陰啊！那當然是常見外道、自然外道了！這怎麼可以說是「有自然體」？因爲都是要依附別的法才能生起與存在的。

依照那些人的說法，當冷氣機通電了，冷氣機也是自然會運轉，那也是自然啊！那他與無情物的冷氣機又有什麼差別？然而電是依附在冷氣機上才運作、顯現出來的啊！怎能說有自然存在的自體性？身口意的行陰也是如此，也是依附五陰身心才能自然而然地運作，若是離開了五陰時，身行、口行、意行，還有哪一種可以繼續存在呢？必須是經過檢驗甄明以後，確定有自體性而自己本然就在的法，才能說是自然而有的法，才能說有自然體。但是阿難尊者當時誤以爲 世尊所說的妙覺明性是見聞覺知對六塵的明了性，然後依自己觀察的結果，誤認爲確實是有自然體而不必依附於別的法就可以獨自存在的，所以認爲見聞知覺性確實有自然體。因此 世尊當然要將他的錯誤指出來，教導他脫離錯誤的知見，才能眞正的悟入實相般若之中。

於是就爲阿難及諸大眾反覆地辨正：**不能夠自稱是生來就有見聞知覺**

性，我自然就能這樣，所以不是生滅法自己能有自然體，誤以為這是自然而有的知覺性，就妄自說是開悟了！如果這樣子自然運行了五陰時就是開悟的境界，那跟自然外道又有什麼差異呢？所以世尊就提示問題出來：「既然你認定見聞知覺性是自然而有的，一定要先確定祂是自然就有一個主體（有一個本有而真實不壞的主體）存在，才可以說祂是自然體啊！那麼你阿難現在就暫且先來觀察看看，在你認為具有勝妙光明的能見之性中，你到底是要以什麼作為你自己常住的自體性？」也就是要求阿難當場觀察檢查：在能見之性當中，你是以什麼認定為自己真實不壞的本體？凡是修學禪宗求悟——求明心的人，對此都必須在意，絕對不能絲毫忽視，否則恐怕不免大妄語業，捨報時可就不好玩了！所以 世尊當然要提示阿難弄清楚。

在大乘法中學禪、求見道的人，最怕的是籠統真如、顢頇佛性。這真的不該輕易認定，否則就變成戲論了，智慧又如何能出生呢？一定要先找出一個萬法的本體，確定蘊處界萬法都從祂而生，而且不論怎麼施設都無法壞滅祂，這樣才能看見十方法界中的實相，才會有實相智慧生起來。所以 世尊提示說：「你阿難在見聞知覺性之中的見，你認為就是勝妙的光明，那麼你在見與所見之中，到底是以光明作為你自己呢？或是以黑暗作為你自己呢？

或者是以空作爲你的自體性呢？或者是以被牆壁阻塞時的堵塞作爲你的自體性呢？阿難啊！如果你是以光明作爲你的自體性，那你自己是明的時候就應該看不見暗了；如果你是以空作爲自體性，你就應該看不見被牆壁堵塞的景象了；」同樣的道理，把見性所依的八緣一一地反過來檢驗，「如是乃至以種種暗相作爲自己的自然體時，那麼光明再出現時，」你阿難是應該看不見光明了；因爲暗即是你自體，當光明來時你自體暗就不在了，「這時你的能見之性已經斷滅而不存在了，那你現在爲何還能夠看得見光明相？」

「乃至」二字的意思，是說這中間還有很多的法，由於不想說得太繁瑣，就把它們省略過去不說，直接說到最後面的部分。譬如在見的部分，也一樣地檢查說：你阿難是以什麼爲能見的自體呢？是以通爲自己自然體？是以塞爲自己自然體？是以空爲自己自然體？把八緣都一一加以檢查，終於確定如來藏才是自己的自然體而不是見性所緣的八緣。確定了以後才能說是正確的悟入了，否則就不能說是開悟。所以，不論以什麼爲自己的自然存在之體，都會有過失而不能經得起檢驗；只有把見聞知覺性歸攝於自己的如來藏妙心時，才能經得起檢驗而不會有上面所說種種無法自圓其說的過失。所以「乃至」就是跳過去直接講最後面的一種過失，中間的部分就省略不說了！

當有人把能見之性說為自己本然存在的自體時，將會有很多過失；因為能見之性並不是自己本然存在的，並無自體性；能見之性是否還存在，當然是要依「見」這個現象來判定；當「見」的現象無法存在時，就表示能見之性是沒有自己本然存在的自體性，當然不應該認定為自己眞我。見性如是，能聞、能嗅、能嚐、能覺、能知之性等其餘五識的自性，當然也是同樣的道理，都不能外於同樣道理的檢驗。但是這樣一一檢驗而作開示，說起來可就長篇累牘了；所以用「乃至」二字，來表示這些法義裡面還有許多應該同樣加以檢驗的地方。只要檢驗出其中一種自性是無自然體，是依附別的法才能存在、才能運作，其他性質相同的各種自性當然也是一樣虛妄而不是本來就有自然體存在。這樣細觀以後，我見一定可以斷除；然後就不會再落入五陰、十二處、十八界、六入等法之中，錯將其中的全部或局部誤認為眞實的自己，才有可能正確的證得如來藏妙心，由此而悟入實相般若及引生其他相關的智慧。

「諸暗等相」，是以種種不同的暗相再來做檢驗。因為暗也有很多種的差別，假使有人以種種不同的暗相作為自體，那麼在種種明相重新出現時，能見種種暗的能見之性就應該隨著暗的消失而不存在了，那麼能見之性就應該斷滅了，自然應該是看不見明相了！因爲既是以暗爲自體，當後來明出現的時候，暗自體一定是滅失不在了，當然不應該還能看見明相。所以，不能說暗是能見之性的自體性，應該說能見之性是依如來藏的運作而出現的，是以如來藏爲自體，才不會有種種過失被檢驗出來。

因爲，能見之性是無法自己單獨存在的，是依明暗通塞……等所緣諸法，才能存在及運作，否則就不可能存在及運作了；而所緣的各種諸法既然都是可還的，當然可還的各種所緣法絕對沒有自然體；但是，這些所緣諸法都還完了以後，能見之性卻又不能還於所緣的各種法，當然是有情自己所有而不是所緣法所有的功能，這時當然只能攝歸自己的妙心如來藏了！一定是有一個自己以前所不知道的常住而不曾中斷的妙心存在，才可能會有能見之性藉著所緣的種種外法而存在；既然如此，能見之性當然不是自然體，而是有生有滅之法卻又不是外法，當然 世尊要說祂是第二月而不是眞月了。問題是，假使沒有找到妙心如來藏的所在，無法親眼看見、親手指出來，又如何能實地觀察而確定能見之性是眞月如來藏所出生的第二月呢？這時，當然就得要探究妙心如來藏究竟在何處了！可是許多被人尊敬的老禪師參禪幾近一輩子以後，卻又遍尋不著，仍然停留在能見之性的境界中，始終無法進一步找到如來藏的所在。這就是近代參禪者的可悲處。

《楞嚴經》中的說法是有不同函蓋面的，不單是局部的探討而已；所以必須前後聯貫、首尾相照以後仍然相符，才能說是眞的懂得《楞嚴經》的人。有很多人不瞭解這個道理，所以往往執取前段或後段不完全的說法，或是執取前一章而不管後一章裡的說法，就隨意引出一段經文來證明自己已經開悟明心或是開悟見性了！但是大多數的大師們總是落入自然外道所說的自然之中，卻都沒有自然體——只有自然出現的功能與現象而沒有所依的眞實體，都屬於不能獨自存在而沒自然體可說的。

有一些人看到禪宗公案中證悟的禪師們總是很活潑、很自然，指導別人求悟時也是很自然、很風趣，並且都是在日常生活中的種種事物上面來指導弟子們開悟，就想：「其實禪也沒有什麼玄妙，只要自然地工作、自然地生活也就行了！這就是禪。」於是就教導徒弟們說：「課誦時要專心而自然，吃飯時也要專心而自然，一切時地都要專心而自然，不要讓心妄想攀緣而自然地生活著，這就是禪。」殊不知這樣一來，可就跟自然外道一樣了！自然外道總是說：「玫瑰本來就紅，薔薇本來有刺，孔雀法爾如是漂亮，這些都是自然。」禪宗祖師也把它拿來作爲機鋒使用，卻不是在指導大家要自然。

所以禪師有時回答徒弟「烏從來黑，鵠從來白」，只是用作引導徒弟證悟的機鋒，目的不是要徒弟們尊重自然，不是要徒弟們自然地生活、修行。

其實，玫瑰的紅、薔薇的刺、孔雀的美、烏鴉的黑、天鵝的白，都是眾生各自的如來藏所顯示出來的現象，並不是自然性。如果有人硬要說是自然性，主張說薔薇是本來自然就有刺的，那爲什麼他自己身上不會自然長刺？如果有人硬要說「火如是熱，是自然性」，那爲什麼他的身體不能自然出火來燒開水？既是自然的，就不需有什麼理由而應該全部都自然可以如此啊！所以，法義不能像他們那樣講，三界中沒有所謂的自然或因緣，都是依於有情各自都有的妙心如來藏爲因，才能由如來藏這個因，藉著各種因緣而自然成就諸法，並不是單純的自然或是單純的因緣，就可以成就諸法中的各種不同萬象。

眞正要學佛而不是學羅漢、學外道的人，都應該先建立正確的觀念，知道這些世間萬象都只是如來藏所生之法，而眾生能知能覺的各種自性都只是明月如來藏所出生的第二月；而世間萬象也是由有情各自如來藏含藏的不同種子運作之後，才顯現出這樣萬般不同的體性；這根本就不是自然如此，也不是單憑因緣所能成就的。所以，不能把如來藏的功能給迷惑了，誤以爲都是自然或因緣所成。

當你在修學佛法的時候，一定要弄清楚什麼是你自己的眞實不壞體性？因爲**假必依實**。凡是吾人所知的各種自性全部，也不論是眼識乃至意識中的任何一種自性，全都是生滅有爲法，都是今生首次才出生的，而且夜夜斷滅，並且在死後決定不能移到下一世去，永遠斷滅了！但是我們爲什麼還能生生世世不斷地流轉生死呢？一定是在我們所知的這些自性以外，還有我們所未知的某一個法性本有而常住，本是我們五陰的根源，才能這樣世世流轉生死而始終不曾斷滅。一定要先建立這樣的基礎理論，才有可能信入如來藏本心妙法；而這也是深入研究哲學的哲學家們，都會承認的原則。若是否定了**假必依實**的原則，那一定是無因論者，絕對無法學好佛法；因爲，不論是四阿含諸經，或是二轉法輪及三轉法輪諸經中，世尊全都是以八識論來說法的，而八識中的第八識如來藏即是本住法，是恆住不壞的金剛心；由這個本住法金剛心來執持一切種子，才能世世出生第二月覺知心，才能有覺知心的能見能覺等六種功能。（編案：詳見平實導師《阿含正義》七輯中的引證與說明。）

應成派中觀以及歐美、日本的少數佛學研究者，他們常常批評本體論，說本體論是外道法，不是佛法。雖然他們只是少數人，不被多數人所認同；

但他們卻以異端邪說而譁眾取寵，所以非常引人側目，全球佛學學術界都無法不注意他們；他們在前幾年甚至於還放話說：釋迦牟尼佛不是歷史人物，一樣是佛教徒們編造出來的故事人物。可是，如果本體論是外道法而不是佛法，那麼四阿含就得要全面改寫了！他們那些專門研究阿含的人，專門靠著研究阿含而獲得學術地位的人，一向認定為「原始佛法」的眞正 佛說的四阿含，因此都必須要改寫；因為四阿含諸經中處處都講有一個本體常住不變、眞實、清涼、寂靜，只是他們自己讀不懂而變成是隱覆密意而說的；由於他們讀不懂，這些本體常住的入胎識法義，就成為他們很大的盲點了！

當他們否定了別人提出來的第八識本體論以後，現在證悟的菩薩用這個自心眞如（第八識本體）的法義來反問他們：「請問，什麼是涅槃？」這時他們就不敢再說十八界滅盡了才叫作涅槃，因為那將會使涅槃成為斷滅空。於是他們只好狡辯說：「涅槃是不可知、不可證的。」涅槃既然是不可知、不可證的，那麼他們所講的涅槃又該如何證？如何傳授修證之法？那麼古時世尊又是如何傳授涅槃之道呢？於是問題就很大了！因為，當他們否定了第八識本體法以後，如果他們承認阿含所說十八界滅盡就是無餘涅槃，眼前就出現一個大問題：「那你們跟斷見外道有什麼差別？」一定沒辦法答覆。

假使不死心，還要狡辯，當他們提出意識細心常住說的時候，問題又來了：「你新建立的意識細心常住說，是不是本體論？」仍然是他們否定的本體論。沒辦法答覆時，人家緊接著又提出一個問題來：「既然你說只有六識，也主張說阿含只講有六識，可是六識明明是死亡以後就斷滅了，而六識也沒有辦法去到未來世；因爲現見你今生這個意識不知道過去世的事情，所以你今生這個意識並不是從過去世來的，那麼請問你：六識既然不能去到未來世，請問過去世所造的業，如何能到現在這一世現行受果？」他們也許說：「意識滅了以後，滅相不滅。由於滅相不滅，所以到未來世時，業種就會直接現行。」那麼問題又來了：「那麼過去世某某人造的惡業，就可能下一世會在你的身上出現，你認爲這樣子有道理嗎？」

所以，當他們否定了本體論以後，就使自己變成無根的浮萍——進退無據。現在，只要你明心了，也有道種智；其實不必要道種智，只要明心之後有了般若別相智，也就是相見道位的般若智慧，隨你口出刀鋒，不論你怎麼砍、怎麼殺，他們都沒有辦法講話，只能由著你砍、由著你殺，始終不能置一辭來答辯。因爲他們建立的基本法已經邪謬的緣故，接著演變出來的法義當然就會處處破綻。所以，在這一段經文中的法義也是一樣，阿難當時既然說見色性、聞聲性……覺觸性、了知性即是自然而有之體，既是自然體，就一定會有一個眞實不壞的體性；那就得把這個自然本在的體性甄明出來，才能確定是眞正的證悟了。如果甄明不出來，那他這個說法就是妄想法，所說即是虛妄法。怪不得　世尊說他當時是「迷惑爲自然」，當然就不是眞實的佛法。

上週講到我們的眞實心，以及眞心如來藏所顯現出來的各類種子，有很多人把眞心如來藏流注出來的各類種子（各類功能差別），認定是覺知心的自然性；也有很多人學佛以後，卻說一切法都是因緣生、因緣性，於是就永遠主張緣起性空，而把緣起性空的大前提（眞心如來藏）給忽略了！這些問題必然導致大眾都無法實證佛法，這其實多數是由假名大師誤導所產生的過失，過不在學法者。當弘揚佛法的大法師們全都落入識陰及識陰六識的功能性以後，跟從學法的人當然很難擺脫大法師們的邪教導；所以末法時期難以證道的現象，也就自然而然地出現了！

若有人說能見之性，能聞、能嗅、能嚐、能覺乃至能知之性，全都是自然性，或有另一種人說這些全都是因緣性，這二種說法提出來給一般曾學聲聞法的學佛人來抉擇時，大約都會選擇說是因緣性，不太會選擇爲自然性；

但是大眾都沒有想到說：這個因緣性的法是從哪裡來的？因緣性的諸法不斷地生住異滅的過程中，是只要有外緣或別的助緣就可以因緣生、因緣滅嗎？或是背後另一個眾人各自都有的本住法如來藏在運作支援？若確實是有如來藏支援才有六識的見性等六種功能不斷現行，那麼如來藏應該是大眾各人皆有獨立的如來藏？或是大眾共同擁有同一個大如來藏？這個大如來藏與外道所說大我、大梵、冥性、自然、因緣的道理有什麼不同？是否基本理論相同而架構錯誤？是否基本理論相同而實證錯誤？……等。

在追究十方三世有情及宇宙的實相時，這些都應該要加以追究而認清事實眞相，才能釐清學佛的方向與實質而邁向正確的成佛之道，才有可能避免長劫學佛而唐捐其功浪費生命的現象。釋迦世尊降生人間成佛之前，許多外道們自稱是阿羅漢，那些外道建立阿羅漢的思想是正確的——想要出離三界生死的基本理論是正確的，但是那些外道在實修上面全都出了問題；所有的問題都是由於不能確實理解生命的實際，而只能理解生命的現象；甚至於有更多外道對於生命的現象誤解得很嚴重，譬如常見與斷見外道。生命的現象是指五陰、十二處、十八界、六入，生命的實際是指生命的根本源頭——實相法界中的如來藏心，即是四阿含所說無餘涅槃中常住不變的本際。

對當代學佛人，除了上面所說的以外，平實還有一些看法提供給他們；假使他們能確實深思這些問題，那麼他們此世對於佛法的修學將會獲得重大的進展，至少不會走偏了方向。否則不免唐捐其功：對陰界入的無常生滅性不夠瞭解的人，將會成爲常見外道，以五陰自我爲尊、唯我獨尊而落入陰界入中；禪宗裡的錯悟者全都屬於這種人，他們應該好好重學四阿含諸經中的聲聞解脫道。對陰界入的無常生滅性，曾深入瞭解而不信有本住法的人，將會成爲斷見外道；即是六識論應成派中觀見的學人，即是當代錯將佛護、月稱、安惠、寂天、阿底峽、宗喀巴等人的六識論邪見，加以極力弘揚的釋印順……等一派人；他們應該深修阿含諸經中所說的「名色緣識、識緣名色」的本識法——「齊識而還、不能過彼」的因緣法，才有可能把斷見外道的邪見根絕。對陰界入的無常生滅性有深入瞭解，但是卻心外求法、崇拜外力而不信自己眞有常住金剛不壞法，這種人將會成爲大我、大梵、冥性、自然、因緣、極微等外道見的受持者。

一般而言，眞正修學大乘法的人，都會相信各人都有自己的本住法金剛心，也相信這個金剛心是自己能夠出生的依據，也知道自己陰界入的緣起性空是依這個金剛心而有的，這樣修學佛法的人就不會走入邪見中；剩下的問題就比較小了，最多就只是能不能實證的問題罷了！絕對不會有謗大乘法、謗菩薩藏的惡業出現。但是若信受古代佛護、月稱、寂天、宗喀巴等人傳下來，而被現代釋印順等人信奉承襲的六識論的緣起性空，又沒有智慧可以證實四阿含諸經所講法義都是八識論的緣起性空——有涅槃本際常住不變的蘊處界緣起性空觀，就會追隨應成派中觀等六識論者，建立細意識為常住法，然後又矛盾地說一切法空——一切法都緣起性空，結果則是落入兩邊——既具足斷見又具足常見。若是心高氣傲，為了維護自己錯誤的法義而狡辯時，即不免會產生謗菩薩藏、謗最勝妙正法的惡行，所以這是一千五百年來的佛教徒最須注意的一件大事。願意為自己將來無量世的異熟果報及道業著想的人，都必須注意學佛或學羅漢的大前提：三乘佛法的基本法義前提，究竟是六識論或是八識論？若不能從這裡作出根本抉擇，或是這個根本抉擇選錯了，接下去的修行都是唐捐其功而且會跟著邪師共同謗法、謗賢聖。

接著回歸到經文來說，假使你接受了《楞嚴經》中的教義，那麼你一定是接受八識論的正見者，才能接受本經中的法義所說，來檢查自己及一切大師們的所悟是否正確。接受了八識論（接受金剛心如來藏是出生前七識的本住法）以後，並不是接受後就沒事了，還得找出自己的如來藏而檢查一下：這第八識如來藏確實是本有的法？或者仍然是要從外法來引生？確定之後，再依經文中的教示來檢查：六識的見聞知覺性等法，是否確實是從如來藏金剛心中出生的？或是不需要有如來藏來出生而自然就存在？或是不需要有如來藏，六識的見聞知覺性自己就能夠因緣生、因緣滅？

但是，一般學佛人很少注意到這個問題，才會落入印順繼承自密宗黃教的應成派中觀的六識論邪見中，才會跟隨印順錯將聲聞解脫道認定爲成佛之道，才會跟隨印順將錯誤的理論建立爲阿含所說的聲聞解脫道法義。最難的是，如來藏的密意是不許明講的，只能密傳——必須隱覆密意而說。但是，像剛才幾位同修們的見道報告（註）所說的，有人以爲《楞嚴經》中是明講密意的；但我要這麼說：雖然是明講，但是一般人卻都錯會了！怎麼錯會呢？因爲我還沒有把如來藏講出來，一直在講的都是如來藏所顯現出來的局部體性，顯示祂局部的功能差別；但是，如來藏究竟在哪裡？你要把祂找出來，這才是能貫通佛法的關鍵。所以，上一週講到六識的見性等自性，到底是因緣生或是自然生？就得要弄清楚了！否則，錯將六識的自性當作佛性，可就不免大妄語業了！（註：此次講經只有一小時，撥出一小時給參加禪三後證悟的學員，爲大眾做見道報告，鼓舞大眾對證悟生起信心。）

言歸正傳，在上一週最後的經文中，佛告訴阿難尊者說：六識的自性不能說是自然性，也不能說純粹是因緣生、因緣滅；因為若說六識的自性是因緣生、因緣滅，那可要依如來藏才能有因緣生、因緣滅，若是離開了如來藏心，就沒有一切法可說了，何況還能有六識的自性來因緣生、因緣滅？而且，從前面經文中所說的七處徵心、八處徵心、九處徵心，不斷地辨正的結果，都是在說這六識自性應該歸屬於如來藏，無可還處；說明這六識的自性都應該歸還到如來藏心，確定是由如來藏顯現了六識及六識的自性，但是卻一直都還沒講到如來藏本體究竟在什麼處。

這個部分的法義，還沒有明心的人聽聞了以後，可以說大概只能聽懂十分之一，這已經算很不錯了！如果是明心後還沒有眼見佛性的人，大概只能聽懂一半；能聽懂一半已經不得了了，假使將來整理成書，慢慢再深入研讀，才可能懂得更多。其餘的極少數人，則是見性很分明並且有在種智上面一直不斷地前進、繼續進修，這樣才能全部都聽得懂。所以這部經不好講，因為怕洩漏密意；也不好聽聞，因為聽聞起來雖然是很有趣（如果真的有人具有智慧能夠宣講而不是照本宣科），你還是不容易真正的聽懂。那麼我們就儘量試著讓大眾都能聽懂更多。

回到上一週最後的經文，佛問阿難說：「你爲什麼還說，六識的自性是自然性、有自然體呢？如果這六識的自性確實是具有自然存在的自性，那祂一定是有一個自然體常存不斷，那你阿難認爲六識自性的眞實體在哪裡？你得要把它找出來。」所以經文中說：「若必自然，自須甄明有自然體。」於是 佛就問阿難說：「以明爲自？以暗爲自？以空爲自？以塞爲自？」最後 佛又提出一個問題：「如是乃至諸暗等相以爲自者，則於明時，見性斷滅，云何見明？」意思是說：如果你說是看見了暗，就以那個見暗的心或是以暗爲永不壞滅的自體；那麼光明重新再來的時候，暗體消滅不在時就失去見性了，就應該不能見明以及再見到暗了；當那時不能見明見暗了，是不是你這個能見之性就斷滅了呢？或者說：當你阿難在後來明又來臨的時候，你爲什麼又能看見明呢？佛提出這些質問以後，阿難面臨無法解決的問題了。

【阿難言：「必此妙見，性非自然，我今發明是因緣性，心猶未明；諮詢如來，是義云何合因緣性？」佛言：「汝言因緣，吾復問汝：汝今同『見、見性』現前，此見為復因明有見？因暗有見？因空有見？因塞有見？阿難！若因明有，應不見暗；如因暗有，應不見明；如是乃至因空因塞，同於明暗。

復次，阿難！此見又復緣明有見？緣暗有見？緣空有見？緣塞有見？阿難！若緣空有，應不見塞；若緣塞有，應不見空；如是乃至緣明緣暗，同於空塞。當知如是精覺妙明，非因非緣，亦非自然，非不自然，無非不非，無是非是，離一切相，即一切法。汝今云何於中措心？以諸世間戲論名相而得分別？如以手掌撮摩虛空，只益自勞，虛空云何隨汝執捉？」】

講記：阿難尊者就稟告說：「如果世尊說這個微妙的能見，祂的體性必定不是自然而有的體性，那我阿難現在發明，」發明就是靈光一閃而想到了，「那我阿難現在知道了，這個能見既然不是自然性，應該就是因緣性了，」可是他又想起來，前面佛有爲他說這個微妙的能見並不是因緣性，而是第二月——雖然還不是明月本身，但也不只是明月的影子而已。可是阿難想：「既然不是因緣，那就是自然。」如今佛既然說這能見並不是自然性，所以他又回到因緣來；可是回到因緣時又明明與前面佛的開示不符，這時就知道自己還是沒有眞的明白，所以就向 佛稟告：「我阿難心中其實仍然沒有眞正的明白，所以只能仰諮如來一再地詢問，這個能見既然不是因緣性，又說不是自然性，那麼究竟要怎樣了知以後，才能符合如來所說的因緣性的正理？」

這意思是說，能見、能聞乃至能覺、能知等自性，都是如來藏所生的第二月識陰六識的功能；這識陰六識以及祂們的功能，雖然都是生滅法，都要藉緣而生，卻不是單有外緣就能出生的；而是要有如來藏心的配合，也要有如來藏執持祂們的種子而在適當的時候流注出六識心的種子，才會有能見能覺等功能，這當然與外道所說的純由外緣而生的因緣生不同，而是附屬於如來藏，由如來藏藉外緣而出生的。當六識和祂們能知覺六塵的功能出生時，其實只是明月如來藏的無量功能之一；當祂們出生而在運作時，其實如同第二月一樣—如同第二個如來藏—代替如來藏在六塵中生起知覺，才能有心在六塵中廣作分別。這樣看來，能見、能聞乃至能覺、能知的功能，全都是如來藏的第二月，代替如來藏來作六塵方面的分別；但是如來藏卻仍然無法直接就出生這六識和祂們的功能，還是要藉父母、四大、業種而入胎製造了五色根以後，才能使六識的功能運作出來；所以這六識的能見等功能並不是自然出生的，也不是單靠外面的種種因緣就能出生的，而是要由如來藏藉外面的種種因緣，而以如來藏自己的功能來自然出生六識等功能。這樣才是 世尊在《楞伽經》中爲大慧菩薩所說的道理：「彼外道等常說自然，我說因緣，非彼境界。」因爲外道是說六識心自然生，有自然性；而 世尊依如來藏來說因緣，所以也不同於方才阿難所誤會的單純因緣生。

那麼佛就向阿難說：「你既然說微妙的能見功能是因緣性，」因爲阿難這時還沒有證得如來藏，並不知道其實都是由如來藏的妙眞如性，藉種種因緣而出生的，所以世尊就說：「那麼我再一次問你：你阿難的覺知心如今和『見』及『見性』同時一起現前了，這個『見』及『能見之性』都在你覺知心之前存在著，你阿難這時的『見』，是因爲明而有這個『見』呢？或是因爲『暗』而有這個『見』？是因爲空而沒有堵塞所以有『見』呢？或是因爲牆壁堵塞前景而有『見』？」

佛陀再度提出這四個問題來，然後一個一個開示說：「阿難啊！如果是因爲明而能有『見』，那麼這個心既然是因明而有見，應該就看不見暗；假使你這個覺知心的『見』，是因爲暗而有這個『見』，既然『見』是依暗而有的，那就應該看不見明。像這樣的道理，假使是因爲空而有『見』，當眼前被擋住時你不只應該看不見外面，你還應該看不見被擋住的景象而不應該仍然有『見』；那你阿難如果是因爲堵塞而有這個『見』，當牆壁被拆掉時，或是你走到屋外時，你也不應該看見外面一片空曠，因爲你阿難覺知心的『見』是因塞而有的；這時塞既然不在了，你的『見』也應當不在了，當然應該是看不見空才對啊！這是和因暗而有見、因明而有見的道理一樣的。」

「不但如此，你阿難的這個『見』，是緣於明而有這個『見』？或是緣於暗而有這個『見』？或者是緣於空而有『見』呢？或者是緣於塞而有『見』？如果是攀緣於空而有這個『見』，那麼當眼前被牆壁堵塞住時，你的『見』就應該消失了！」因為「見」所緣的空已經消失了，所以緣於空的「見」當然也應該跟著消失了，那當然就一定看不見牆壁了。因為現在是堵塞時，而「見」是緣於空而有的。「如果你阿難的『見』是因塞而有，當你眼前的牆壁倒塌時，或者你走到牆壁外面去而成為沒有阻隔的空，那時你一樣是不應該還有『見』；因為你的『見』是緣於塞而有的，塞既然消失了，緣於塞而有的『見』也必然跟著塞而消失了。就像這樣的道理，乃至說你的『見』是緣於明、緣於暗，依此類推，道理是同樣的。」

「所以，你阿難應當要知道，『見』這個功能是這樣地精緻覺了勝妙光明，並不是單以外法為因或以外法為緣而成就的，這個『見』也不是沒有如來藏為因便能自然成就的；但也不能說祂沒有自然性，因為只要條件適合時，如來藏自然就能出生六識以及六識所有的『見』的功能；因此說這個『見』非因非緣，亦非自然，非不自然。」世尊接著作了一個結論說：「這個『見』，沒有所謂錯誤、不錯誤，也沒有所謂是與不是可說；」因爲這個「見」的功能本是由如來藏藉六識心來作用的，當然就沒有非法與非非法可說，也沒有是與非可說了！「這個『見』的自身是離一切相的，卻又同時與一切法同在一處。你阿難如今準備如何在這個法義中瞭解呢？怎能以各種世間所有的戲論名相而可以分別清楚這個『見』？譬如你用手掌不斷地在虛空撮攝或摩擦，是永遠都撮不到虛空，也永遠都摩擦不到虛空的，只是徒然地增加了你自己的疲勞罷了！而那個虛空怎麼可能由著你去加以執取或捉住呢？」

爲什麼世尊要不斷地解說「見」與「明、暗、空、塞」之間的關係呢？其實是要阿難等大眾都能明白，「見」這個現象與「能見的功能——見性」，並不是緣於外法而產生的，而是由有情自己的明月如來藏所出生的，外法只是「見」的所緣罷了！若沒有明、暗、空、塞等外法，沒有各種物象的存在，「見性」就不可能由六識心來發揮功能，也就不會有「見」的現象；但是，「見」的現象與「見性」的功能，並不是由明暗等外法事相來產生的，因爲無法歸還於外法——無法攝歸外法，而只能攝歸自心內法如來藏心，是由如來藏出生的。假使有人強詞奪理，堅持說「見」與「見性」是由外法的明暗通塞來產生的，那麼當外法明、暗、通、塞同時存在於不同的處所時，「見」

也應該有很多個同時存在著；那麼當有情的「見性」功能生起而有「見」時，有情自己的「見性」與「見」，必然要與外法所生的「見性」與「見」互相混雜，又如何能成就「見性」的道理？又如何能成功地有「見」呢？

由此證明，「見」的現象與「見性」的功能，不應該是緣於空而有見，也不該是緣於塞而有見，因爲空與塞是互相對待的，只有一法可以存在而不能二法同時存在；但是「見性」產生出來的「見」的功能，卻是既能見明也能見暗的，是既能見空也能見塞的。因此，「見」與「能見之性」如果是緣於這四種外緣而有的，意思就成爲：「見性」與「見」的現象都不是由如來藏的妙眞如性所出生的，不是明月如來藏所出生的第二月。這樣一來，「見性」與「見」就顯然與所有的有情無關，自是外法自己能見，與我們大眾可都無關了！那我們大眾自己身心之中卻又仍然存在著的「見性」與「見」，又是什麼呢？又是從哪裡來的呢？

因此說，緣外而有的說法——緣於明暗通塞而有見，顯然是不能成立的，必然是因心有見；而六識心是生滅心，當然「見性」—見的功能—以及「見」的現象，絕對不可能是由六識生滅心自己來出生的，當然還是要由如來藏以祂的妙眞如性來出生的。因此說，阿難剛剛提出的四個見解，顯然並不是現象法界中的事實，也與實相法界中的事實不相符合。

事實上，大家應該要知道：「見」的現象是從「能見之性」來的，是由於「見性」在運作時才能顯現出「見」的現象來。而「見性」是很靈敏精妙的，所以正在運作而有「見」的時候，絕對是另有如來藏的精覺妙明同時運作，才能存在；如來藏的這個精覺妙明之性，即是十住菩薩所眼見的佛性。因為佛性是一個很精明的體性，這個精明體性另有自己的知覺性，和我們的見聞覺知六識自性和合在一起運作；六識見聞覺知的自性是與佛性的知覺性和合在一起而很難分辨的，只有眼見佛性的菩薩能稍微聽懂而作極粗略的分辨，卻還是要在上地菩薩的指導下才能做得到的。

六識心的見聞覺知等功能，若是離開了如來藏的妙眞如性運作出來的佛性，就無法存在了，何況能繼續運作。這個如來藏本有而不斷地現行的佛性——如來藏直接現行的精妙明覺，並不是六識心的自性，更不是外法的自性；連六識心的見聞覺知等自性都無法歸還於外法了，何況如來藏的精妙明覺之性，又如何能歸還於外法呢？這當然不是由別的法為因、也不是藉別的法為緣而有，而且如來藏是出生萬法的根本因，十方法界中的一切世界中的一切法，莫非都是由共業有情的如來藏共同出生；然後一切有情各自的十八界法及相應的一切法，同樣都是由各自的如來藏出生，當然如來藏就絕對不可能被攝歸任何一法之中了。如來藏自體既是如此，如來藏自己精妙明覺的佛性，當然一樣是不可能被歸攝於任何一法之中了。

這個道理甚深極甚深，明心而尚未眼見佛性的第七住位乃至九住位菩薩們，都尚且無法了知，何況是未證如來藏的阿羅漢們，當然也是無法了知的；若是當代的大法師們，既未斷我見，也未明心，更未眼見佛性，更如何能知？可是當今的大小善知識們，總是動不動就自稱已經明心而且眼見佛性了！其實都是大妄語人。那些大小善知識們都同樣落入凡夫與外道所知的佛性中，把識陰六識心的自性—能見、能聞乃至能覺、能知之性—當作是佛性，全都未斷我見；因為，這六識的自性正是識陰全體的自性，識陰全體都是生滅法，這六識的自性自然也是生滅法，那又怎能說是常住不壞的佛性呢？而第十住菩薩眼見佛性時所見的佛性，卻是函蓋八識心王的所有自性，分明看見如來藏的佛性與六識的見聞知覺性同時同處，是不離見聞覺知而不是見聞覺知，這是極難實證也極難說明的，只能說是**唯證乃知**而無法言詮、不可臆測的境界。正當眼見佛性時，親眼看見自己的佛性遍十方界、遍虛空界，卻又不在虛空、十方；佛性是如此地真實不虛而顯現著，與佛性對比之下山河大地身心世界卻顯得如此地虛妄不實，於是十住滿心位的世界身心如幻的現觀便立即成就，不必經由觀行過程等加行來成就，而是在眼見佛性後的一刹那間便成就了。

佛性的內涵與眼見的境界，是無法說明清楚的，純屬**唯證乃知**的智慧境界，是十住菩薩親證佛性後的現觀境界。至於當代大法師及學人們，對於六識自性都還是弄不清楚，何況能懂得十住菩薩的眼見佛性智慧境界？他們連世尊在這部經中卷一到卷五關於第二月六識自性的開示內容都還讀不懂，都誤會 世尊的意旨，誤以爲 佛陀是說六識見聞知覺性即是常住而不生滅的心，只因爲讀到經文中的兩句話「**非自然、非因緣**」，都不知道 世尊的眞正意思，是說這六識的自性都只能攝歸如來藏的妙眞如性中，不能攝歸外道的梵我、神我、冥性、極微；也不能只攝歸因緣或自然，而是要攝歸如來藏的妙眞如性（佛性）之中，是由如來藏的佛性藉外法**因緣**而**自然**出生了六識心及六種功能性。

如果第二月—六識的見聞知覺性—只憑外法的**因**和**緣**就能出生，那麼當他們說：「**有明爲因、有塞爲緣、有眼根爲緣，所以我能看見。**」這在前面都已經被 世尊據理破斥了，道理已然不可能存在了，所以是不正確的；因此不能單說是因、單說是緣，或者由因與緣和合，就能出生見聞知覺性。並且，六識的見聞知覺性也不是自然性，如果是自然性，那麼應該花也能有見，應該桌子也能有見，是應該一切物都能有見，因爲自然就會出生「見」的功能嘛！既然是自然，你能有見，當然諸物也應該有見，因爲「自然」是應該遍一切處、遍一切時的嘛！然而事實並不是這樣啊！

一定得要是有情才能有見，而有情之所以能有見，是因爲見性（能見的功能）含藏在各自的如來藏心中；當各種外法因緣具足時，就可以由如來藏心自然流注見性種子而產生見的現象，因此說第二月六識的見聞知覺性並不是自然有，也不是單憑外法因緣就能出生的。但是，假使有人說：「**那就不是自然性了**。」那也不對，因爲非不自然。爲什麼呢？因爲人類既然由如來藏出生了五勝義根，加上如來藏所出生而執受的五扶塵根以及意根，自然而然就能夠有這個見；如果不是有根與塵，如果不是有通塞明暗等緣，同樣就沒有那個見。但是最主要的原因，是因爲如來藏先出生了五根，如來藏再藉五根而出生了塵，所以人類才能有「見」，有眼根及色塵時就能有見；但這些都只是外法上的因緣，背後還得要有根本因如來藏含藏見性的種子。

除非你的眼根出了問題，只能見暗，但見暗也是見；這就是說，不可以說見性是自然性，但也不能夠說完全不是自然性，才能契符中道義。換句話說，離開兩邊的中道，正是如來藏！這不是把兩邊都排除掉，中間什麼都空掉了而叫作中道；而是如來藏的中道性是本來就離兩邊的，不是在思想上加以人為的排除某些觀念以後成為空無時而說是中道，這樣的中道才不會成為戲論。因此這個如來藏所含藏的能見之性，流注出來成為第二月六識心的見聞知覺性，其實本是一體而不可分的：**如來藏藉緣自然流注見性的種子而使六識心能見時，這個見性種子及能見，都歸如來藏心所有，沒有眞實或虛妄可說，也沒有自然或因緣可說；但如來藏中的見性種子不流注出來而使能見的現象消失時，也不等於見性及見永遠消失了。**這也就是某些大乘經中所說「一眞一切眞」的道理。經由實證而了知這個道理以後，就沒有非或不非的問題存在，也沒有是或不是的問題存在。

從明心而且眼見佛性的十住菩薩智慧來看，如來藏及祂所含藏的一切法，從來都離一切相，可是卻又即一切法、即一切相。離一切相，是說祂不跟一切六塵相混合在一起；但是祂卻又在一切法相中顯現出來，所以又即一切相。一切有情同樣皆有如來的智慧德相，只因為貪瞋及無明障住了，所以看不見自己的智慧德相。若是眞的想要悟明佛法，得要在一切相上面用心修習；是說要在一切相中尋覓自己本有的智慧德相——眞月如來藏的本來自性清淨涅槃，進而修習眼見佛性的法門。若是離開了一切相，那是聲聞法，只能出三界生死而入無餘涅槃，永遠都找不到自己本有的智慧德相。在無餘涅槃中，沒有能參禪者，當然就無法參得如來藏妙義，還能悟個什麼呢？

所以，假使有人這麼說：「**來！來！你想要求悟，得要先出三界。**」那就叫作胡說。因爲當你出了三界時就沒有你存在了，還有誰來參禪證悟菩提呢？但是，平實也這麼說：「**來！來！你想要求悟，得要先出三界。**」意思卻不同，是要大眾先斷我見，也許乃至進斷我執以後，不會再落入五陰、十八界中了，那時不入無餘涅槃而世世保留著五陰身心，來尋覓如來藏心，就能證得自心如來的智慧德相。所以說，一切佛法都在三界世間，所以說「**佛法在世間，不離世間覺**」；你若是眞的想要覺悟佛法，得要在世間才能悟，出了三界就沒有佛法可求可證的了！因爲那時自己都不存在了，還能有佛法可修可證？但是，佛法實證之標的是如來藏，如來藏在世間一切法相中運作時卻又是離一切相，因此說眞正的佛法是離一切相而即一切相的。

不只是妙眞如性的如來藏自體是這樣，如來藏直接顯示出來的佛性也是這樣，同樣是離一切相；可是祂又即一切法，又跟一切法同時存在，因爲佛性是與六識的見聞知覺性混合在一起運作的，從來都不離六識的見聞知覺性；可是當六識的見聞知覺性由於眠熟或悶絕而消失時，佛性卻還是繼續在運作著，仍然無比分明地繼續顯現著，能被眼見佛性的人所看見，所以佛性當然不等於六識的見聞知覺性。你若是想要見佛性，不可以從佛性的內容研究中去見，一定要在善知識的指導下求見；因爲從佛性的內容或義理中去求見，是永遠都無法看得見佛性的。有人不信，去讀《佛性論》，可是讀完了以後，努力研究十幾年以後，還是看不到佛性，只能把如來藏本具能使人成佛的自性說成佛性，就以看見這樣的自性而自稱是眼見佛性了，卻成爲大妄語人！因爲這不是世尊在《大般涅槃經》中所說的眼見佛性。

也不能想要進入無餘涅槃中去見，入了無餘涅槃時絕對見不到佛性；若是離了六識的見聞知覺性，佛性就無法看見了，因爲你自己五陰消失了，要如何看見如來藏的佛性？要是入了等至位中，那你也看不見佛性，因爲專緣定境而不緣佛性了！你若是入了滅盡定、無想定，就更不可能眼見佛性了；想要看見佛性，就是要在蹦蹦跳跳中到處去見，也就是在走路、幹活兒中到處去見。不是大法師們所謂的打坐一念不生時就叫作見性，那是我見境界。見性是到處去見的，動處都可以看見佛性時，靜處當然一樣可以看見佛性。

眼見佛性的境界一定是即一切法的，但是這個即一切法跟眞如的即一切法又不相同。禪宗明心與眼見佛性這兩關眞的很奇怪，而且可以說幾乎是顚倒的。但是等你看見了佛性的時候，你卻又說：「咦！這跟證眞如是完全不顚倒的。」可是你在參究的過程，方向卻是顚倒的。所以，想要悟明眞心，然後又想要眼見佛性，還眞的必須有大悟底眞善知識指導，一定要依止大善知識座下修學，否則就沒辦法明心之後又眼見佛性。因爲，這破初參與過重關，兩關的參究方向是顚倒過來的；如果沒有過來人爲你指導，怎麼想也想不到兩關會是顚倒的。可是參究的方向雖然顚倒，等到你眼見佛性的時候，卻又發覺過關以後的結果卻是不一不異的，完全沒有衝突或矛盾；而且，此後對佛法的現觀還能更加融會貫通。可是在還沒有見性時，你縱使明心了，聽聞這些說法時，總是覺得奇怪：「怎麼會這樣？」

這就好像還沒有眼見佛性之前，人家告訴你說：「從花朵上面也看得見自己的佛性，可是花朵上面其實沒有自己的佛性。」你說：「奇怪！花朵上面既然沒有你的佛性，你怎麼能從花朵上面看到你自己的佛性？你這講話不是自相矛盾嗎？」其實完全不矛盾，一切眼見佛性的菩薩們都同樣是這樣見的。但這裡面的關節不能事先透露給你們知道，等你們將來看見了，你就知

道是這麼一回事：「江湖一點訣，講破不值一文錢。」(閩南語)

但是，眼見佛性之前必定有其所需要的條件，所以有很多人明心過了第一關以後，若是開始準備要眼見佛性，就得特別注意。我一再的說明：對於《大般涅槃經》中 佛所講的話，我當年見性的時候心中並不信受；我總是想：「佛所說的眼見佛性的三個條件，可能有一些過分吧？」因為以我見性的情況來講，當年參究佛性時，是在打坐中參究的；開始參究沒多久的時間，突然間一念相應就被我參了出來，我當下就看見佛性了！那很單純，也沒有什麼好奇怪的啊！可是等我出來弘法許多年以後，才知道原來我跟大家還是不一樣的；我本來以為大家都跟我一樣，以己例彼、將心比心，所以我想：「我是這樣見，大家也應該跟我一樣是這樣見。」後來才遇到有些人定力、慧力都很好，卻始終看不見，覺得很奇怪！不管我怎麼幫忙都沒有辦法使他們看見，後來我終於才信了 佛所講的眼見佛性必須有三種莊嚴的條件。

想要眼見佛性的人，必須具備三種莊嚴：定力莊嚴、慧力莊嚴、福德莊嚴。這在《大般涅槃經》中，我記得 世尊重複說了二遍或三遍。一定要有定力的莊嚴、慧力的莊嚴，而且還要加上福德的莊嚴，這三個條件只要缺了一個，其中的一個條件不具足，我跟你打包票：你縱使參出佛性的內涵來了，一定還是看不見佛性。這就是見性這一關，比較明心這一關特別不同的地方。至於破初參的明心這一關，如果一次禪三沒有參出來，不必灰心喪志，因爲可能下一次禪三就會參究出來，反而使你的體驗更深刻，智慧更容易發起而功德受用更大；所以我們現在都不強行幫人破參，只要發覺因緣不很具足時，都盡量順其自然而等待更好的因緣時節。

同樣的道理，當你還沒有眞正找到如來藏時，心中往往會這樣想：「奇怪！既然離一切相，怎麼又會即一切法？」「即」是到的意思，所以即一切法就是與一切法在一起。如來藏既然跟一切法在一起，應該就是在一切相中了，怎麼又說祂是離一切相呢？悟前往往會覺得這很奇怪，佛法怎麼這麼說？一般人讀佛經的時候，沒有辦法弄懂經中的意旨時，因爲善根的緣故而不敢誹謗，因爲相信這個是 佛所講的，一定是有道理的。如果不說這是佛所講的經典，如果用另外一個名詞來代替「經典」二字，或者說是某某居士寫的，那麼大家讀了一定會開罵：「這個居士亂寫。既然離一切相，怎麼又會即一切法？」確實是如此，因爲，從世間法上來說，離一切相就不應該在一切法裡面啊！既然是在一切法中同在，就不應該離一切相啊！可是，佛法不是世間法，所以確實是這樣；明月眞心是離一切相的，眞心顯現的佛性也是離一切相的，眞心的眞如法性也是離一切相的；可是佛性與眞如又都是即一切法的，若是離一切法時就找不到眞如心如來藏，也看不到如來藏顯示出來的眞如法性，更找不到佛性而無法看見佛性了。

講解到這裡，把法義說得夠清楚了，可以回到這一段經文的本文來了！在還沒有實證眞如心如來藏明月時，又還沒有眼見佛性而不知道佛性的境界時，當然無法完全懂得這些法義，因此 佛就反問阿難說：「如今云何於中措心？」你阿難在尚未悟明眞心與佛性之前，有什麼辦法在這裡面措心呢？「措心」就是去想像、思惟、分析而想要理解這個境界。這還只是眞月如來藏及第二月識陰見聞知覺性的法義罷了，還沒有牽涉到眼見佛性的部分呢。

但是，這種智慧境界已經很難想像了，因爲離一切相而又即一切法，這明月眞如心確實是很難想像的。所以印順法師才會說：「而說『彼』自性清淨『心，爲』無明住地等『煩惱所染』，染淨二法的互相關係，更是『難可了知』。」（編案：印順的《勝鬘經講記》二五五頁）眞的是不可想像，因爲一定要親自去觸證到祂、親自證得祂，才能夠經由現觀而證實這個事實，那時才會眞的相信眞月如來藏是自性清淨心而有染污。對未斷我見、也未明心的印順法師一派人而言，他們認爲：既然是自性清淨心怎麼可能會有染污？你這個話不是顛倒嗎？所以他們不承認《勝鬘經》中的法義。他們不承認《勝鬘經》中的法義，卻又要註解《勝鬘經》，當然一定會加以曲解（編案：詳見平實導師著《勝鬘經講記》中的舉述），那你說，印順的《勝鬘經講記》還能讀嗎？當然不能讀了嘛！

所以說，如果是用種種世間的戲論、名相來對佛法廣作分別，不論怎麼分別，都會一樣地迷糊而弄不清楚。用世間的戲論名相來分別眞如與佛性，將會像愚人用手掌去撮摩虛空一般（「撮」是用手指去捏成一小團，「摩」就是加以撫摸）；虛空，有誰能夠撮它嗎？有誰能夠撫摸它嗎？也許有人說：「可以啊！**我如果速度快一點，就可以感覺到虛空有物質。**」但我告訴你，你仍然沒有感覺到虛空，你只是感覺到空氣的存在；因爲你所感覺到的只是風，那是空氣。空氣也是一種物質，空氣也是有重量的，不然怎麼會叫作氣壓？要是不相信，你們等一下回家的時候開車，在沒有人的十字路口又剛好是綠燈時，又很空曠而沒有人，那時你把冷氣開著，車窗全都關起來，當你正在急轉彎時，可以注意觀察冷氣吹出來的風，有沒有轉向？我跟你打包票，一定轉向。因爲空氣也是物質，是有重量的。

所以，撫摸虛空時其實並沒有摸到虛空，而是摸到了空氣。當你突然往左轉的時候，冷空氣就吹偏到右邊去了，證實空氣是有重量的；而虛空是無，當然不可能讓你接觸到，所以你如果說有撫摸到虛空，我卻說你其實並沒有撫摸到虛空，只是撫摸到空氣而不是虛空。所以，虛空是不可撫摸的，愚人卻想要撮摩虛空，眞是愚癡。這意思是說，眞月如來藏所生的第二月見聞覺知性，猶如虛空一樣不可捉、不可摸，如果有人一直以世間的名相、戲論來分別，想要弄清楚第二月的見聞知覺性是什麼？甚至想要以思惟而明白眞月如來藏是什麼？想要明白眞月如來藏所顯示的佛性是什麼？別說像印順老法師研究七、八十年，即使活上八萬歲，也還是研究不出來的。

證眞如與見佛性，都是要親證而不是光靠思惟研究可以完成的。若是沒有證量，絕對無法懂得其中的眞義。這意思是說，佛法是要眞修實證的，不是讓人拿來作學術研究用的。如果研究佛法、佛學也可以證悟，那麼美國柏克萊大學，或是日本立正大學、駒澤大學的佛學研究所的佛學博士指導教授們，早就是大菩薩了，早就明心而且又眼見佛性了！可是他們數十年研究的結果，寫出來的內容卻仍然都落在意識上面，最多只是到達哲學的層次而已。爲什麼會這樣呢？都因爲沒有證量，他們都是用意識思惟去研究的，無法親證如來藏與佛性，當然他們研究出來的成果始終都不正確；因爲這是離一切相而即一切法的，是不可思議的實相；所以一定要親自觸證到，不然就沒有辦法眞正理解經中的法義。所以 佛這麼說：「如以手掌撮摩虛空，只有增加你自己的勞累而已，虛空始終不可能讓你摸到、捉到。」

【阿難白佛言：「世尊！必妙覺性非因非緣，世尊云何常與比丘宣說見性具四種緣？所謂因空、因明、因心、因眼。是義云何？」佛言：「阿難！我說世間諸因緣相，非第一義；阿難！吾復問汝：諸世間人說『我能見』，云何名見？云何不見？」阿難言：「世人因於日月燈光，見種種相，名之為見；若復無此三種光明，則不能見。」】

講記：世尊開示完了，接著阿難就向 佛稟白說：「世尊！如果一定要說這個妙覺之性既不是因也不是緣，那麼世尊爲什麼又常常向比丘們宣說，這個能見之性要具備四種緣，您說的四種緣是因爲空、因爲明、因爲心以及因爲眼根，那麼您所說的因緣，和剛才所說的，好像不一樣，這個道理究竟如何呢？」佛就說：「阿難啊！我所說的世間種種法的各種因緣相，並不是第一義。」已經落到第三義、第四義去了！什麼叫作第二義？凡是說明第一義的言說、文字、經典都是第二義，而第一義是指萬法本源的眞月如來藏的妙眞如性。若是以語言文字來宣講因緣相，那些語言文字所講的又是二乘法，所以那些講二乘法的語言文字都還算不上第二義，哪裡能夠說是第一義呢？

佛又說：「阿難！我再問你，當世間的所有人們說『我能見』的時候，什麼叫作見？什麼又叫作不見？」講到現在還是在講見，見爲什麼如此地重要？是因爲見的自性與聞、嗅、嚐、觸、知的自性相同；把見弄清楚了，其餘五識的自性也就同樣都弄清楚了！所以才要在見上面多所著墨。所以在這裡還是回頭來再問：什麼是見？什麼是不見？阿難就回答說：「世間人都是因爲有陽光、月光、燈光，所以看見了種種色塵之相，這樣就叫作見；如果沒有日、月和燈的光明時，就不能看見。」接下來佛說：

【「阿難！若無明時名不見者，應不見暗；若必見暗，此但無明，云何無見？阿難！若在暗時，不見明故名為不見；今在明時，不見暗相還名不見；如是二相，俱名不見。若復二相自相凌奪，非汝見性於中暫無，如是則知二俱名見，云何不見？是故阿難！汝今當知：見明之時，見非是明；見暗之時，見非是暗；見空之時，見非是空；見塞之時，見非是塞；四義成就。汝復應知：見見之時，見非是見；見猶離見，見不能及；云何復說因緣、自然及和合相？汝等聲聞狹劣無識，不能通達清淨實相；吾今誨汝，當善思惟，無得疲怠妙菩提路。」

講記：佛開示說：「阿難！你剛才說『見的時候一定要有光明才能見，沒有光明就不能見』，依你這樣說，是沒有光明的時候就應該是看不見的——見性已經消失了；但是當光明消失了以後，你一定是仍然可以看得見暗，可是這時只是沒有光明，你怎麼可以說是沒有見呢？」因爲沒有光明時仍然可以看見暗，所以才知道暗，並不是無見。「阿難啊！如果在暗的時候，由於沒有看見光明的緣故，就說是沒有見；如今正在光明中的時候，看不見暗的法相時也應該一樣說是不見。」也就是說，不因爲沒有日月燈明的關係而看不見明，就說是不見；也不因爲有日月燈明時看不見暗，就說是不見；在有光明時或者沒有光明時，都同樣是有見的，只是所見爲明或是所見爲暗的差別罷了！同樣都是有見的。

當現在沒有光明的時候，你看見了暗相而沒有看見明相時，你若是因爲沒有看見明相而說「見」的功能已經失去了；「當你後來又歸還到光明相的時候，『見』既然不在了，當然也就應該看不見明相了。」當現在有光明的時候，你看見了明相而沒有看見暗相，這時你若是因爲沒有看見暗相而說是

「見」的功能失去了；當你後來又歸還到暗相的時候，「見」既然不在了，當然也就應該看不見暗相了。「如果你是這樣講的，就應該在光明之中以及在黑暗之中都同樣是沒有『見』才對。」如此一來，也會因爲沒有明相而看不見暗相，一樣是不見；也會因爲沒有暗相而失去了見，所以有明的時候當然同樣看不見明，所以還是叫作不見。於是就會變成見明與見暗時，明暗兩種都同樣是沒有見，豈不是與瞎子一樣了嗎？那麼到底是怎麼樣才對呢？

「如果明相與暗相等二相之間，是自己互相凌奪，」譬喻明相把暗相欺負而搶走了暗相，或是明相把暗相的一半搶走了，所以一半明而一半暗。後來暗相又把明相搶走了，成爲全部都暗；或是暗相把明相的一半搶走而成爲半暗、半明時；這時只是明相與暗相互相增減罷了，並不是你的能見之性在明相與暗相互變時暫時消失了。也就是說，當明相與暗相互相增減時，見性（能見的功能）仍然是存在著，並不是見性在明暗變化的時候暫時不在，所以這個見性在明暗互換時並非暫時不見了，見性仍然都在，因爲明去時仍然可以看見暗，暗去時仍舊可以見明啊！「既然是這樣，就應該知道，不論是見明或者是見暗時，都應該叫作見，怎麼可以說是不見呢？」

「由於這個緣故，阿難！你現在應該要知道：看見了明的時候，這時的見並不等於明；」明與見是互待的，不是同一個；「當你看見了暗的時候，當時的見也不就是暗；」暗與見是互相對待而同時存在的，暗不即是見。「當你看見了空相的時候，」由於見與所見的事物中間空無阻隔，所以你能看很遠，「當你阿難看見虛空時，你當時的見並非就是空；當你的見被牆壁堵塞而只看見屋裡的時候，你看見了堵塞之相，這時的見也並不是塞；」意思是說，暗不是見，所以明來的時候見仍然可以見明；明不是見，所以暗來的時候一樣可以見暗；空不是見，所以塞來的時候還是可以見塞；塞不是見，所以空來的時候還是可以見空；「由於以上所說的事實，所以這四個道理是可以成就的。」

這意思就是說，**見**不是明、不即是暗、不就是通、也不是塞，當然不能把**見**或者**見性**歸還給見時所必須的這四緣，但是在見的時候仍然是要有這四法爲藉緣；可是**見性**（能見之性）本身還是存在的，是與這四緣同時並存而不等於這四緣。如果**見性**就是這四緣本身，當這四緣有所變化時，或是這四緣互相凌奪時，**見性**以及**見**的現象，就應該同時有所耗損或者有所增益才是；然而事實上並非如此，當明暗通塞四緣有所變化、互相凌奪時，**見**與**見性**卻都同樣具足圓滿而沒有絲毫被增損；由此可以證明，**見**與**見性**並非明暗通塞等四緣，這四緣只是**見**與**見性**的藉緣而已，是與**見**及**見性**同時存在的。

而**見性**運作之後所顯示出來的**見**，只是一種現象；這個**見性**與**見**的作用，雖然不即是明月如來藏，卻是從明月如來藏中出生的，卻只是明月如來藏中的許多功能之一；而**見性**及**見**雖然是依附於識陰六識才能顯現出來的，祂們的功能卻仍然只是眞月如來藏中種種功能之一，仍需歸屬於如來藏。由此緣故，說六識及**見性**與**見**，都是明月如來藏的第二月，而不只是明月如來藏的月影而已。菩薩正因爲有如來藏所生的第二月—覺知心與見性—才能有**見**的功能，然後才能藉著學禪而看見了**佛性**；看見佛性時，是由覺知心與**見性**來**見**佛性，佛性是覺知心藉著**見性**（見的功能）所看見之標的，所以佛性不等於**見性**；也就是說，**能見之性**不等於**所見的佛性**。因爲，**見性**（能見之性、見的功能）只是第二月，而**佛性**是第一月如來藏直接運作而顯示出來的本覺性，被證悟佛性的菩薩們所眼見，所以**見性**與所見的**佛性**是並存的。從整體的佛性而言，函蓋了七識心的見聞知覺性，不單單是第八識的本覺性而已，八識心王的知覺性是不可分割的；只有在眠熟位及悶絕位中，覺知心的了知性、知覺性已經滅失的時候，佛性仍然存在而異於識陰的知覺性，眼見佛性的十住菩薩在這時才能看出**佛性**是異於**見**與**見性**的。

然而這些道理，如果沒有親證，是絕對無法聽得懂的；如果沒有親證之後深入細觀，也是無法爲人解說的。假使有人冒充是眼見佛性的人，當他憑著讀來的或是聽來的記憶爲人解說時，一定常常會因爲記錯而說錯；或者只能憑理解或想像來說明，就會有許多與眼見佛性的事實不符的地方，眞正眼見佛性而不退失的菩薩們，可就能夠輕易的加以檢點了！以上所說的這些法義，如果你已經眼見佛性了，聽聞這個法的時候當然是法喜充滿、禪悅無窮的；但是如果你還沒有通過見性這第三關，縱使已經明心而深入般若多年了，仍然或多或少會對這些法義覺得不解。若是尚未明心的人，那可就完全聽不懂了，只怕會是越聽越迷糊了！不過，你們得要忍一忍，等你見性了以後就會知道這些法義的實質，到那時你就會回想起來：「啊！原來那時老師是在說這個。」你就會想起來了。現在權且聽一聽，先建立眼見佛性的知見也是很好的，可以作爲將來求見佛性的基礎。

接下來　佛又說：「你還得要知道：這個能見之性正在看見一切色塵的時候，也就是能見之性正在見的時候，這個見的本身不能說就是能見之性，」因爲如果見的本身就是能見之性，那麼正當睡著無夢的時候已經沒有見，就應該能見之性同時跟著滅了；能見之性若是滅了，爲什麼稍後醒來時又能看見呢？瞭解這個意思嗎？這就是說，見的現象本身，只是能見之性的現前作用所顯現出來而已，能見不等於見——能見之性並不就是見的現象。譬如馬達，有轉動、帶動的能力，但你不能夠說那個能力就是馬達；如果那個能力就是馬達，當後來轉動的能力暫時不現前時（譬如說馬達的電力被關掉了），應該說馬達也同時壞掉或消失了。可是馬達本身並沒有消失，只是電力暫時消失而使馬達的轉動能力消失啊！

瞭解這個道理嗎？（眾答：瞭解）瞭解了喔！已經過了第一關的明心者，要注意聽，這跟第二關的眼見佛性是有關聯的。不過也不要太自信滿滿地說：「我聽懂了，我知道了！」事實上，你眞的還不知道。等你將來眼見佛性了，那時會說：「啊！原來跟想像差那麼遠。」

世尊說：「當能見之性在看見各種色塵的時候，這個見並不就是能見之性；能見之性還是可以離見的，是見所不能到達的。」譬如睡著了，或者入滅盡定去了，能見之性並非就不見了；這個時候是離開了見，但能見之性並沒有消失掉，還是存在，只是不運作出來罷了！所以當你出了滅盡定的時候，又能夠看見色塵——又有見了，所以說「見猶離見」。這是說，見的現象到不了能見之性中，見的現象是能見之性運行時所顯現出來的功能。而這個能見之性其實也只是佛性中的一部分，卻不是佛性整體；因為佛性是函蓋八識心王自性的，卻不等於八識心王的自性；而能見之性只是第二月的功能而已，也是用來看見佛性的工具。若是想要親見其中的詳細差別，那你得要先眼見佛性才行。

或許有人心中已經在抗議說：「佛性無形無相，我怎麼可能肉眼看得見？且不說佛性，就說能見之性好了，能見之性無形無相，我又怎麼看得見？」我卻告訴你：可以眼見。不過我現在就好像是一片又一片葉子分批送給你，不是整棵樹送給你，所以你現在還無法體會整棵樹的全貌，覺得很複雜；等到未來得到整合的鎖鑰時，也就是眼見佛性的時候，那時每一片葉子都自動逗合起來了，你才會發覺：原來一整棵樹就在這裡。這樣才是真正的眼見佛性。但是那時，你一定會認同我的說法：**見**、**見性**、佛性都是非一亦非異，而**見**與**見性**是用來看見**佛性**的能見者，**佛性**是被**見性**來**見**的，所以**見**與**見性**都不是**佛性**，而是與所見的佛性**相對待**的。

見性（能見之性）是可以離見而繼續存在的，譬如眠熟位中雖然無見，但是見性仍然存在，只是不現行而已。見性現行時才會有見，但是見卻無法進入見性不現行時的種子狀態中；也就是說，見是不許離開見性而獨自存在的；但是見不存在的時候，見性卻仍然存在而不會失去；所以世尊說「見猶離見，見不能及」。這也是因爲見的存在，除了必須有見性的種子現行以外，還必須有明暗通塞及色塵等所緣；若缺了這些所緣，縱使見性仍具足存在，見仍然不能現前。既然如此，就已證明見性顯然不能歸還於諸所緣法，也證明見性不等於見，見性不等於諸所緣法，應該歸還於如來藏，怎麼可以說見性是因緣性或者自然性呢？怎能說是眾緣和合而出生了能見之性呢？所以世尊才反問阿難說：「云何復說因緣、自然及和合相？」

然後世尊就責備說：「你們這一些聲聞人，心性狹窄而粗劣，不曾多聞廣識，所以不能通達清淨實相。」「狹」是責備聲聞人心量不夠廣大，根器差；「劣」是說聲聞人的智慧不夠勝妙，「無識」是說見識不廣，是責備聲聞人所曾聽聞的法義太粗淺而且不夠寬廣，也就是少聞寡慧的意思。在這種情況下，當然是沒有智慧而不能通達本來清淨涅槃的實相智慧境界。於是世尊就說：「我如今告誡你們，」誨就是告誡與教導的意思，「你們得要善於思惟，不要因爲聽不懂大乘實相清淨妙理而覺得疲倦，於是就懈怠下來，對於勝妙的佛菩提路就懈怠下來而不想進修了。」

【阿難白佛言：「世尊！如佛世尊，為我等輩宣說因緣及與自然諸和合相與不和合，心猶未開；而今更聞『見見非見』，重增迷悶。伏願弘慈施大慧目，開示我等覺心明淨。」作是語已，悲淚頂禮，承受聖旨。爾時世尊憐愍阿難及諸大衆，將欲敷演大陀羅尼諸三摩提妙修行路，告阿難言：「汝雖強記，但益多聞，於奢摩他微密觀照，心猶未了。汝今諦聽，吾今為汝分別開示，亦令將來諸有漏者獲菩提果。阿難！一切衆生輪迴世間，由二顛倒分別見妄，當處發生當業輪轉；云何二見？一者衆生別業妄見，二者衆生同分妄見。」】

講記：世尊開示完了，阿難還是聽不懂，於是向 佛稟白：「世尊！就好像世尊您爲我們這一些人宣說因緣性及自然性等種種和合相與不和合相，可是我們對這個眞實心的妙覺明性的境界，還是沒有開悟發明出來；現在又聽見佛陀說，衆生所見到的見性並非就是見，」也就是說，能見之性不等於是見，見並不是能見的本體，「這樣一來，讓我們又覺得更加迷惑而心中覺得煩悶。」假使聽不懂的時候，當然會覺得很煩心而悶悶不樂；若是完全聽懂的時候，就會覺得很過癮、很舒暢，非常的歡喜。當時阿難還聽不懂，自然是迷惑而愁悶的。這是因爲講到這裡時，到底如來藏在哪裡？阿難都還弄不清楚，而如來藏與佛性的關聯更是他當時尚未想到的大問題，所以這時重增迷悶，當然是無法避免的；所以就開口稟白說：「我阿難俯伏在地，希望佛陀廣為開展您的大慈，施給我們廣大智慧之眼，」也就是希望佛陀幫他們打開慧眼、法眼，「希望佛開示我們大眾都可以覺悟心地而且光明清淨。」這樣稟告完了以後又掉下眼淚來，向佛頂禮，準備接受佛陀宣講的神聖意旨。第一義諦所說的神聖內容，才能叫作聖旨。古時中國皇帝所下的指令，其實不能叫作聖旨；因為皇帝只是一個凡夫而已，他所說的都是世間法，怎麼能叫作聖旨？

這時世尊憐憫阿難以及大眾，於是想開始敷演大陀羅尼三昧的勝妙修行門路。大陀羅尼就是大總持，由這個大總持來含攝種種三昧的勝妙修行門路。為什麼說是大陀羅尼？為什麼被叫作大總持？是因為一切法都從這裡開始，從這個法可延伸到一切法，包含三乘菩提，包括世間、出世間法在內，所以這個法就稱為大陀羅尼——大總持。為什麼說明心證悟時獲得的無分別智叫作根本智（根本無分別智）呢？是說這個智慧正是一切佛法智慧、一切無分別智的根本，不管悟後是想要進修到哪一地，乃至悟後想要進修到佛地，都是要依這個明心證悟作根本。如果沒有明心證悟所得的無分別智作根本——沒有這個根本智，就沒有辦法繼續修學上去。這就是說，世間出世間萬法都以如來藏爲根本，若無如來藏就不會有世間出世間萬法的存在。證得如來藏的人就會獲得無分別智的初分，初分的無分別智是悟後繼續進修更深妙無分別智的根本；若無這個根本智慧，以後所有的智慧都無法生起及修學，所以明心所得的無分別智慧叫作根本無分別智——簡稱爲根本智。

這不像密宗所講的根本智、後得智，他們都是自己瞎掰、自己編造的，與佛法中的智慧全然無關。他們說：「**如果你打坐時能夠一念不生，當你可以坐二小時或坐一天一念不生，就是證得根本智。然後依所證得的根本智再去思惟，思惟所得的結果就是後得智。**」全都落入意識境界中。他們誤以爲證得「根本智」以後能夠在一念不生當中再做深入觀察，把那個觀察叫作後得智。這眞是錯得很離譜，因爲當他們一念不生而做觀察的時候，仍然是分別心啊！那怎麼可以叫作無分別智？可是 佛明明是講根本**無分別**智、後得**無分別**智啊！當然是應該證得另一個從來**無分別**的實相心，覺知心從此就有了智慧；這個智慧是現觀實相心無分別而產生的屬於覺知心所有的智慧，這是你在分別的當下另有一個無分別的心同時並存，所以是能分別的覺知心來證得那個無分別的實相心，這樣親證而獲得的智慧才能叫作**無分別智**。但是密宗所講的是同一個分別心，當這個有分別的覺知心一念不生時就自稱是無分別的心，然後以爲對這個其實仍然還有分別的心已經了知了，認爲是證得無分別智了。

眞正實證無分別智時，並不是一念不生的，而是可以萬念並存而無妨實相心如來藏繼續無分別而能夠隨緣應物，不是坐在那邊像木頭一樣故意不分別六塵時叫作無分別智；覺知心坐在那邊故意不分別時，其實就跟白癡一樣，怎麼會是智慧呢？一定是有分別而且是正確分別的，才可以叫作智；而且是由能正確分別諸法的覺知心來證得從來無分別的實相心，因此而能現觀實相心所住的實相法界之中，從來沒有分別、人我、生死；由於這樣的現觀而產生了了知實相法界迥無分別的智慧，這才是實證無分別智。這時，本來就有分別、永遠無法遠離分別的覺知心，證得另一個本就無分別的第八識實相心；證得從來都無分別的實相心如來藏以後，現觀實相法界從來不分別人我、是非、善惡、解脫、輪迴，卻無妨覺知心自己仍然有分別，能分別人我、是非、善惡、解脫、輪迴，因此擁有證知無分別實相法界的智慧了，就稱爲無分別智。這時是無分別心與有分別心同時並行存在，而不是將能分別的覺知心壓抑成爲無法分別的白癡一般。要這樣實證，才是無分別的**智慧**嘛！

但是，一切佛法的實證，都要從這個明心時所發起的無分別智慧作爲基礎，才有智慧向上進修；也就是說，一切佛法的智慧都要以明心所發起的無分別智爲基礎，才有能力向上進修，這個智慧是進修一切佛法的根本，所以這個無分別的智慧就叫作根本無分別智。明心的智慧屬於根本無分別智，攝屬於心體的內涵，與圓滿三賢位的後得無分別智有關；眼見佛性而發起的智慧也屬於根本無分別智，卻屬於如來藏心性作用的內涵，不但與圓滿三賢位的後得無分別智有關，也與諸地的無生法忍現觀有關，因爲會與如來藏心中的種子流注相應。這個眞如與佛性，是一切佛法的源頭；以後不管要進修什麼樣的佛法，都要從明心破初參開始；想要與如來藏心中的種子相應，還得要與佛性相應，全都要以破初參的明心與破重關的眼見佛性作基礎，然後才有辦法證得其他一切後修後得的一切佛法；然而佛性是從如來藏心直接運作出來的六塵外的了別性，諸地菩薩能與眾生心感應，其原因仍然是從如來藏的作用—佛性—產生出來的，所以說眞如如來藏是大陀羅尼——大總持。

只要找到了如來藏心，以後修學佛法時都能從這裡直接開展出去；就好像一大串的粽子一樣，只要把整串粽子的總結找到了，把這個結一提起來，就能把整串粽子都提起來，沒有一顆遺漏。譬如撒網抓橫綱、摺衣提衣領，只要把綱領一提，就可以隨意收放了，這叫作提綱挈領。譬如一件海青，要是沒有抓到衣領——橫綱的中間點，拉來拉去始終都摺不好；如果已經找到中間點的衣領，把領子一提，整件海青就清楚不亂地提起來，可就容易摺起來了，這叫作挈領。提綱挈領比喻佛法有很多細目而很龐大，很難以理解；但只要能弄清楚總綱的中心點，把所有細目都聯結著的總綱—綁住一切法的源頭—的中心點提起來，整串法義就都清楚分明、有條不紊地顯示出來了。同理，想要實證佛法的人也必須從這裡下手，要從如來藏心去證得，然後依實證如來藏所發起的根本無分別智去進修；如果沒有證得如來藏而自稱能夠修般若、證中道，那全都是騙人的。那樣的佛法，最多只能夠說爲相似般若，絕對無法講到眞正的般若，當他們宣講實相般若時，根本就不可能切題。但是證得如來藏以後，就一定全都緊扣著第一義諦而講；由於如來藏心有這種大功德，因此說如來藏心實證的智慧就叫作大陀羅尼——大總持。

爲什麼又叫作「諸三摩提」——諸三昧？有很多人把三昧誤會了，總以爲三昧就只是打坐修定得來的定中境界；其實，三昧是包括止與觀所得的境界，不單是禪定的境界。止就是心的決定性，這定包括二個部分：其一是覺知心對於法決定不疑——**心得決定**，其二是覺知心降伏煩惱而能制心一處，住於一境之中而不動搖，這也叫作止；止，又名奢摩他。三摩提的另外一部分是毘鉢舍那，毘鉢舍那就是作觀——觀行；這是要去觀察諸法的本質，證實諸法的虛妄，或是證得諸法依如來藏心而不生不滅，確實已經**心得決定**而不疑惑了，這就是依於觀行而產生的**心得決定**的**定**，也是三摩提——三昧。

若是能夠把止與觀都觀行完成了，能夠四通八達了，就是止與觀等三昧成就。把奢摩他與毘鉢舍那合併在一起時，這樣實證了就叫作三摩提，也叫作三昧。三昧的定義是很廣泛的，函蓋了止與觀，但止就是定，在智慧上面**心得決定**以及四禪八定的**定境**，都稱為**定**。這段經文中說「**將欲敷演大陀羅尼諸三摩提妙修行路**」，為什麼叫作妙修行路？是因為這個法義跟二乘法不同，是函蓋二乘法而不共二乘法的。二乘法修行的解脫道，只能證得我空——十二處十八界等法緣起性空，不涉及實相法界的實證，然後在捨壽時把自己給滅盡了；也就是我執斷了而不再去受生，三界中再也沒有自我存在了；這樣取證無餘涅槃，是要斷盡六根的，而且是十八界都斷盡，盡未來際中都不會再有十八界中的任何一界出現，永盡無餘；雖然已經出三界生死了，卻仍然無法證得法界實相——永遠不證第一義諦；因為第一義諦是萬法的本源，是對如來藏如何出生萬法的證知，這才是法界的實相。

可是二乘解脫道的修法永遠不能成佛，很多大師不瞭解佛菩提中的兩個主要道，所以把解脫道和佛菩提道混在一起分不清楚，而且是誤將二乘聲聞所證的解脫道認作是成佛之道，所以他們都弄不清楚：**為什麼諸佛可以稱為阿羅漢，阿羅漢卻不能稱為佛**？因為佛具足了佛菩提道，但是不迴心的大阿羅漢們都不懂佛菩提道啊！正因為阿羅漢只知解脫道，不曉得佛菩提道，所以一切阿羅漢們不管修證再怎麼好，最高就是三明六通大解脫、出三界生死，卻還是永遠要當 釋迦佛的弟子，當 佛宣講《楞嚴經》的時候，他們照樣是聽不懂的。諸位聽我解說《楞嚴經》時還能聽得會心一笑，但是不迴心大阿羅漢們可都是笑不出來的，因為完全聽不懂，因為這不是定性聲聞聖者所證的智慧境界。

在這些阿羅漢之中，已經有許多人是迴心大乘的，當然要求悟而進入大乘見道的智慧三昧中；但是聽聞此經到這個地步，仍然沒有辦法聽懂，這時只好由阿難出頭來問；因為一則阿難跟 佛的關係很密切，是 佛最憐愛的堂弟，二則阿難又是 佛的侍者，而且他的修證果位是最低的聲聞初果；所以由他來請問，阿羅漢們坐享其成，全都不失顏面與聖者的尊嚴。這時 世尊知道大眾聽不懂，已經準備要敷演佛菩提道三昧的妙修行路——想要幫助大家在大乘法中見道而正式進入佛菩提道中，也就是想要幫助大眾證悟如來藏與眼見佛性。證如來藏與眼見佛性，雖然同樣是大乘法中的見道，但因爲這兩種見道都是大乘佛法入門的基礎，只要找到如來藏與佛性時，就是證得佛法的根源，等於是將成佛之道的總綱提綱挈領而全都在自己手中了，這時修解脫道也好，修佛菩提道也好，兩條路隨你怎麼走都可以。這時你可以兩條路並行，也可以專行一條路，以後再來走另一條路。

佛陀告訴阿難說：「你雖然能夠強記，」換句話說，阿難的記憶非常好，佛經幾十萬頌，阿難都能滔滔不絕地整個誦出來，這眞是厲害。我的記憶力不好，沒有辦法記住很多事情；但佛法是不用強記的，只要實證了就自然能從現前的觀察中直接講出來；又好在大乘佛法都不用強記，所以我講經時才能如此地輕鬆。佛說：「你阿難雖然能夠強記，可是這個強記只能增益你的多聞而已，」就是變成人家說的多聞廣學、多聞強識，「可是對於自心應該在佛菩提道上如何決定而安住下來呢？」奢摩他就是止，也就是要怎麼樣決定性的安住自己的心？「你阿難還沒有辦法作微密的觀照，因爲你還沒有證得如來藏，對大乘菩提仍然尚未了知。」

要證得如來藏之後，才能發起實相般若智慧，才能夠對佛法的實相境界如何安止來作出微密的觀照。其實我們禪三悟後光是整理一個喝水的題目，就可以講上老半天；這一次因爲我不慎跌了一跤，送醫院吊點滴而浪費了一天的時間，然後再趕上山去，體力還是不夠，精神不濟；特別是在時間不夠的情況下，爲你們所作的整理也就沒有那麼細緻；所以你們這回禪三破參回來的人，都還要很小心去深入整理；光是你去碰觸到一個東西以及剛拿起來時，這麼短短一、二個刹那之間，那裡面的佛法多得不得了；但我們這一次禪三，沒有時間去幫你們深入整理。這意思就是說，施設禪三的喝水整理題目讓你們去體驗，目的是要你們「微密觀照」。

可是這個微細觀照，要從實際上證悟而得知如來藏的所在，才有辦法現前觀照祂；而且要觀照到很細微、很細微的地方，每一個很微細的處所都不可以放過。「可是你阿難多聞強記，對於心得決定的微密觀照，心中還是沒有辦法了知，還沒有辦法確定。所以你現在詳細聽好，我如今要爲你們再來分別其中的道理，把其中的深妙道理打開及示現，讓你們都能了知；而且也可以藉這個開示，使未來佛門已經獲得有漏果的人，」有漏果就是初果到三果等人，「也可以證得佛菩提果。」因爲迴心大乘的阿羅漢們都已再起一分思惑而不入無餘涅槃，只有這些還在三果以下的解脫道聖者，或是尚未證得阿羅漢位的菩薩們，才有機會聽聞而實證大乘佛菩提道。

也許有人會這麼問：「既然是說給有漏果的人聽聞，而無漏果的聖者不必聽，是不是說證得阿羅漢果的人就不用聽聞？」其實不是這個意思。這就像我們前面講的：阿羅漢們所證的只是解脫果，不是證佛菩提果；他們往往認為自己可以出三界了，聽懂或聽不懂佛菩提，並不是重要的事。而初果到三果人還沒有辦法此世就出三界，所以應該要弄懂佛菩提果，幫助自己提升解脫果。其實，阿羅漢與其餘初果到三果的聖者是有差別的；當阿羅漢還沒有明心之前，在佛菩提果中是完全沒有修證的，最多只是相當於三賢位中的第六住位圓滿而已，進不了第七住的。所以獲得有漏果的三果聖者，對於是否能證佛菩提而提升解脫果，是比較在意的。因為他們如果能夠找到如來藏，不但可以立刻出三界，而且他們的智慧將會遠超過俱解脫大阿羅漢；因為俱解脫的大阿羅漢雖然證得有餘涅槃、無餘涅槃了，但是卻一直都無法取證本來自性清淨涅槃——無餘涅槃中的本際仍然無法證得。可是初果、二果人，一旦證得眞如心如來藏，立刻可以迴心成為菩薩摩訶薩；而三果人證得如來藏，可以立刻成為慧解脫阿羅漢，並且也多了一項本來自性清淨涅槃的智慧，就可以跟阿羅漢們說：「將來你如果入了無餘涅槃，實際上就是如來藏獨住而離見聞覺知的境界。」阿羅漢們聽了還是不懂。所以還沒有成為阿羅漢以前，三果以下的有漏者乃至尚未斷我見的凡夫們，大家心中這樣想：「我如果這樣證悟了，豈不是比阿羅漢的智慧更好？」當然要趕快證悟。已經能出三界的阿羅漢們對明心的求證，就不像三果以下的人們那樣懇切了！

接下來佛又說：「阿難啊！一切眾生輪迴於世間受苦，都是由於二種顛倒分別（不如理作意的分別）而產生了見解上的虛妄想，就直接從這兩種顛倒分別所產生的錯誤見解上面，直接發生無明種子而面臨業種，就在此隨業而繼續輪轉。」「當」就是面臨的意思。「當處發生當業輪轉」，是在這個地方發生，就在同一個地方依於那個無明見的業種而去輪轉生死。「為什麼叫作兩種顛倒分別而產生的虛妄見解？第一種虛妄見解是講眾生的別業妄見，第二種虛妄見解則是眾生的同分妄見。」

別業妄見是說，由於業的不同，因此而有所見不同的現象；同分妄見則是說，因為所造的業是一樣的，大家都會出生在一起，則所見將會相同，卻都同樣是顛倒分別的虛妄見所產生的同樣境界相。什麼叫作別業？共業之中另有別業，別業之中還有共業。共業之中怎麼會有別業呢？譬如我們大家都是因為共業而生在這個地球上，可是為什麼每一個人的依報各不相同，而正報也各不相同呢？這就是別業。如果說共業裡面一定沒有別業，那就應該所有窮人都可以去跟富人抗議說：「你爲什麼生來就這麼有錢？我生來就這麼沒錢？」那我也可以跟你抗議：「爲什麼你生來這麼健康？而我生來就病歪歪的？」以人爲例，由於共業之中另外還有別業存在嘛！既然還有別業，當然由於共業所以同生在這裡、同生而爲人，但是每一個人的長相各不相同，心性各不相同，智慧高低也各不相同，性向也往往不同，於是貧富壽夭就各不相同，這就是共業之中的別業。接下來還有同分妄見，同分就得先講到眾同分，可是眾同分今天沒有時間講了，因爲又到講經結束的時間了。

上一週講到別業妄見和同分妄見，那麼我們還沒有講到眾生同分。眾生同分在一切種智中簡稱爲眾同分，眾同分的意思是指大眾同分。同分是說大家的身形是相同的，大家對於六塵的接觸及領受狀況也是相同的，所以叫作眾同分。譬如說，人類具有一個軀體，兩手兩腳而不是四隻腳，行路時是身體直立的，這叫作人同分。如果是畜生同分，一般而言就是四隻腳而沒有兩手，行路時是橫著身體而背朝天的，這就是畜生同分。如果是鳥類，那就有鳥同分，與別的有情不同。而天人有天人的同分，乃至無色界天（他們只能稱之爲天而不能稱之爲天人），因爲他們的眾同分只剩下三界（意根、意識以及定境中的法塵），而他們都沒有色身，所以不能稱之爲天人，因爲沒有天人的同分；除非他們突然生起一念而轉入等持位當中，變現出色界天人的形相來聞佛說法，那時才有天人這個眾同分可說；否則只能說他是天，不能說他是天人。

這意思就是說，眾同分是有一個大致相同的五陰表相以及心行、口行；譬如人同分、天人同分是可以有言語的，可是旁生同分就無法有人類一樣眾多表達意思的言語了；這是因爲旁生的勝義根不具備人天言語的功能，所以說牠們的眾同分與人類的眾同分大不相同。以上所說的是同分，由於往世的業行相同所以這一世出生爲同一類的有情而共住於一處。可是同分裡面卻有共業與別業的差異，譬如人的同分，大家同樣是一個軀體，兩手、兩腳、一個頭，也具有同樣的五官，所以稱爲同類，都稱爲人；但是有的人健康、有的人多病，有的人莊嚴、有的人醜陋，有的人高大、有的人矮小，有的人強壯、有的人體弱；而且還有白種人、黃種人、黑種人……等種類的不同，這都是由於同分中的別業所導致的。也就是說，眾同分中的有情各自都是有所不同的，並非完全相同的。

如果再細一點，同樣是人，有的人生來就是長得跟人家特別不同，他特別莊嚴；而且他的勝義根特別好，非常的有智慧，看事情都能看得透徹，與眾人都不相同，這就是別業。由於有共業而一起生到這裡來，於是有了眾同分；可是眾同分之中各人的別業互不相同，也好在因爲有這一些別業，所以大家的長相不會相同，才不會把某甲跟某乙混淆；否則，見到一切人時要怎麼稱呼呢？譬如我們以前去訂製佛像的時候，造佛像的人說：「這一尊是某某佛，那一尊是某某佛。」我說：「諸佛報身不是都有三十二相八十種好嗎？顯然身相是相同的，那你怎麼能說那一尊是什麼佛，另一尊又是什麼佛呢？」因爲法相全都一樣。既然是無上的莊嚴，而無上的莊嚴就只能有一種，不會有兩種面貌，所以諸佛的面貌應該也相同啊！那你說這一尊喚作 阿彌陀佛，那一尊叫作 琉璃光如來，那你用什麼來區分呢？他說：「我們也沒有辦法區分啊！我們只是依照經中所講的典故，某某佛是什麼典故而用過某一種法器，這種法器跟祂的典故相應，於是我們就配上個法器，來顯示這就是某某佛。但是，其實法相都是一樣的。」我說：「這樣才對嘛！」

可是，也許又有人說：「那就糟糕了！那我將來捨報的時候，萬一阿彌陀佛來接引我了，那時我又不知道是不是眞的阿彌陀佛，也許那時來接引我的是琉璃光如來，那我到底是要往生去哪裡呢？我又不曉得祂是琉璃光如來或者是阿彌陀佛，我想要往生去極樂世界，不想要去琉璃世界啊！」但是，你別這麼想，大可放心！因為諸佛都有大神通力，可以讓你一念之間就知道來者是誰，所以不必因為法相全都一樣莊嚴妙好而難以分別，就耽心這件事。因為這種體驗我曾經領受過，而且示現時往往是化身，所以諸佛表相雖然沒有什麼差別，但是將來見了佛的時候，你只要起一個疑念：「這位是不是某某佛？」祂會立即知道，於是隨即給你一個念頭，讓你知道這位是某某佛。這是一種很奇特的體驗。

這意思就是說，諸佛報身的眾同分，同樣是三十二相八十種好；除非為了應化而到人間來受生，示現了會有生、老、病、死的應身，才會有如同人類一般的相貌。在人間受生時，當然相貌容許有種種的不同；因為父母長那個樣子，生出來的孩子一定會有和父母相同的某些樣子；而人間的人是沒有辦法具足諸佛三十二相的，所以沒有絕對無上的莊嚴可說；因此應化的肉身佛既然依於人間的父母而受生，當然會有表相上的不同，不是佛佛皆同的。所以有人來問我說：「大英博物館複製出來的一張佛陀畫像，還帶著耳環，說是富樓那尊者所畫的世尊畫像，那到底是眞的、假的？」我說：「眞的或假的，其實不重要。」他們覺得奇怪：「既然成佛了，怎麼會長這個樣子呢？為什麼不是三十二相？」我說：「你又不是地上菩薩，憑什麼要求見到三十二相佛？除非你是地上菩薩，並且往生到色究竟天去了，才會見到報身相。」報身才是有三十二相的，應化身的三十二相都不很分明，而且這只是一種示現。

所以眾同分，除了佛地以外都有差別，不管你禪定修到多麼好，到了色究竟天以後還是有差別的，只有諸佛是無差別的。以上所說是眾同分。這裡講的眾生同分妄見、別業妄見，就是講：同一類人或者同一類旁生道（譬如說狗，屬於狗道的眾同分；同一類的天人，就是天人的眾同分），這一類眾同分的虛妄見解，是講共業眾生的同分（是別開一門來講共業眾生的同分）之中還有別業眾生的虛妄見解。這裡是從見地上面來作區分，也從現象界來作分別，所以講眾生的別業妄見以及眾生的同分妄見。接下來說：

「云何名為別業妄見？阿難！如世間人，目有赤眚，夜見燈光別有圓影，五色重疊。於意云何？此夜燈明所現圓光，為是燈色？為當見色？阿難！此若燈色，則非眚人何不同見？而此圓影，唯眚之觀？若是見色，見已成色，則彼眚人見圓影者，名為何等？復次阿難！若此圓影離燈別有，則合傍觀屏帳几筵有圓影出；離見別有，應非眼矚，云何眚人目見圓影？是故當知：色

實在燈，見病為影；影見俱眚，見眚非病；終不應言是燈是見。於是中有非燈非見，如第二月非體非影。何以故？第二之觀，揑所成故；諸有智者，不應說言此揑根元，是形非形，離見非見。此亦如是，目眚所成，今欲名誰是燈是見？何況分別非燈非見。」】

講記：爲什麼叫作別業妄見——別業的虛妄見解？換句話說，同一種類有情的業，譬如同樣的這一些人，當然是眾同分——人同分；而他們的業卻是不相同的，所以叫作別業，是在共業而擁有眾同分之中另外還有各自的別業，因此而產生了各自不同的虛妄想法。這裡講的同樣是人類，但是爲什麼見解竟然有所不同？於是佛陀就舉出一個例子來說：「**譬如世間的人類，**」人類當然是指人與人之間同樣是具有人類的眾同分，所以非人就不算在這裡面。而同樣眾同分的人類，有的人眼根是好的扶塵根，但也有人眼根的扶塵根是有問題的（也就是他的眼球或視神經出現問題了），「**譬如有的世間人，他的眼睛有赤眚，**」「赤」就是紅色，「眚」就猶如現在講的白內障一般；白內障應該叫作「白眚」，而經文中所講的是「赤眚」，是說某人可能是有了白內障而其中佈滿了血絲或者別的原因，所以看到一切色塵都變成帶有紅色的影像，這叫作赤眚。

這種羅患赤眚的人，他的眼根扶塵根出了問題，「當他在晚上看見燈光的時候就會跟別人所見不同，」以前所講的燈光是指油燈的光明，因爲以前還沒有電燈，而且一定是指晚間而不是白天所看見的燈光，「這個罹患赤眚的人，在晚上看見燈光的時候，在燈光旁邊還另外看見了一個圓影，」「別」就是另外，他的所見與別人不同，還另外看見圓形的影子在燈光的周圍。這就好像颱風快來的時候，我們看見月亮時，就會看見月亮有光暈；平常看月亮時是沒有這個光暈的，而且月色是白色而很清明的，這表示空氣中沒有過多的水分來遮障我們，所以沒有造成變異相；可是當颱風快要來到的時候，由於氣壓很低而且空氣中的水分很多，所以我們透過空氣看到明月時，所看到的明月就會有圓影、光暈。

同樣的道理，「目有赤眚的人，當他看見燈光的時候也是一樣，總是看見燈光旁邊另外還有一個光暈圓影，」這是因爲他的眼根有些異常的緣故，「這個多出來的燈光外緣的圓影並且是五色重疊的，」因爲在靠近燈的那一圈跟最外圈中間，也有分成很多的顏色差別，就好像我們看見彩虹的時候大約有七個顏色；同樣的道理，患赤眚的人所見燈光旁邊的圓影光暈是五色重疊的。舉出這個例子以後，佛就問阿難：「你的看法怎麼樣呢？這個晚上油燈的光所顯現出來的周圍圓光，」在燈光的周圍顯現出來的圓光，「應該是屬於燈光的色塵呢？或者應該是屬於見的色塵呢？」

因爲燈光旁邊的圓形光暈是有色彩的，意思就是說，它既有形色也有顯色。形色是講長短方圓上下高低遠近等等：燈離你遠，離你近，你所看到的圓影大小就會不同，所以燈光旁的圓影是有形色的；把燈放得高、放得低，你所看到的圓影也會不同，這表示那個圓影是有形色的。而光暈圓影中又有五色差別，顯然是有顯色的。既然有方圓遠近高低等形色，又有五色的色彩重疊，就表示那個光暈圓影也有青黃赤白，那就是同時還有顯色。既然形色、顯色都有了，於是 佛陀就問阿難說：「患眚者所見燈光的周遭所籠罩的圓光，應該是屬於燈光所有的色塵呢？或者應該屬於見所有的色塵呢？」要追究燈光旁邊的光暈圓影色塵，是屬於燈？還是屬於見？這個光暈究竟是屬於你阿難的見所有的色塵呢？或是屬於所見油燈所有的色塵呢？也就是說，眼有赤眚的人所見燈光周圍多出來的光暈圓影，這個色塵究竟應該屬於誰？是屬於燈？或是該屬於見？

接著 佛就爲阿難等人施設說：「阿難！如果說燈光周圍的光暈圓影色塵是屬於燈所有的色塵，那麼我問你，其餘沒有患赤眚（沒有患紅色內障）的正常人，為什麼都不跟他一樣地看見燈光周圍另外還有光暈圓影呢？」這個光暈圓影如果應該歸屬於燈所有，那就應該沒有赤眚的別人也都一樣可以看得見患眚者所見的光暈圓影啊！可是別人其實是看不見燈光周圍的光暈圓影啊！只有那個眼有赤眚的人才能看得見，因此，佛又開示說：「而這個燈光周圍的圓影，如果說是屬於燈所有的色塵，就應該其他沒有患赤眚的人也能同時看見，為什麼這個圓影只有患了赤眚的人才能夠看得見呢？」「唯眚之觀」，是說為什麼只有患了赤眚的人才能看得見呢？

「如果你阿難反過來說，這個光暈圓影色塵是見所有，而不是燈光所有；」就表示光暈圓影本身即是見，見即是光暈圓影，那麼見當然就是色塵了。這樣子，問題又來了：「你的見既然就是色塵——見已經變成色塵了，那麼那個患有赤眚的人看見了光暈圓影的事情，你又該怎麼解說呢？」因為見已經是光暈圓影色塵，就不該繼續有見——見已經成為色塵了，色塵是不具有能見作用的；那麼，那個目有赤眚的人看見了燈光旁邊的光暈圓影時，究竟是誰在見？也就是說，當他看見圓影的時候，他的見又算什麼？你還能把那個見叫作什麼？如果燈光周圍的光暈圓影是屬於見所有的色，就應該說那個圓影就是患有視內障者個人的見，就不該依燈光而有；若光暈圓影就是他的見，那麼見就是影，影就是見，這時應該光暈圓影本身就能有見，又何需那個赤眚的人自己來見呢？這時，患有赤眚的人又何必再來看見光暈圓影呢？那麼就由光暈圓影自己來見它自己就行了，這時跟他看見光暈圓影的事實又有什麼相干呢？應該是互不相干的啊！

若說是患有赤眚的人看見光暈圓影時，是由光暈圓影自己有見來看見的，那就應該患赤眚者看不見光暈圓影；可是他明明看見了光暈圓影，而不是由燈光周圍的光暈圓影來看見光暈自己。所以不該說患有赤眚者所見的光暈圓影色塵，不是他的自心所出生的色塵。如果反過來說那個光暈圓影色塵是屬於燈所有的色塵，同樣還是會有問題出生的啊！如果說那是燈所有的色塵，就應該沒有患赤眚的人也一樣會看得見那個光暈圓影啊！但事實上其他眼根無病的人卻沒有看見燈光周圍的光暈圓影。所以 佛提出的問題總是決定性而不可改變的，如果你的回答錯誤了，接著一定會進退失據；往前進一步來說的時候將會沒有根據，反悔而改變方向後退一步，一樣是沒有根據。

這一招，諸位都應該要學，因爲佛教正法的未來就只能依靠諸位了！會外那些大法師、大居士們是靠不住的。所以我寫書時也是這樣，當佛門外道講錯的時候，你要有智慧把他們的錯處顯示出來，讓他們進也不行、退也不行；當他們進退維谷的時候，所能做的事情就只剩下兩件：一件是默而不答，然後說漂亮話：「我們肚量大，不跟你計較，懶得理你。」另外一種就是台灣話說的「硬拗」，也就是狡辯；但是所有明眼人一聽，就曉得那是狡辯。佛說法時可都是句句眞實而不容扭曲，凡是想要加以扭曲的人，只要被 佛一問，全都進退失據，無法回答。心地正直的人若是不小心答錯了，隨即承認自己錯了，也就沒事了！若是心地不直的人，他們就來個答非所問，或是來個顧左右而言他，以不相干的言語來搪塞；但是當正法的弘揚者拉回主題再重問一遍時，他們一樣只能顧左右而言他，或者答非所問。

同樣的道理，要是沒有眞的證悟佛菩提，讀《楞嚴經》時可眞是丈二金剛摸不著頭腦。這部《楞嚴經》若是要眞的懂，不但得要明心，還要再加上眼見佛性，不然是沒辦法眞的自己讀懂，必須要依靠眞善知識的解說。而且，這部經中有些地方還牽涉到種智，所以即使明心正確而又眼見佛性的人，也無法全部自己讀懂，還是要依靠眞善知識的註解。因爲聽時不容易聽，講時也不容易講，所以一般人講《楞嚴經》時，就只是拿了古時一些大師們的註解，照本宣科就算講完了！可是那些古時的大師們，大多數也是依文解義的。但我們不能像他們那樣講經，一定要把經中的眞實意思如實解說出來，讓大家至少在法義上可以聽懂。

可是，我想，有時候我講完一段經文時，可能大家會覺得眞的聽懂而這樣子想：「依據經文中所說的，這個一念不生的離念靈知應該就是如來藏、眞如心了！因爲既非因緣生，也不是自然性。」但是有時聽完一段經文時，看來又似乎不是說離念靈知就是眞如心，那到底該怎麼辦？這時可又沒轍了。所以破初參明心的一念相應慧，眼見佛性時的一念相應慧，同樣都是非常重要的。現在佛舉出患了赤眚的人所見燈光周圍的光暈圓影作例子，從正反兩邊來問阿難與大眾：患赤眚的人所見燈光周圍的光暈圓影，應該是歸屬燈光的色塵？或者應該是歸屬於見的色塵？如果要說那個光暈圓影是燈光的色塵，就錯了，因爲光暈圓影不等於燈光；若要說那個光暈圓影是歸屬於見的色塵，那也錯，因爲見不等於燈光，見也不等於光暈圓影；光暈圓影若應該是歸屬於見所擁有的色塵，就不必從燈光那邊來見那個光暈圓影了，只要從見的本身來見，就應該可以看見自己也有光暈圓影了！可是，事實上卻不是如此。

也許有人這樣說：「那我就離兩邊嘛！我說非燈色，亦非見色。」這也是錯誤的想法，因爲這樣就變成戲論了啊！患眚者所見的光暈圓影，若不是燈光所有的色塵，那個患者就不該依於燈光才能看到那個光暈圓影，又怎能說不是燈色？若說不是見色，明明要有見的功能運作，那個患眚的人才能看得到光暈圓影，怎能說不是見色？話又說回來，若說是燈色，爲什麼沒有患眚的人又看不到光暈圓影？若說是見色，爲什麼患眚者的見，卻不能從見的自身來看見光暈圓影？而必須要從燈光那邊才能看得見燈的光暈圓影？顯然，這並不是從意識思惟離兩邊的見解所能解釋的。

一切尚未明心又未眼見佛性的人，都會憑藉意識思惟的理解來解說第一義中道，凡有所說都不能及於第一義諦；既然所說都不能夠及於第一義諦，就是言不及義，言不及義就是戲論。所以未明心又未眼見佛性的人所說，雙非也錯，雙即也錯，都無法如實理解 佛的本懷。必須要找到如來藏，然後從如來藏的本來性、涅槃性、自在性、自性性，深入體驗觀行以後，再從體出用，悟明佛性的實質內涵，能夠於山河大地上眼見自己的佛性了，這就是眼見佛性（也簡稱見性，但不是指此段經文中所說的見性——能見之性）的實證。見性之後再從體出用而能瞭解及深觀以後，才有資格來讀《楞嚴經》，不然是沒辦法自己讀懂的。最怕的是自以爲懂，就不免犯下大妄語業。而沒有資格讀的意思，是說尚未明心的人讀了其實不能體會 佛在說什麼。又由於《楞嚴經》文句很古典、文言、簡略，所以讀起來不免誤會；所以《楞嚴經》的註解，一個人解釋一個樣子，有時互有出入。接下來佛又說：

「**復次阿難！若此圓影離燈別有，則合傍觀屏帳几筵有圓影出；離見別有，應非眼矚，云何眚人目見圓影？是故當知：色實在燈，見病為影；影見俱眚，見眚非病；終不應言是燈是見。**」這段經文中說，落入兩邊都是不對，所以佛這一段開示中說：「**阿難！這個患赤眚的人所見燈光周圍的光暈圓影，如果是離開油燈的光而另外自己本有的，**」這意思是說，燈光周圍的光暈圓影是要附屬在油燈的光才能有，不可能外於燈光而別有。「**如果這個光暈圓影離開了燈而另外別有，那麼就應該向旁邊觀察屏風、蚊帳、茶几、筵席時，都會有同樣的光暈圓影出現。**」「合」就是「應該」或者「合該」，那就應該你另外傍觀而看到別的事物，譬如屏風、蚊帳、茶几或者筵桌時，在各種所見的事物上面都應該一樣會有光暈圓影出現，因為可以離燈別有。既然可以離燈別有，那就應該你看到的講桌也有，看到我的時候也有這種光暈圓影，可是在事實上，為什麼其餘的事物都沒有這種光暈圓影出現呢？

「**如果燈光的光暈圓影是離見別有，就不是要由見來見那個圓影了，而是另外有單獨存在的光暈圓影，那麼這個燈光周圍的光暈圓影就不該是由患**

了赤眚者的眼睛所看見的了，爲什麼事實上卻是由患眚者的眼睛來看見光暈圓影呢？」這就是說，燈光周圍的光暈圓影若是不屬於見所有的色塵，也不屬於燈光所有的色塵，而是自己獨立存在的，那麼這個光暈圓影就應該到處都可以有，而不是屬於燈光或屬於眼根——不必先有燈光以及能見。可是實際上不行啊！得要先有所看見的燈光以及能見，患眚者才能在燈光周圍看見光暈圓影；而且只在燈光周圍才有光暈圓影，別的地方都沒有。

所以一定是在燈光那邊才有光暈圓影出現，也得要那個人患有赤眚，並且還能有見，才能看見燈光周圍有光暈圓影。如果因爲光暈圓影離燈就不能有，因此改口說：「離見時就可以另外有。」那也不對，因爲這個光暈圓影如果離開了見，而另外可以有光暈圓影，那麼這個光暈圓影應該不是眼睛所看見的，就不可能是那個患有赤眚的人所看見的光暈圓影；因爲，既然是離開見而另外別有，那這個有赤眚的人，他的見就應該看不見那個光暈圓影，因爲不必依靠能見就能看見光暈圓影，可是爲什麼這個患有赤眚的人，一定要有能見才能看見油燈的光暈圓影呢？所以說離燈別有也不行，離見別有也不行，一定得要諸緣配合才可以看見燈光的光暈圓影。也就是說，他有赤眚視障，並且他的見性還存在不滅，還得要有燈光，這個有視障者才能看得見燈光周圍的光暈圓影；所以，患眚者所見的光暈圓影是因燈因見，必須二緣和合而不可以離散；但是，患有赤眚者能看見光暈圓影的條件並不只是這樣，所以佛陀繼續再說：

「**是故當知**」，「由這個道理，你應該要知道，那個燈光色塵其實是在燈體上才能夠顯現出來，可是燈光周圍的光暈圓影，卻必須是患眚者的眼睛有了病況，才能夠看見。」這個光暈圓影，必須有燈、有燈光，而見光的人也必須是有赤眚眼病，才會看得見光暈圓影；所以，良好無病的眼睛，就不能看見燈光周圍的光暈圓影啊！患了赤眚的人會看見光暈圓影，都是因爲「眚」。這裡的「眚」是做動詞用，叫作遮障。之所以會有燈光周圍的光暈圓影，都是由於眚所遮障的緣故，同時還必須有見性的功能存在；所以說，這是他的見、眚以及燈光色塵和合，患眚的人才能夠見那個光暈圓影。而這個光暈圓影之所以會被他看見，是由於眚的遮障扭曲，所以他見到的其實是因爲被眚所影響後的扭曲色塵，因此說：

「**影見俱眚，見眚非病；終不應言是燈是見。於是中有非燈非見，如第二月非體非影。**」「其實他所見到的光暈圓影以及他自己的能見，全部都是因爲被眚（被赤眚所遮障）的緣故才會看見光暈圓影，但是若要推究實際的眞相，將會發覺赤眚及見的本身，都沒有被毀壞；終究不應該說那個光暈圓影是燈所有的，或說是見所有的；也不該在那個光暈圓影的虛妄境界之中，產生邪解而妄說那個光暈圓影不是燈所有的，也不是見所有的；這些都是由虛妄想而產生的錯誤見解，其實那個光暈圓影對於見眚的人來說，就如同第二月一般，都是由明月如來藏所出生的假有法，既不是明月如來藏自體，也不是明月如來藏的影子。」但是由於有眚的緣故，所以他看見了光暈圓影，卻不等於他原有的見性有病；若是沒有眚的時候，他的見性就不再看見燈光周圍的光暈圓影。所以有病的是眼睛而不是見性，眚相是因爲眼睛病了所以看見光暈圓影；但是見性仍然是完好無缺的，才看得見燈光周圍的光暈圓影，這已經顯示他的見性並沒有因爲眚的現象而受到毀壞；也就是說，他的見性並沒有病，只是因爲患眚而使他所見的影像被扭曲了，所以是眼有病而不是見性有病。也正因爲如此，所以他才能反觀看見了「眚」，證明見性（見的功能）並沒有病。「由於這個緣故，你阿難終究不應該說：五色重疊的光暈圓影是燈所有，或者妄說是見所有。」所以，當某人由於眼病而出生了白內障，無法看清楚影像時，不該就說他的見性壞掉了；見性若是壞掉了，他就不該還能看見眚所產生的白茫茫的影像。因此，打從一開始到最後，始終都不應該說光暈圓影是屬於燈所有的色塵，或者說是屬於見性的色塵。

既然知道那個光暈圓影只是由於眼病而產生的影像，而見與燈的自性並沒有被毀壞或損減，才能既見燈光周圍的光暈圓影，也可以看到見性仍然完好無缺地可以看見光暈圓影與見性自身；而那個光暈圓影只是由於有眚而產生了多餘的妄覺影像，當然就不該說那個光暈圓影是燈所有的，也不該說那個光暈圓影是見所有的。把這個事實看清楚了，當然更不會額外主張說：「那個光暈圓影不是燈所有的，也不是見所有的。」因爲說燈所有、或是說見所有，都已經錯誤了，若是再從這裡增說爲非燈所有、非見所有，豈不是再增加額外的戲論了嗎？這樣一來，「那個光暈圓影，只能歸於有眚（有眼病）的助緣，而從如來藏明月中出生影像，如同第二月一般，既不是明月之體，也不是明月的影子。」

大乘佛法有淺深差別、廣狹殊異，並不是落在意識境界中的凡夫所能理解的，也不是未證如來藏妙心的阿羅漢們所能理解的，乃至明心的菩薩們在尚未眼見佛性之前，對這部經中所說的道理，也仍是不容易確實具足理解的。佛菩提道之難解、難修、難證，也就在這裡。還沒有修到更高層次時，往往聽來聽去覺得這樣也不對、那樣也不對，終究沒有下手處。因爲善知識公開說法時都只能告訴你錯誤的部分，卻不能直接告訴你正確的妙法，得要自己去眞參實修以後才能證實善知識所演說的正法妙義。譬如中國畫，想要畫出明月的時候都是烘雲托月，總是不會直接畫個圓圈就說是月亮，都是渲染了旁邊的烏雲，來烘托出未著墨的部分成爲明月；有智慧的人都懂得烘雲托月的道理，就悟入明月如來藏心，甚至看見如來藏的妙眞如性了。

有智慧的人看見了周邊的烏雲時，就說沒有著墨的空白處即是明月；沒有智慧的人卻只看到那個處所的白紙說：「**這裡怎麼都沒有畫？只有空出來白白的圓形紙質，明月畫在哪裡？**」還這樣子質問人呢！佛法也是這樣的道理，諸佛與諸祖爲大家解說如來藏妙心時，爲大家指示佛性時，都不會直接明講，都只用烘雲托月的方式來宣講，有智慧的人就從其中悟入而出生實相智慧。這部經中的說法，有時說見聞覺知心是明月如來藏所出生的第二月，非眞亦非妄；有時又說到佛性的意涵卻又隱晦而說，又與見聞覺知心似乎具有共通性，讓人無法分出見聞覺知心與佛性的異同，所以這部經很難瞭解，也很難講解，原因就在這裡。

這部經中有時說如來藏，有時說第二月見聞覺知心，有時又說佛性；也就是說，它有時說心，有時從心出用而講第二月六識的自性，有時又說到如來藏直接運作時的佛性，所以聽聞的人當然也會覺得很難懂。也許有人想：「那我就仔細聽，並且仔細做筆記，或許將來可以眼見佛性？」但是我不妨公開明說：仍然是看不見的。因為這是為大眾證明第二月六識的自性並非自然性，也不是因緣生，而是由如來藏妙心藉諸因緣而自然出生的；佛性也是如此，都是由如來藏妙心直接出生的，是從體出用而不經由識陰六識的功能來顯現，不是第二月。所以這部經中有時說體、有時說用，用的部分就包含了第二月六識自性以及如來藏的本覺在蘊處界中運作的體性。但是，經由這樣的聞熏以後，仍然是看不見佛性的，只是法義上的理解罷了！

這是說，在沒有善知識指導的情況下，是無法看得見佛性的；乃至已經明心的菩薩，以及已證阿羅漢果的解脫道聖者，都是無法看得見佛性的，必須要有善知識的指導，按部就班修學鍛鍊以後，才有可能看得見佛性，也還是必須要有慧力及福德二種莊嚴來幫助，否則終究是無法眼見佛性的。如果這一世沒有人教，而自己可以看得見佛性，一定是個再來人——是往世已經眼見佛性的人才有可能自參自見，因為眼見佛性的實證真的很困難。當年我覺得眼見佛性的修證其實很單純、很簡單，我一參出來時就看見佛性了，遍滿虛空中所見都有佛性，遍滿山河大地所見都有佛性，這有什麼難的？可是度人十餘年以後（編案：這是二〇〇二年春天所講）的今天，看來想要達到一百零八人眼見佛性，確實是很不容易；如今覺得完成這個願的希望是越來越難了！雖然眞的是不容易，但我還是想：或許眞的是出口成讖，到我將來捨壽時也許眞的有一百零八人眼見佛性。雖然有時候事情眞的很難講，但是仍然覺得那個希望是很渺茫的。

因此說，佛法確實很難理解，特別是想要在實證上面過關斬將、連續突進，必須有過來人爲你指導；如果不是過來人，在這一生之中想要破初參而住第七住位中，還想要破重關而眼見佛性，圓滿第十住位，眞的很不容易；更別提悟後起修，進修別相智以及一切種智。如果是悟錯了，人家從這一部經問這個法義，又從另一部經問別的法義，然後兩邊拿來要求統合時，一定統合不起來。如果證悟是正確的，隨意取幾部經典來，不論大乘、中乘、小乘的經典都行，都可以統合貫串起來，這樣才是佛菩提中的眞正開悟。否則，只是空口白話宣稱自己開悟了，處處籠罩人，終究會有一天遇到眞善知識出世弘法時，可就無法對自己以前妄說佛法的惡事加以善了了。

因此，大乘佛法之所以微妙甚深無上，原因就在這裡；因爲在大乘經典中，連不迴心的三明六通大阿羅漢都叫作愚人，何況是凡夫呢？所以大乘佛法眞的不容易懂。那麼諸位聽到這裡，若是已經眼見佛性者就會聽懂（或許不必一定是眼見佛性了，如果明心後只是見性的解悟，也能聽懂我在講什麼，只差在還沒有看見佛性，沒有一念相應而眼見罷了！所以見性這一關的解悟者，聽聞我講解這部經典時也是可以聽懂大部分的）。但是千萬不要這樣想：「**既然是這樣，那我就先去探聽佛性的名義以後，再來聽講，就能聽懂很多了。**」假使眞的這樣做，可就失掉了見性這一關的證驗機會；因爲眼見佛性時的一念相應慧，能讓你在一刹那間成就十住位的世界如幻觀，圓滿十住位的觀行。這是眼見的當下便成就的，見性後都不必再修什麼觀行，也不必再教你如何整理佛性的內涵；都不用像明心初關一樣悟後要再做種種的觀行，都用不著，看見佛性當下就全部解決了，接下來只是去領受、享受佛性的境界。但是這些道理，如今還有誰知道呢？又有誰能指導大眾實證呢？所以說，眞正的佛法很不容易修學，得要依止眞善知識常常指導，才有實證的可能。

「**何以故？第二之觀，捏所成故；諸有智者，不應說言此捏根元，是形非形，離見非見。此亦如是，目眚所成，今欲名誰是燈是見？何況分別非燈非見。**」佛陀又開示：「爲什麼如此說呢？這第二月之所觀——燈光周圍的光暈圓影，猶如捏著眼睛的人所看見的第二月影，是捏目所成就的一般，那個光暈圓影也是由眚病所成的緣故。一切有智慧的人，不應該這樣說：『這個捏的根本元由，是有形的或是無形的，是離見而不是見。』這個光暈圓影也是一樣的道理，都是由於眼睛有眚的緣故而成就的，你阿難如今想把它指稱爲是燈所有呢？或是指稱爲是見所有呢？」根本就不許指稱是燈所有或是見所有，「何況再於這些法相之中去分別說：『那個光暈圓影不是燈所有，也不是見所有。』」連指稱是燈所有或是見所有，都不可以了！何況再來指稱說，非燈所有、非見所有，豈不是頭上安頭呢？眞是多此一舉。

如果在燈光周圍所顯現的光暈圓影上面，生了眼病視障的人，在他所看到的圓影上面去分別說：這個不是燈的色塵，這個不是見的色塵。這其實只是在因病而生的虛妄法上來說法，這就叫作戲論。爲什麼是戲論呢？因爲就好比看見了第二月的影子時（譬如臉盆裝了水，放在地面上，從臉盆的水中看見了第二個月亮），就依水中的第二個月影，再去指稱這不是月亮本體，這不是月影，都是戲論；因爲都是從虛妄法中去作分別，都不涉及眞實法的緣故。

同樣的意思，因爲那個水盆中的月影本來就跟月亮沒有連帶關係，只是個月影而不是第二月；竟然有人在那邊說從水盆中或者湖面的月影，說不是月亮本體，也不是月亮的影子，其實都是在月影上面施設的妄想，都跟天上的眞實明月無關；若是刻意在水中月影再來打妄想，說水中的月影不是明月，不是第二月，更是戲論。有智慧的人應該直接指說天上的月亮，這樣才叫作解說第一義諦。般若也是一樣，應該說什麼是般若呢？就是證得如來藏而現前觀照如來藏的眞如法性、中道體性、涅槃體性、清淨體性……等各種自性，才能說是證得般若的有智慧者。

如來藏是一切般若智慧的根源，證得如來藏，就能了知如來藏的體性與各種功能，般若智慧就出生了！所以應該要指出來，令人了知如來藏有本來性、涅槃性、清淨性、自性性、眞如性、中道性，因此而產生了實相智慧，這才是般若的實證。不可以從另一方面來說：這個不是如來藏，那個也不是如來藏，其餘的每一法也都不是如來藏，又否定了一切法的背後的如來藏心，認為一切法都無常空而歸於斷滅，以這樣的邪見而自稱這樣否定諸法的邪智叫作般若（譬如講出許多的非與非非）。這其實都是言不及義，因為般若是依如來藏的體性來了知、來產生的，你了知如來藏的體性，就有了般若慧，所以實相般若即是第一義諦。這是說，因為般若就是在顯示如來藏的眞如等法性，是把如來藏的各種體性宣說出來，讓大眾了知這才是法界中的實相。但是經文中寫的是文字般若，嘴上說的是言論般若，那麼有些人努力觀行就叫作觀照般若，可是實相般若究竟是什麼？卻始終不知道，當然要弄清楚。般若系列的各部經典，由世尊一再宣說之目的，都是在於顯示法界萬法的實相，就是萬法背後的如來藏，是把如來藏的自性顯示出來，這樣說法才叫作解說第一義諦。所以不要離開如來藏而說般若，離開了如來藏而說般若，就好像離開天上的月，來講水盆中、湖中的月影究竟是眞是假，都屬於戲論，是一樣的道理；這就叫作現象界的戲論，跟第一義諦的眞實道理無關。所以在那個光暈圓影上面說它不是燈之色、不是見之色，都叫作戲論。因爲所看見的光暈圓影已經假而不眞，只是因爲眼根有了視障，才會在燈光周圍看見了光暈圓影；而光暈圓影已經是虛妄的，竟然還有人在認眞討論光暈圓影到底是屬於燈的色塵？或屬於見的色塵？那不是戲論嗎？

同樣的道理，若是想要談佛性，就得要先眼見了再來爲人說明；不該是落在識陰六識的自性中來說佛性，這是與自性見外道的落處完全相同的；既然六識都已經是第二月了，再從第二月顯現的虛妄自性中來分別應該歸屬於明月或第二月，同樣都是戲論；如同無智慧的人，一再地探討光暈圓影是眞、是假、非眞、非假，同樣都是戲論。像這樣錯將六識自性認作佛性的人，其實已經落入自性見外道所墮的虛妄法中，以錯誤的認知來指稱已經見性或尚未見性，甚至用來評論別人有沒有證得佛性，都是戲論。

明心親證如來藏也是一樣的道理，如果要講開悟明心，就該親自觸證；由於實際上證得祂，了知如來藏實相心的所在，也能現前觀察祂是如何運作的，才能出生實相般若智慧，才能夠為人宣說第一義諦。如果所說全都不能直接宣示如來藏的所在與自性，只是處處指稱一個子虛烏有的名相，說這個不是如來藏，那個也不是如來藏，又說既是如來藏也不是如來藏，又說非如來藏亦非非如來藏，這其實都是戲論。一旦有人問他：「如來藏在哪裡？」可就不知道了！

所以很多大法師在講般若經時，都會說雙即又雙離，雙非又雙亦，這都叫作戲論，只是把一堆佛法名相堆砌起來，講到最後自己其實也不懂，聽的人就更迷糊了。但是，如果有人實證如來藏以後，把如來藏的體性作了許多解釋，更用四句來說雙即、雙離、雙非、雙亦，那可就是眞實義了！聽的人就會知道證悟般若的關鍵就是禪宗的明心證悟，所說就能利益眾生。問題是說法者有沒有證得祂？不論何人，所說的般若法義是不是完全正確，問題就出在這裡。所以佛法的第一義，就是要從實證眞如心以及從眞如心體所顯現出來的佛性上面來親證，才能夠為人解說到第一義諦；否則，不論怎麼會說法、口才如何流利，他的一切言說全都到不了第一義諦，所說就叫作言不及義，言不及義當然是戲論。

同樣的道理，得要直接指出來說：「這個就是明月。」讓隨學者一樣可以親證；別只是在水盆裡面說這個不是明月自身，也不是明月的影子；又指著其他的事物，一項又一項的指說：「這個不是明月本體，那個不是明月本體……」講得一大堆，又跟月體有什麼相干？回到經文中說：捏目所看見的第二月，是由手指捏著眼睛所看到的，如同患眚的病人眼根有了視障——目眚，那個燈光周圍的光暈圓影既然是目眚所成，本就是虛妄法，卻還要再把虛妄所見的光暈圓影色塵，說是屬於燈所有，或說是屬於見所有，全都是虛妄名言，與實相無關。根本就不需要再爲它分別說：「這個光暈圓影是屬於燈的色塵，這個光暈圓影是屬於見的色塵。」根本就不需要多作這種分別，何況還用語言文字來跟別人討論：「這個光暈圓影不是屬於燈所有的色塵，不是屬於見所有的色塵。」更何況還有人在那邊分別說：「這個光暈圓影既不是燈，也不是見。」都屬多餘，因爲和實相不相干——和明月了不相干。

實相明月是沒有那個光暈圓影的，由於患了赤眚，所以看見燈光周圍有了光暈圓影，其實與燈光無關；因爲燈光實際上並沒有那個光暈圓影，都是由於患了赤眚的眼病，才會看到光暈圓影；既然光暈圓影只是患眚者虛妄見而看到的影像，事實上並不存在，又何必去分別它的眞假或是應該歸誰所有呢？這意思就是說，那個人有了視障而看見的光暈圓影，正是他個人的別業妄見；沒有赤眚的人看見的卻是同樣的燈光，並沒多出周圍的光暈圓影同分，所見就不是患有赤眚者的同分了。這就是說，見同分中有時會有妄見，因爲有人患了赤眚；若是都一樣沒有赤眚的時候，就看見一樣的燈光影像而沒有患眚者所見的同分影像，那麼這些正常人所見的就是同分正見。

可是，眼睛正常的人所見，都是完全相同的同分嗎？也不見得，因爲眼睛正常的人，也許多了天眼、陰眼，所見可就不同了！所以佛陀下面還會繼續再解說。至於別業，譬如一般人沒有天眼通，也沒有幻覺，可是有天眼通的人，他的所見有時異於平常人，他所能獨見的影像就是他的別業啊！若是有幻覺的人，他會看見別人所看不見的幻像，那也是他的別業啊！這兩種都是屬於虛妄的別業妄見。如果見到燈光有光暈圓影，那也是由於他的眼病而產生別業啊！但是由於所見是因病而生的影像，我們就說那是別業妄見。因爲正常的別人都沒看見，只有他由於眼病而獨自看見了；病好了以後又看不見了，所以這是他個人的別業妄見。

如果是眼見佛陀示現時，別人卻都看不見，那也是別業；因爲只有你看見，而別人都看不見，所以是你的別業；但因爲所見不是幻覺，而是眞實的佛陀示現加持，就成爲別業正見。這樣總共說了四種：看見光暈圓影、看見幻相、天眼通所看見、看見佛性。依正法來說，這四種中的前三種都是妄見，只有見到佛性才是眞見。因爲這是看見了第一義諦相，佛性是第一義實際所顯示的功能體用，是從體出用而看見了；但因爲屬於實相，所以叫作眞見，其他的都是妄見。一般而言，有天眼通的人，想要看見佛性，可眞的很麻煩；因爲常常會錯誤的將他所看見的某一些影像，誤以爲是看見佛性。

也有人看見了化身佛示現，或者看見鬼神化現爲佛陀的身相來示現，他以爲自己已經看見佛了，就認爲是見性。其實不是，那叫作見鬼。因爲一般人所見的佛陀化現的影像，大部分是鬼神變化來謊稱的。當你在參究佛性的時候，諸佛絕對不會示現給你看；佛性無形無相，要示現什麼相給你看呢？若是那時示現了化身，那可就會誤導了你，所以當你在參究佛性的時候，若是有佛示現，那就是見鬼了，一定是鬼神冒名變現的。我不是在說瞎話，那眞的是魅鬼所化現。那麼菩薩們會變現所謂的佛性來給你看嗎？絕對不會！菩薩早就走過這條路了，知道這一條路該怎麼走，當然也知道那時化現化身給你看的時候，一定會誤導了你，所以一定不會有任何身相化現出來給你看。大菩薩若是對你加持，一樣是不會示現影像給你看的。

所以見性這一關，很多人都錯會了！有天眼通的人，或者容易看見幻覺的人更容易錯會。也有人會跟我吵鬧說：**「我明明看見了，老師爲什麼不爲我印證？」**所以，這個眼見佛性純粹是體驗上的問題，你有沒有看見？你自己去檢查。我一直不斷地講：**花朵上面可以看見你自己的佛性，但是那朵花上面並沒有你的佛性**。你如果見性的時候符合我這個說法，那你就是有眼見；花朵上面並沒有你的佛性，而你看見了，才能說是眞的眼見佛性。若是在花朵上面不能看見自己的佛性，那是用想像的，是在體會花上面的佛性，那就絕對不是我所傳的眼見佛性。

以往也有人不相信，私底下說：**「花朵上面既沒有佛性，卻可以從花朵上面看見自己的佛性，你蕭老師這個講話眞是顛倒，簡直是神經病。」**可是當你見性的時候確實是這樣，佛性無形無相，但就在一切相中都可以看見。所以這件事情都不必強詞奪理，因爲所有人若是眞的眼見佛性時，都是同一鼻孔出氣；我這麼說，其他眞正眼見佛性的人也都會跟我一樣的說法。如果跟我所說的有兩樣，那就不是眼見佛性了。假使有人想要問：**「爲什麼花朵**

上面沒有佛性，卻可以眼見佛性？這是什麼道理？」我說：這沒有什麼道理可說，就像是如來藏爲什麼離六塵中的見聞覺知？一樣是沒有道理可說，都是本然如此的。當你證悟如來藏時，也不必問是什麼道理？當你眼見佛性的時候，也是一樣無理可說，但卻是這樣在無情上面看見了自己的佛性。

所以說見性這一關就是這樣，眞正看見的時候，你說：「本來就這樣，這有什麼奇怪？」事實就是這樣。這就好像明心一樣啊！當你沒有找到的時候，怎麼聽實證者解說，都還是迷糊不解的；等到找到的時候，卻一樣會認爲本來就是這樣，不奇怪。但是，同樣是在山河大地上面觀見一切景色，有人能在山河大地一切景色上面看見佛性，絕大多數的人卻都無法看見佛性；所以說，同分裡面有別業的妄見，也有別業的正見。依證悟者來說，一般人所見正常的山河大地影像，就成爲同業妄見；依一般人來說，所有人所見的山河大地可就都是同業正見了。

又如看見光暈圓影，就是患了赤眚者的別業妄見，因爲正常人都不會看見燈光周圍有光暈圓影；由於有眼疾而獨自看見了光暈圓影，那是他的別業妄見，與別人無關。有天眼通的人，額外看見了人間的鬼神眾生，那是他的別業；這種境界，或是今生修來的，或是過去世所修而今生報得；或者過去世修得，後來失掉了，今生因爲修無相念佛的定力又使它出現了；但因爲不是幻覺，所以是正見而不是妄見，但這也是別業正見啊！因爲一般正常人都看不見。若是看見幻覺，那也是別業，卻是別業妄見。可是若從證悟菩薩的智慧來觀察時，這三種可就都是妄見了！因爲這三種人都沒有看見眞實相。若是眼見佛性了，那是由能見之性來看見如來藏的本覺之性，所見的佛性是如來藏從體出用，是正見實相中的另一種智慧境界，當然是眞見；但這雖然也是正見，卻也是別業啊！接下來佛說：

【「云何名為同分妄見？阿難！此閻浮提，除大海水，中間平陸有三千洲，正中大洲東西括量，大國凡有二千三百，其餘小洲在諸海中，其間或有三兩百國，或一或二，至于三十四十五十。阿難！若復此中有一小洲只有兩國，唯一國人同感惡緣，則彼小洲當土眾生睹諸一切不祥境界，或見二日，或見兩月；其中乃至暈蝕珮玦彗勃飛流、負耳虹蜺種種惡相，但此國見；彼國眾生本所不見，亦復不聞。」】

講記：佛又舉出另一個例子來說：「什麼叫作同分妄見呢？譬如這個閻浮提，」是指什麼樣的閻浮提？現在眾說紛紜。我們的看法是說以一個銀河系來講，我們這個銀河系，分成四個大洲，每一個大洲都是彎彎的，「除了大海水以外，中間平陸有三千洲，正中央的平陸大洲，從東到西總括它的數量，大國約有二千三百；其餘的小洲都在諸海之中；各大海中的小洲，有時一個小洲之中有三百或兩百國，有時一個小洲之中少至只有一國或二國，或者也有三十國、四十國、五十國的。阿難！如果其中的某一個小洲之中，只有兩國；而這兩國裡面，只有其中一國的人，同樣都感應到惡緣；當他們同樣感應到惡緣的時候，這個小洲中感應惡緣的這一小國眾生，都看見了不吉祥的境界；所謂不吉祥的境界是說，譬如與平時異常地看見兩個太陽，或者看見兩個月亮；」如果是看見二個太陽輪流出現，就永遠沒有黑夜，永遠是白天，影響了整整一國的眾生；若是兩個太陽每天同時出現，只怕所有的土地都會被曬乾了；如果永遠是月亮而沒有陽光，永遠是黑夜的時候，植物都不可能生長；過不了二年、三年，大概要餓死一半以上的人。所以多看見一個太陽時，千萬不要高興；或者同時看見天上有二個月亮時，也不要高興，這都是不吉祥的事相。

「這個感應到惡緣的國土中人，會看見種種不吉祥的事情，乃至看見日月都有光暈，或者看見了日蝕月蝕、珮玦彗勃飛流，」「珮玦」也是屬於日蝕、月蝕的不同現象；「飛流」屬於流星與彗星，在天空中就好像在飛流一般。譬如最近氣象台說會有流星雨，有好些年輕人不懂事，還租了帳篷或者帶了睡袋，要去野外夜宿，觀賞流星雨，還說什麼要許願。假使流星雨中碰巧有一顆流星比較大一點，剛好就砸下來；當它通過大氣層的時候開始燃燒，如果是體積比較大，燃燒快到地面的時候只剩下一顆石頭大小，剛好砸到他，非死即傷，那流星到底是吉祥還是不吉祥呢？流星雨對人類並不是吉祥事，它們其實是太空中的很多石頭；以前宇宙大爆炸了，於是世界開始形成的時候，產生了一堆太空中的大小石頭；如今即將和地球相遇了，那些大小石頭將會有一部分掉到地球上，被地球吸下地來。好在是有空氣，燃燒掉大部分的小石頭，否則流星雨來的時候，地球表面可就劈里啪啦地被撞擊而產生大火災及砸毀大眾的生命財產等事情；所以流星雨其實不是善兆，反而是不吉祥的事情。既然是不吉祥的事情，面對流星許願，當然是不可能如願的。假使從太空中掉下來一顆大石頭，到達地面時燒到剩下如同石頭那麼大的流星，把車子或屋頂都給砸壞了；有智慧的人都不會認爲是好事而特地去觀賞許願。流星雨就是這段經文中所說的「飛流」。

「彗勃」就是講彗星，當小行星在天空中的運行軌道是橢圓形的時候，那個行星就是彗星；彗星也跟地球一樣繞著太陽運行，它的運行軌道是很長的橢圓形；也有彗星是拋物線或雙曲線的運行軌道，卻只會接近地球一次，同樣是如同很扁的拋物線一般的橢圓形；那種軌道的行星，很可能會跟地球相撞。有科學家說以前地球上的恐龍滅絕，可能是因爲一個大流星或彗星撞上了地球，使地球反轉；當時天空塵土飛揚，蓋住整個地球，不見陽光整整幾年，所有的植物都沒辦法生長，恐龍最後就餓死掉了。有科學家這麼說，因爲發現了可能的證據。不過地球上有一些很大的流星撞擊坑，有在海中的，也有在陸地上的，目前都還存在著，或許他們的說法是正確的。

而這一些不吉祥的天文現象都叫作別業妄見，是屬於別國不同的眾生所看不見的，因爲別國的眾生沒有感應這些惡緣；這時從感應惡緣的這一小國來看，當他們看到別國眾生都看不見的異常現象時，那就是這一國眾生的同分妄見。同分，是說在這一國中大家所見的都一樣；他們的業感就是這樣的，所以感應出他們一國人單獨所能看見的。譬如「**負耳虹蜺**」，也是指太空中各類奇怪的異相，其實都屬於種種的惡相。「**但此國見**」，「但」就是只有；「**只有這一國的同業眾生同樣看見了。**」「但」是說這一國中的所有眾生，「**而這一小洲裡面的另外一國的人，都看不見也不曾聽過，因爲他們的善緣就是不**

感應那些惡緣的。」接下來佛說：

【「阿難！吾今為汝以此二事進退合明。阿難！如彼眾生別業妄見，矚燈光中所現圓影，雖現似境，終彼見者目眚所成，眚即見勞，非色所造；然見眚者，終無見咎。例汝今日以目觀見山河國土及諸眾生，皆是無始見病所成；見與見緣似現前境，元我覺明；見所緣眚，覺見即眚，本覺明心，覺緣非眚；覺所覺眚，覺非眚中；此實見見，云何復名覺聞知見？是故汝今見我及汝并諸世間十類眾生，皆即見眚；非見眚者彼見真精，性非眚者，故不名見。」】

講記：佛陀接著說：「阿難！我如今爲了幫你證悟佛菩提，就用這兩件事情，」也就是藉別業妄見及同分妄見這兩件事情，以同一個小洲兩國之中的單獨一國人，全國人們都同樣看見了種種不吉祥現象的同分妄見；以及用那個患了赤眚的人，單獨所見燈光周圍光暈圓影的別業妄見，「我以這兩件事情爲例子，爲你們各進一步來說，或者各退一步來說，你就合該明白了。」「合明」，是說合該明白了！「合」就是應該，那麼你就應該會明白了。「阿難啊！譬如那個別業妄見的人，他看見了燈光周圍所顯現的光暈圓影，雖然看來好像確實是與現前實境一般相似的境界，」因爲他確實是看見了光暈圓影而不是沒有所見，不是自己亂說的，「**可是這個光暈圓影被他看見了，卻終究只是他所罹患的赤眚造成的，**」是因爲他的視障所形成的，假使沒有赤眚的助緣，他將和大眾一樣看不見燈光周圍的光暈圓影。

就如同捏目而看見了虛空中的明月旁邊還有另一個明月一般，若沒有捏目的時候，一定不會看見第二月的；同樣的道理，若是沒有患赤眚的眼病，就不會看見燈光周圍的光暈圓影；所以他所見的光暈圓影是如同捏目眼花而看見第二月一樣，也是由於把眼睛不正當的擠壓，才會看見第二個月亮一樣的虛妄。這兩個所見的都是異相，跟平常人所見的正常景象不同，所以稱爲「別業妄見」。所以 佛陀接著說：「**眚即見勞，非色所造；然見眚者，終無見咎。**」也就是說，「所患的赤眚，是因爲見的勞累而使眼根出了毛病才產生的，然後才會有他一個人單獨所見的光暈圓影別業妄見；那個光暈圓影色塵，其實並不是由燈光色塵來產生的，」是由眚病而產生的；「然而，在他單獨看見光暈圓影時，他的見性並沒有毀壞或變異，仍然與未患眚病以前的見性功能相同而無差別；所以他這時雖然看見了光暈圓影，但他的見性也同時可以看得見自己確實是患了眼疾——患眚；由此證明，當他患眚而單獨別見光暈圓影時，其實他的見性並沒有跟著毀壞或受損。所以，他單獨看見光暈圓影時，他的見性—能見的功能—並沒有過失。」

佛陀又向阿難解釋說：「我如今就以這個患了赤眚的人，由他的別業妄見作為例子，來與你今天用眼睛觀見山河國土及諸眾生的事例來作比較，說你們所見的山河大地及諸眾生等同分妄見，全都是無始劫以來由於妄見的疾病所造成的；」這就是說，眾生無始劫以來的見性（見的功能）其實一向都沒有問題，但是由於別業妄見或者同分妄見的緣故，使得眾生將自己的妄見認作是正確的所見。這其實都是由於錯認外法色塵為眞，而落入外法色塵中，執著外法為實有，就將妄見認作眞實的所見。

世尊又繼續開示：「在看見色塵的時候，見性與見性所緣的各種塵相，造成了好像確實有眞實的外法諸塵境界被自己所緣的現象，然而，眾生的能見之性以及這個見性所緣的好似實有的色塵境界，原本都同樣是自己勝妙覺明的眞實心的一部分；當見性的功能緣於赤眚的時候，能知能覺的心所見的色塵境界相，就被赤眚籠罩而只能看見赤眚中的境界了；可是，這時患了赤眚的人，他自己本覺光明的眞實心，所緣的境界卻不是第二月覺知心所緣的患眚的境界相；第二月覺知心以及覺知心所覺知的境界固然不能外於患眚以後所見的境界相，但是其中的眞覺本覺（即是佛性）卻不會落入赤眚所變生的虛妄境界相中。這樣的眞覺本覺的光明性，其實也是由覺知心的見性功能所見的實相境界，怎麼可以把覺知心的見性功能所看見的這種本覺眞覺功德，稱爲第二月覺知心所有的覺、聞、知、見呢？由於這個緣故，你如今看見我釋迦如來以及看見了自己，並且也看見了諸世間裡的十類眾生，所見都是如同患了赤眚的人所見一般的錯見了，都同樣是和那患眚的人所見一般的妄見。」

也就是說，阿難當時既未明心也未眼見佛性，不能看見如來藏妙心的眞覺妙覺自性，所以他所看見的各種塵相以及所反觀的能見功能（見性），全都是妄見而不是眞見；大眾之中凡是和他一樣的人，當然也同樣是妄見，這就是同分妄見，同樣都是「見眚」而不是看見了本妙明心的眞覺本覺，也就是全都還沒有看見佛性。世尊接著說：「**非見眚者彼見眞精，性非眚者，故不名見。**」也就是說：「凡是不屬於患眚者的人所見，他們都看見了如來藏妙心的眞覺精明，所看見的妙覺明性並非患了赤眚眼疾者所知道的見性（見的功能性），所以我不說那是你們所知道的見。」也就是說，眼見佛性的人所看見如來藏的妙眞如性對於山河大地一切有情的見，並不屬於眾生覺知心對六塵的見，而是超然於六塵之外的見與覺，不同於患眚的眾生落入妄覺妄見之中的見，所以不名爲見。

【「阿難！如彼衆生同分妄見，例彼妄見別業一人：一病目人同彼一國，彼見圓影，眚妄所生，此衆同分所現不祥，同見業中瘴惡所起，俱是無始見妄所生。例閻浮提三千洲中，兼四大海娑婆世界，並洎十方諸有漏國及諸衆生，同是覺明無漏妙心見聞覺知虛妄病緣，和合妄生，和合妄死。若能遠離諸和合緣及不和合，則復滅除諸生死因，圓滿菩提不生滅性，清淨本心，本覺常住。」】

講記：世尊又開示說：「阿難！如同那些衆生們的同分妄見一般，取來比較那一位同樣是妄見卻是別業妄見的人，也就是比較患了赤眚的一個人的情況：」「例彼」，就是以這個例子拿來和那個例子相比較。世尊爲了讓阿羅漢們以及阿難等三果以下的聲聞人都能瞭解佛菩提，幫這些已經迴小向大的聲聞菩薩們證悟佛菩提，所以先舉說別業妄見的患眚者，讓他們瞭解見與見性的本質，也舉說同分妄見者所見彗星飛流時的見與見性的本質，然後再拿二者來作比較，讓大衆容易理解；隨後還會擴大範圍來說，大衆就可以理解世尊想要表達的眞義了。

「那一位患了眼病的人，就如同那一整國人民的妄見一樣，他一個人所看見燈光周圍的光暈圓影，是因爲赤眚的虛妄病況爲緣所產生的個人的異常所見；而這個國土中的所有眾生，由於同一種業緣而全部都看見了不吉祥的彗星和流星雨等景象，卻都是同樣的妄見惡業中的瘴緣惡報所引起的，」也就是說，患了赤眚的人所見的景象是他個人的別業妄見；而那整個國土中的所有人所見的彗星、流星雨飛流等惡兆景象，雖然是同分妄見，相對於一切沒有看見彗星、流星雨飛流的其他所有國土眾生來說，卻又成爲別業妄見了。意思是說，患了赤眚的人所見的別業妄見，以及感應惡業的那個國土眾生所見的同分妄見，其實都同樣是無始劫來基於虛妄見解而造下了各種惡業，於是才會有今天的別業妄見以及同分妄見。

「這兩種妄見雖然有別業與同業而產生的別業妄見與同分妄見的差別，卻同樣都是無始劫以來不知道自己所見虛妄而產生的妄見。」所以，事實上，學佛人無法證悟佛菩提（明心證得如來藏而實證眞如、以及眼見佛性），都是緣於往世及今世熏習得來的虛妄見，而產生了別業妄見及同分妄見所致。那，什麼是現代學佛人的別業妄見呢？譬如有人自參自悟，可是卻悟錯了，落入離念靈知意識我見的妄見中，或是落入放下一切煩惱的覺知心意識我見境界中，或是其他種種的覺知心變相的我見境界中；凡是落入識陰境界中而自以爲悟的人，都同樣是妄見，因爲都落入我見中了；而這些妄見往往是與別人不同的，都是源於他自己學佛時的別業而造成的—源於他自己與別人不同的見解而產生的創見—與諸佛所說的不同，也與其他宣稱已經證悟的錯悟者所說往往不同，更與眞正證悟者所說不同；在不符至教量的前提下，當然屬於妄見；卻又因爲與其他人的見解全都不同，就成爲別業妄見了。

什麼是現代學佛人的同分妄見呢？就是說，同一批人所見皆同，就成爲同分了！但是因爲他們一同的見解全都錯誤了，所以這一批人的見解就成爲同分妄見。譬如現在大陸佛教界，對於元音老人所傳授的心中心法很信受（編案：這是二〇〇二年春天所講的），所以心中心法的意識我見流行於大陸佛教界；這個門派中的所有大師與學人，全都被元音老人教授了錯誤的知見，全都落入意識覺知心中，都不知道自己落入第二月中，錯將第二月誤認爲明月自體。於是在同一種妄見的熏習下，大家有志一同地誤將意識離念境界錯認爲開悟明心的本地風光，於是共同信受離念靈知即是眞如心，即是禪宗所悟的本來面目。既然已經落入妄心之中，所說當然是基於妄見而宣說出來的虛妄法；而他們這個妄見既是整個心中心法團體共同認定而支持的，於是這個妄見就成爲他們的同分妄見了！可是在他們那個國土（弘傳大陸密宗**心中心**法的團體）之外的一切人，卻不像他們一樣受持這個邪見，譬如我們正覺同修會不接受他們的妄見；而他們團體中的所有人都接受同一個妄見，於是，「離念靈知即是開悟境界」的妄見，就成爲他們團體中所有人的同分妄見；相對於我們正覺同修會來說，他們離念靈知即是開悟境界的見解就成爲他們的別業妄見了。

世尊又說：「這樣子拿來擴大比較於整個閻浮提三千洲裡面的國土，兼及四大海水中的整個娑婆世界國土中的全部眾生，並且再擴大到十方世界中的一切有漏國土以及其中的所有眾生，同樣都是藉由本覺光明的無漏妙心如來藏，以及祂所出生的六塵中的第二月見聞覺知等虛妄無明重病爲緣，互相和合運作而有了虛妄的世世出生；也是這樣由眞心的本妙覺明以及祂所出生的第二月覺知心，共同和合運作之後才有了虛妄的世世死亡。」這意思是說，不論是到十方世界的任何一個世界去，同樣都是由本妙覺明的眞心如來藏，配合如來藏所生的第二月覺知心來共同運作，才會有十方世界眾生的生與死。阿羅漢們知道第二月覺知心是入胎以後被本識所出生的，是有生也有滅之法；有漏眾生則由於不知道第二月的生滅性、虛妄性，產生了自我的執著而不願五陰自己滅除掉，所以就要一世又一世受生而繼續保有蘊處界自我，於是就有了無量世的生死及生存過程中的種種痛苦；於是努力思惟而斷盡我執以後，在捨報時滅掉自己而不再去受生了，就永遠離開生死痛苦。

但是菩薩追隨諸佛修學佛菩提道，或如阿羅漢迴小向大而修學佛菩提道以後，都已確認第二月雖是生滅虛妄的，卻永遠都是在如來藏的本妙覺明中生與死，從來不曾離開過如來藏之外而有生死；也確定第二月的一切境界受，全都是在自己的如來藏中受，不曾外於如來藏；既然如此，轉依如來藏的妙覺明性以後，其實一切生死都是在不生不死的如來藏中或生或死；當第二月如此歸屬於如來藏時，第二月其實也就沒有生死了！眼見佛性以後，第二月也被含攝在如來藏的妙覺明性中共同運作著，本來就應該攝入如來藏妙覺明性的種種功德之中，那又何必要滅除第二月而入無餘涅槃呢？於是菩薩就依這樣的現觀而發起悲心及大願，世世不離人間而廣行菩薩道。這個無可變易修改的實相道理，不論是在這個小世界，擴大到千世界，再擴大到中千、大千世界，乃至擴大到十方三世一切恆河沙數的三千大千世界中，都是同樣而且永遠不會被改變的事實。但是因爲凡夫眾生有所不知，於是就落入同分妄見中，同樣執取第二月作爲眞實的自己，具足我見與我執而不斷地輪迴生死，成爲常見外道；在所有常見外道見解中，執著第二月覺知心爲常住我的人，都屬於同分妄見者。假使有人被邪師作了邪教導，生起斷見、大梵天、造物主、極微等見解，就與這些落入我見中的常見外道有所區別，於是成爲與常見外道不同的別業妄見。

佛說：「如果有了實相智慧而能夠遠離各種和合運作的助緣，並且也能遠離與諸緣都不和合的心想，心行就全部滅除了，那麼就可以同時滅除各種導致生死的原因，也就能圓滿佛菩提中的不生不滅自性，這樣依止如來藏的妙眞如性而清淨了本心中的一切種子以後，就成爲如來藏妙眞如性的本覺常住的境界了。」

世尊的意思清楚地表明了：如果是有實相智慧的人，他一定能夠了知無餘涅槃的無境界的境界；也就是說，想要到達無餘涅槃中的無境界境界，一定要能了知五蘊、十二處、十八界等法的和合運作即是有情的世俗身心；這些有情世俗身心所攝的蘊處界等法，全都是要藉各種因緣來和合運作當作助緣，才能使有情世俗身心繼續存在及運行；也正因爲如此，有情就輪轉生死而不能斷除了。然而有智慧的人卻能現前觀察到因緣假合的事實，導致我見及我執的斷除；這時就能遠離諸緣的執著，也能遠離「不與諸緣和合」的心想，於是最後一分心行就跟著滅除了，這就是最微細我執的斷盡，這時已經成爲阿羅漢了。

可是阿羅漢畢竟聽聞過世尊所說如來滅後是有、是無、是非有、是非無、是非有亦非無等道理的探討，終於知道如來滅後並無三界有，當然非有；但是又非斷滅空，是有三界外的如來藏心獨存，故非無；非斷滅空而又不是三界有，故非有亦非無；這時了知非有亦非無的正理，於是起心尋求涅槃本際—入胎識如來藏—的所在，迴心而入大乘法中修學，終於實證本識如來藏，證實佛菩提道中所說的不生不滅自性，也終於實證諸菩薩所證的本來自性清淨涅槃。這時就圓滿現觀佛菩提中所說的不生不滅自性，剩下的就是相見道以及事修上面的事了！

當他悟後轉依本識如來藏的本來自性清淨涅槃以後，於是轉而純依如來藏本來的妙眞如性來修行，開始修除一切煩惱障，開始深入證解如來藏的各類種子；經由這樣的修行而漸次清淨了本心如來藏中的一切種子，最後究竟清淨了（煩惱障相應的習氣種子隨眠以及對實相無所了知的無明隨眠都斷盡無餘了），這時就成爲究竟佛地所住的如來藏妙眞如性的本覺常住的境界了。這樣才是眞正的佛菩提道——成佛之道，若不是如此實修，只是在世俗法（俗數法）蘊處界等三界有爲法上面觀修，終究無法了知涅槃的本際——實相法界的眞相，至多只能成爲阿羅漢，終究不可能成就佛道。

【「阿難！汝雖先悟本覺妙明性非因緣，非自然性，而猶未明如是覺元非和合生及不和合。阿難！吾今復以前塵問汝：汝今猶以一切世間妄想和合諸因緣性而自疑惑，證菩提心和合起者，則汝今者妙淨見精，為與明和？為與闇和？為與通和？為與塞和？若明和者，且汝觀明，當明現前，何處雜見？見相可辨，雜何形像？若非見者，云何見明？若即見者，云何見見？必見圓滿，何處和明？若明圓滿，不合見和；見必異明，雜則失彼性明名字；雜失明性，和明非義；彼暗與通及諸群塞，亦復如是。」】

講記：世尊又開示說：「阿難！你雖然先前已經悟知本覺妙明所生出來的六種自性並非單由因緣所生，也不是單由自然性所生的，可是你仍然不曾明白像這種知覺性的根源既不是和合諸緣所生的，也不與知覺性和合爲一的道理。阿難啊！我如今又以面前所對應的色塵來問你：你如今仍然落入由一切世間妄想和合了各種因緣的體性，而自己產生了疑惑；然而，證得菩提心而且能與菩提心共同和合而運作的覺知心，其實就是你阿難如今眼前這個微妙清淨而無染塵的能見的眞精；這個能見的眞精，究竟是與光明和合爲一呢？或是與黑暗和合爲一呢？是與通和合爲一呢？或是與塞和合爲一呢？如果是與光明和合爲一時，那麼你就直接觀察光明；當光明出現時應當只能看見光明，又如何能看見各種互相雜亂的所見？當能見所見的見相確實可以分明辨別時，能見之中究竟還有什麼各類形像可說呢？可是如果回頭說光明不是見的時候，又如何能看見光明呢？如果光明即是見的本身時，又如何能看見自己確實有見的功能？如果你一定要說見的本身是圓滿的，那麼見又是在什麼地方與光明和合？若是說光明自己就是圓滿的，不必要有見的功能來幫忙，那麼光明就不應該與能見和合。假使因此就反過來說見與光明是互異的，那麼當光明與能見互雜而有見的現象時，應該光明與見已經互相混合了，那就應該說光明即是見，這時當然已經是失去光明的自性了。若是光明已經失去自性了，而說見與光明和雜在一起，這個說法就不能成立了。光明與見的關聯是這樣的，其他的黑暗與通達無阻，以及種種不同的阻塞，它們與見的關係也是一樣的道理。」

這就是說，阿難當時聽聞佛陀的開示以後，只知道這個被自己認爲是本來就能覺了諸法的微妙光明覺知心的自性，並非單由因緣法所出生的，也不是自然而有的體性，卻仍然不知道另外還有一個能出生覺知心的根元存在，而這個能出生覺知心的根元如來藏，卻不是眾緣和合所生，也不是與覺知心和合為同一心；這個道理是到目前為止的阿難尊者所不知道的，所以當他聽到說覺知心非因緣生亦非自然性的時候，就不知道覺知心的自性究竟是因緣生或者本然存在的。所以，世尊還得要幫助他瞭解覺知心等六種自性，都是不可歸還於所緣的諸法，讓阿難以及所有剛剛迴心大乘的所有阿羅漢們知道：本來就能覺知諸法的微妙覺知心的種種自性，其實是由另一個不與覺知心和合為一的第八識如來藏所出生的，覺知心並不是單由根與塵作為因緣就能出生的，也不是自然性——不是無因無緣而自己本然就在的。為了讓阿難等大眾都能知道覺知心是由如來藏所生的，於是只好再以眼前所能面對的色塵與見性（能見的功能），來作比較而證實：覺知心所具有的見性，確實不能與明暗通塞和合，而是緣於明暗通塞來作了別，使自己的光明性（了別性）存在及運作，是與所緣的明暗通塞互相對待而存在的，所以不該歸還到覺知心所緣的明暗通塞等所緣法中，而應該歸還到如來藏心，這樣就證明覺知心非因緣生、非自然性了。

百餘年來，一般學人總是跟著表相大師（名氣大、道場大、徒眾多、身披僧衣者）學習，隨著大師們同樣誤以爲修行就是要把妄心六識覺知心，修行成爲一念不生時，或是修成不牽掛諸事而沒有我所煩惱的時候，就可以變成常住眞心了！然後就誤引《楞嚴經》中「非自然性、非因緣生」的聖教，來證明他們所說覺知心離念時即是常住不壞心的說法，都是想要把生滅性的覺知心或覺知心的六種自性，修行變成常住眞心或佛性；卻不知道常住的眞心一定永遠常住、本來就在、本來就已經是常住的，不是把有生有滅的覺知心識陰修行轉變成不生不滅的眞心；因爲，有生有滅的覺知心既然曾經有生，將來就必定有滅，這是法界中永遠都無法改變的事實。但是，那些瞎眼阿師們卻都一直想要改變生滅心爲常住的眞心，百餘年來也都這樣教導眾生，至今仍然不肯改變而繼續落入妄心的生滅性中。這種自誤誤人而不是自悟悟人的事情，仍然繼續在華夏地區進行著，繼續在戕害炎黃子孫的法身慧命，仍然沒有減少或消失的徵象，這就是當代佛教與當代佛子最可悲的地方。

佛說：「**證菩提心和合起者，則汝今者妙淨見精，爲與明和？爲與闇和？**」這表示，能證得第八識常住菩提心的覺知心，這個能證的心其實正是覺知心識陰；只有識陰覺知心才能證得常住的菩提心如來藏，所以參禪人應該是以生滅性而能了別的覺知心，來證得不生滅而不了別六塵的如來藏眞菩提心，這樣才能證得菩提妙心而與菩提妙心和合在一起運作。若是證菩提心的覺知心就是所證的菩提心，那又怎能說是「證菩提心」而與菩提心「和合起者」？當然不能說是證菩提心以後能與菩提心和合在一起共同運作的心了。這在《楞嚴經》中已經很清楚地說明了眞妄二心和合運作的正理了，但是末法時的表相大師們卻都仍然讀不懂，總是誤會「非因緣生、非自然性」的聖教開示，都想要把每天來去生滅不住的妄心客人自己，變成常住不去的眞心主人，於是天下眾生就跟著被誤導而無法實證佛法了。

但是，爲了不想讓阿難等人誤以爲覺知心是常住心，所以 世尊才要發大慈心，再三再四地徵明這個覺知心雖然不是眞實心，卻也不是因緣生，更不是自然性，而是要藉種種因緣而從如來藏中自然出生的。於是 世尊又再爲阿難等人甄明這個事實，提出來辨正說：「阿難！我就以現前可以觀察出來的色塵來問你：你如今仍然落入由一切世間妄想和合了各種因緣的體性，而自己產生了疑惑；然而，證得菩提心而且能與菩提心共同和合而運作的覺知心，其實就是你阿難如今眼前這個微妙清淨而無染塵的能見的眞精；這個能見的眞精，究竟是與光明和合爲一呢？或是與黑暗和合爲一呢？是與通和合爲一呢？或是與塞和合爲一呢？」這已經很清楚地說明：覺知心的局部功能見性（能見的功能——名爲見精），是無法與所緣境界明暗通塞和合的，明暗通塞只是覺知心的所緣境，是與覺知心見精相對而不是互相和合的，當然覺知心的能見之性不該歸攝於所緣的四法之中。既然如此，當然是應該歸攝於能生覺知心的見精的根元如來藏中。

爲了使阿難等人確實瞭解覺知心的見精功能，並非與外法和合而成爲因緣生的自性，所以提出反問及開示：如果覺知心的見精（見的功能）是與明和合爲一，那麼見精應當即是光明；可是當光明出現時就應該只能看見光明，又如何能夠看見互相雜亂的各種色塵？反過來說，假使認爲見精即是光明而與光明和合爲一時，那就應該是由光明來看見各類色塵而不該是由見精來見各類色塵；但在現前可以觀察的現量境界中，卻又看到**能見**與**所見**等二種見相，確定不是由光明來看見各類色塵的；也確實可以被自己分明地辨別出來，見精與光明是互相對待而不是和合爲一的；假使光明即是見精，是與見精和合爲一的，那麼就應該是直接由光明來看見各種色塵，這時見精究竟還有什麼各類形像可以看見而說是見精所見的呢？這已經證實見精不等於光明了，所以確不該把見精攝歸所緣的光明。

可是如果因此而回頭改說光明不與見精和合，那麼見精又如何能夠處在光明之中而看得見光明呢？如果光明即是見精本身時，光明應該是看不見一切色塵的，也是不能照耀一切色塵的，這時正當在見精看到色塵的時候，又如何能看見自己確實有見的功能而不與光明和合為一？因為見精若不是處在光明中而似乎是與光明和合的，就不可能看見各種色塵了。但是，如果一定要說見精本身是圓滿而具足光明的，那麼見精又是在什麼地方與光明和合？而現前所見卻是見精不與光明和合為一。這時若是改說光明自己就是圓滿的，不需要有見精功能來幫忙看見色塵，那麼光明就不應該與見精和合，因為這時見精是應該獨立在光明之外，才能看見光明不與見精和合。

假使因此就反過來說，見精與光明是互異的，那麼當光明與能見互雜而有能見的現象時，應該說光明與見精已經互相混合了，那就應該說光明即是見精；這時光明既是見精了，當然已經是失去光明的自性了，那麼見精又怎能看見光明所照的各種色塵呢？若是光明已經成為見精而失去光明的照明自性了，而說見精與光明和雜在一起，這個說法就不可能再繼續成立了；因為見精如果是與光明和雜在一起時，見精自己就不必藉著外法光明才能看見各種不同的色塵。所以，**光明**與**見精**的關聯只是**能緣**與**所緣**的關係，當然不能把能緣的見精與所緣的光明和雜為同一法，當然就不能把見精歸攝在光明之內，當然一定是由如來藏來含攝見精，才能講得通。至於見精與暗、通、塞之間的關係，也和這個道理一樣，並沒有兩樣；所以見精同樣是絕對不許歸攝在暗、通、塞等法之中，不可以說是與暗、通、塞等法和合的，這樣一來，見精顯然是要歸攝在如來藏這個根元之內。

【「復次阿難！又汝今者妙淨見精，為與明合？為與暗合？為與通合？為與塞合？若明合者，至於暗時明相已滅，此見即不與諸暗合，云何見暗？若見暗時不與暗合，與明合者應非見明，既不見明，云何明合了明非暗？彼暗與通及諸群塞，亦復如是。」】

講記：世尊又說：「其次，阿難！你如今現前能見各種色塵的微妙清淨見精，究竟與光明和合呢？或是與黑暗互相和合呢？是與通透和合呢？或是與堵塞互相和合呢？如果你說見精是與光明和合的話，這個見精到了黑暗境界時，光明的法相已經滅失而不存在了，這時的見精就不應該又與各種黑暗境界和合了；既不該與黑暗境界和合，那又如何能看見黑暗的境界？如果你阿難說，見精看見黑暗境界時是不與黑暗和合的，同樣的道理，當見精與光明和合時，就應該不可能看見光明；既然與光明和合時不應該能看見光明，爲什麼見精與光明和合時卻又能了知當時是光明而不是黑暗？至於見精與那些暗與通，以及與種種堵塞的道理，也都應該是同樣的邏輯才是啊！」

這也就是說，能見的微妙清淨功能，其實本是如來藏含藏的各種功能性之一，並非含藏在見精所緣的明暗通塞等法之中，所以都應該歸攝在如來藏的妙眞如性中，不可以說是自然性或因緣生，否則就成無因唯緣而有見精了！可是從實證後的現量境界中來觀察時，卻又分明看見見精並不是沒有如來藏根本因，而純憑種種外法因緣就能出生的；當然更不可能是自然性的，因爲見精是夜夜斷滅不在的，也是要依靠各種所緣的明、暗、通、塞境界等色塵境，才能夠生起及存在的。由於阿難當時沒有深入加以現觀，所以世尊提出問題來，讓阿難現前觀察一下：「如今你阿難能見各種色塵的微妙清淨的見精，究竟是與光明和合爲一呢？或是與黑暗互相和合爲一呢？究竟是與通透和合爲一呢？或是與堵塞互相和合爲一呢？」要阿難等人當下觀察。如果能夠現前觀察比對，就知道見精根本就不與所緣的境界和合爲一。

如果阿難回答見精是與光明和合爲一，當見精到了黑暗境界中時，光明的法相已經滅失而不存在了，見精就應該與光明一起消失才對；那麼這時既沒有了見精，當然就不應該說見精又與各種黑暗境界互相和合而看見各種黑暗境界的色塵了。既然說應該與所緣境界和合才能看見，當見精與光明和合為一之後，又變成黑暗境界時，就不該說見精再與黑暗境界和合為一，因為已經與光明和合為一而隨著光明消失不在了，那又如何能重新看見黑暗的境界？如果阿難這時改變說法，認為見精看見黑暗境界時是不與黑暗和合為一，同樣的邏輯，當見精與光明和合時，就應該不可能看見光明，因為見精處在光明境界下而能看見各種色塵時，同樣是不該與光明和合為一的；這樣一來，又與前面所主張的與光明和合為一才能看見光明的說法不同，當然就不該能看見光明了。那麼，既然與光明和合時不應該能看見光明，為什麼見精與光明和合時卻又能了知當時是光明而不是黑暗？至於見精與暗、通、各種堵塞之間互相的關係，也都應該是同樣的邏輯，當然就不該說見精是與暗、通及各種堵塞互相和合，或者說是不互相和合；這樣一來，見精究竟是應該與什麼和合在一起而共同運作的呢？答案就很清楚了：當然是與如來藏妙真如性和合同在，應該歸攝於常住而從來沒有來去的如來藏主人！

【阿難白佛言：「世尊！如我思惟，此妙覺元，與諸緣塵及心念慮，非和合耶？」佛言：「汝今又言覺非和合。吾復問汝：此妙見精非和合者，為非明

和？為非暗和？為非通和？為非塞和？若非明和，則見與明必有邊畔；汝且諦觀何處是明？何處是見？在見在明，自何為畔？阿難！若明際中必無見者，則不相及，自不知其明相所在，畔云何成？彼暗與通及諸群塞，亦復如是。」

講記：這時阿難向　佛陀稟白說：「世尊！如果依照我的思惟，這個微妙的覺知心自己，」覺元，是說覺知心自己，「與各種所緣的色塵以及覺知心自己的憶念與思慮，是不和合的，不知是否這樣子？」佛陀就開示說：「你如今還說覺知心自己不與所緣的色塵光明等互相和合。我再重新問你：這個微妙的見精若是不能與所緣和合，究竟是不與光明和合？或是不與黑暗和合？究竟是不與通透和合？或是不與堵塞和合？如果你阿難說覺知心見精不與光明和合，那麼覺知心的能見功能與所緣的光明之間，必定是各有邊際而分隔爲見性與光明兩邊的；那麼你阿難暫且詳細而正確地觀察一下，見性與光明之間是在什麼地方區隔開來，而使你阿難可以指出哪個地方是光明？哪個地方是能見？這時，從見性這一邊，或是從光明這一邊，你如何能指出是在什麼地方互相成爲邊側而區隔開來呢？阿難！如果在光明的境界中一定是沒有見精的話，那麼光明與見精就是不能互相觸及的，這時自然不知那個光明法相的所在，那麼光明與見精的邊側又如何能指得出來？」又如何能區隔出來呢？「見精與光明之間的關係是如此，而那些黑暗、通透以及各種堵塞的所緣境界，它們的道理也都是如此啊！」

這意思是說，當阿難聽到世尊說見精與明、暗、通、塞並不是和合爲一的，於是又反過來說見精是不與明、暗、通、塞和合的，這時又落到另一邊而與現量境界相違了。於是世尊就不厭其煩地開示說：假使主張這個微妙的見精若是不能與所緣和合，當然就得要先弄清楚，究竟是不與光明和合？或是不與黑暗和合？究竟是不與通透和合？或是不與各種堵塞和合？不該隨便反過來說，而是應該加以探究清楚，然後才確定自己的看法。

如果主張覺知心見精不與光明和合，那麼當覺知心的能見功能正在運作時，應該就不是處於所緣的光明裡面來了別各種色塵，那就必定是見精與光明二者之間互有邊際而分隔爲見性與光明兩邊的，是不互相接觸、不相混雜的，那就不可能藉光明來看見各種色塵了。這又有問題了，當我們詳細而正確地觀察時，將會發覺一個事實，就是見性與光明之間是沒有區隔的，根本就無法在什麼地方把二者區隔開來，完全沒辦法指出哪個地方是只有光明而無能見，哪個地方是只有能見而無光明。

假使有人堅持說見性（見精）與光明是不和合的，這時一定要能從見性這一邊，或是從光明那一邊，明確地指出是在什麼地方互相成爲邊側，而明確地指出見精與光明的區隔所在。可是，在見精現前所見的光明中的色塵現量境界中，卻是無法指出見精與光明互相隔開的邊際。如果還有人繼續堅持說見精與光明是互不相及的，那就應該說，在光明的境界中一定是沒有見精存在的，這樣才可以主張說光明與見精是不能互相觸及的；既然見精與光明是不能互相觸及的、是不相到的，這時的光明與見精當然是應該區隔成爲兩邊的；既是區隔爲兩邊，當然就應該可以指出光明與見精之間的區隔處。事實卻是不可能指得出來的，因爲見精與光明是互在而又不是和合爲一的。如果在光明境界中沒有見精存在，那麼見精當然是與光明不相及的，也就是無法了知光明的，那麼一定是無法了知光明法相的所在，那又如何能指出光明與見精的邊側？當然是無法區隔出來的。

這意思就是說，不該認爲見精與光明是和合爲一的，也不該認爲見精與光明不能互相和合——不許說見精與光明不相及。若說二者是和合爲一，那麼見精（也就是覺知心）就該攝入所緣的光明等法之內，而不是獨立於所緣的光明等法以外；當然見精就應該是與所緣的光明等法同生同滅的了，那麼見精就應該是由所緣光明等法的各種色塵所生的，就不該是心，更不該是常住的眞心、眞我所出生的妙精明性，就不該是由本來面目所出生而始終與本來面目同在一起的覺知心；因爲色塵物質不是心，不可能出生覺知心。若反過來說見精是與所緣的光明等法不和合的，說見精與所緣的光明等法是不相及的，那麼見精就應該無法緣於光明等法，而看不見明、暗、通、塞等法之中的各種不同色塵。

綜而言之，見精（或者說覺知心）與所緣的各種不同諸法之間的關係，並不是和合或不和合的，因爲見精是心法而不是物質之法，所以說和合與不和合時都會有過失；因爲，主張和合時是應該與所緣的光明等法混同爲一體的，那麼就該隨著所緣的光明等法而一起生滅了；可是當所緣的光明消失時，卻不會隨著所緣的光明消失，卻是可以繼續在暗中看見暗相中的各種色塵；由此可以確定見精在明暗通塞之中看見各種色塵時，既不是與所緣的明暗通塞和合爲一，也不是不與明暗通塞互相和合的；因爲見精是不屬於所緣的明暗通塞等法所含攝的，也就是不由所緣的明暗通塞等法所生的。但見精也不是自然性而本來存在著的，因爲見精是夜夜滅失而不存在的，晚上眠熟滅失時就收藏在如來藏心中，早上再由如來藏流注出來而醒過來，才又來到色身旅店中，是如同旅人一般每天在色陰旅店中來來去去的；而如來藏妙眞如性卻是每天都常住於色陰旅店中，不曾來去，所以如來藏眞如心與佛性才是本地風光、本來面目。

從聲聞人的立場來看覺知心的六種自性—見性、聞性、嗅性、嚐性、觸覺性、了知性—都是生滅不住而應該滅除淨盡的，才能入無餘涅槃而解脫一再生死的痛苦。但是從菩薩的立場來看，覺知心的各種功能是不應該滅除掉的；因爲覺知心的六種功能性，其實是明月如來藏心所生的第二月；藉著第二月的覺知性來學佛參禪，才能明心而證得明月如來藏，才能確認覺知心自己以及覺知心所擁有的六種功能，都是由明月如來藏所出生及相續支持，才能相續不斷地運作。經由這個法界眞相的現觀，了知覺知心是明月如來藏心藉著妙眞如性而出生的，然後依附於如來藏的妙眞如性而每天出生及運作；於是就把覺知心的六種功能性攝歸如來藏心，世世不斷地受生於人間或往生於天界繼續修行，或是往生到諸佛淨土而繼續修行。這樣世世不斷受生而不斷地延續佛道的修行，始終都不滅掉五陰、十八界法，世世使第二月覺知心的各種功能繼續現行而勤行菩薩道，最後終於能成就佛道。

若是依聲聞人的智慧與觀察，依聲聞聖人必入無餘涅槃的立場來看，就一定要現觀第二月覺知心的各種功能自性全都虛妄，捨報時一定要滅盡第二月覺知心及六種自性，無一法繼續出生及存在而進入無餘涅槃中，只剩下如來藏明月離六塵見聞覺知而獨存，不再有後世的五陰、十八界繼續出生，當然也就永遠不再走向成佛之道而不會廣修菩薩六度、十度萬行的了，自然也就不可能成佛了。所以，到了親證實相的時候，實相般若生起了，反而會說一切法本不生滅，因爲一切法都攝歸如來藏明月，而如來藏明月是永無生滅的，所以第二月間接出生的各種自性當然也就跟著不生不滅了。菩薩對於第二月覺知心的各種自性（見精、聞精、嗅精、嚐精、覺精、知精）的看法正是如此，所以未離胎昧的菩薩們敢發願世世常在人間或常在天界，不斷受生而廣利眾生、自度度他，與眾生共成佛道。因此說，覺知心見精與光明之間的關係是如此，而那些黑暗、通透以及各種堵塞的所緣境界，與見精之間的關係，其中的道理也都是如此啊！擴而大之，見精與所緣境的關係是如此，聞精等五種覺知心的自性，與各自的所緣境界也一樣是不和合亦非不和合的，因爲都是明月如來藏心所出生的精明性，而不是由所緣的各種境界所出生的精明性。

【「又妙見精非和合者，為非明合？為非暗合？為非通合？為非塞合？若非明合，則見與明，性相乖角；如耳與明，了不相觸；見且不知明相所在，云何甄明合非合理？彼暗與通及諸群塞，亦復如是。阿難！汝猶未明一切浮塵諸幻化相當處出生、隨處滅盡、幻妄稱相，其性真為妙覺明體；如是乃至五陰六入，從十二處至十八界，因緣和合，虛妄有生；因緣別離，虛妄名滅；殊不能知生滅去來本如來藏常住妙明、不動周圓妙真如性，性真常中，求於去來、迷悟、死生，了無所得。」】

講記：世尊接著開示說：「而且，這個微妙的見精若是不與所緣的明暗通塞互相和合的話，究竟是不與光明和合呢？或是不與黑暗互相和合呢？究竟是不與通透和合呢？或是不與堵塞互相和合呢？如果是不與光明和合，那麼見精一定是與光明有所不同，一定是二者的體性互相乖違而角立，不能同在一起；當然就如同耳的聞性與色塵的光明之間，二者完全不相接觸。當見精與光明不能互相和合時，見精尚且不知光明究竟在什麼地方，又如何能夠甄明見精與光明是相合或不相合的道理呢？見精與光明和合或是不和合的道理是如此的，而見精與那些黑暗、通透及各種堵塞的關係，也同樣是這樣既不和合，並且也不是不和合的。阿難啊！你到現在還是沒有明白，一切浮現於覺知心中的各種六塵相，雖然都是有各種的幻化相，卻都是在當下那個地方出生、然後又隨即在出生之處變異而滅盡、也都是在這些幻化的法相之中虛妄地被指稱爲各種不同的名相，其實本來都是由明月如來藏藉自己的妙眞如性而出生的；並且，六識覺知心以及六種自性，也都是明月如來藏所出生的第二月，並不只是單純的月影而沒有功能；所以，第二月覺知心以及祂的六種功能性，眞的是明月如來藏所含攝的微妙本覺的光明體之一。同樣的道理，乃至於五陰、六入，從六根與六塵等十二處擴及到六根、六塵、六識等十八界，固然全部都是因緣和合，全都是虛妄性的有生之法；出生了以後，將來也必定會由於因與緣的別離，而又在祂們自己虛妄法中壞滅而被稱爲有滅之法；你卻沒有智慧而不能了知，這些有生有滅有去有來的五陰、六入、十二處、十八界，以及祂們的各種微妙自性，本來都是如來藏由祂自己常住勝妙光明、如如不動而周遍圓滿勝妙的佛性中出生而加以含攝的——一直都是在這個常住而不生滅的明月如來藏中生滅不已；從明月如來藏的勝妙佛性的眞實常住境界中來看，想要尋求第二月覺知心及其六種自性的去與來、迷與悟、死與生，其實根本就了然無遺而確定都無法找得到這些現象。

「又妙見精非和合者，為非明合？為非暗合？為非通合？為非塞合？若

非明合，則見與明，性相乖角；如耳與明，了不相觸；見且不知明相所在，云何甄明合非合理？彼暗與通及諸群塞，亦復如是。」識陰覺知心所擁有的微妙見精，一定是與所緣的明暗通塞等所緣法互相和合而又不是混同爲一——不是混同爲一個法而不可分離，而是和合於明暗通塞等境界中來運作，卻又不即是明暗通塞——不與明暗通塞等所緣境界混同，而是能處在所緣的明暗通塞等所緣境界中，卻不與所緣的明暗通塞等法結合爲一；所以，見性若是不緣於明暗通塞中的某一種境界時，隨時可以改變所緣的其他境界而處於新的所緣境界中，這樣才能具足見精的功能而可以隨時在改變後的所緣不同境界中繼續見色，使見性功能（見精）繼續作用，所以也不能說見精與所緣諸法和合以後就混同爲同一法而不可分離。也就是說，見精與所緣的明暗通塞等法和合而運作祂自己的功能時，見精仍然不等於明暗通塞等法，仍然不是和合之後就混同爲一，卻是可以與明暗通塞等法和合或分開，而處在其中的一種所緣境界中來看見色塵的。

見精正在見色時，若是因爲與所緣的明暗通塞等法中的一種和合而混同爲一，當光明相消失而變成暗相時，見精應當在光明相消失時，就隨著光明相一起消失而不存在了，那麼這時就不應該還能再看見暗相中的各種色塵了！若見精是與所緣的通透之相和合為一的時候，當通透之相消失時，見精就應該再也不能看見通透時的所見，而且也不可能再看見阻塞時所見的眼前牆壁色塵，因為見精已經隨同通透之相消失而不存在了。這都是因為明相與暗相、通相與塞相的法性不同的緣故，是互相排斥的；當見精與明相和合而混同為一時，就應該不可能看得見法性相反的暗相中的色塵；若是與通相和合而混同為一時，就應該只能永遠看見戶外的景色，已經永遠都不可能看見法性相反的塞相中的色塵——不能再看見近處眼前的牆壁了。所以，見精雖然能與明暗通塞等相和合而處在其中運作，卻不因為有時和合就與所緣的明暗通塞混同為同一個法。

假使不懂這個道理，只因為見精和合明暗通塞等相的時候，不會與明暗通塞等相混同為一，就說見精事實上是不與明暗通塞等所緣境界互相和合——因為明去暗來時仍然可以看到暗相中的各種色塵—也會出現嚴重的問題。譬如說，見精若是不與所緣的明暗通塞互相和合，究竟是不與光明和合呢？或是不與黑暗互相和合呢？究竟是不與通透和合呢？或是不與堵塞互相和合呢？如果說見精是不與光明和合——因為見精後來又可以在黑暗中看見暗的色塵，那麼見精就應該不能在光明之中看見種種色類的色塵；如果認為見精是不與黑暗相和合的——因為見精隨後仍然可以在光明相中看見種種色塵，就說見精是不與所緣的黑暗境界和合，那麼也應該說見精是不會與所緣的光明和合的；因為，見精既不能與所緣的黑暗和合，當然就應該一樣是不可能與所緣的光明和合，那麼見精就不成其為見精了！因為不論是明相或暗相，見精既然與所緣的明暗不相和合，那麼見精當然都不可能看得見明相或暗相的，這當然是與現象界的事實違背而不能通過現量上的檢驗。

如果說見精是不與所緣的光明和合，那麼見精一定是與光明有所不同，所以才不能互相融洽——見精不能融入光明法性中來見色，那就一定是見精與光明二者的體性互相乖違而各自都站在互相對立的一角，成為二者互相獨立而不和合的狀況，這樣一來，見精就不可能與光明同在一起——不能處在所緣的光明境界中來見色；這樣一來，當然就會如同耳的聞性與光明之間，二者完全不相接觸——見精與光明互不相干而使見精不能涉入光明之中來見色塵。當見精與光明不能互相和合—見精不能與光明互相融洽而處在光明之中—那時的見精尚且不知光明究竟在什麼地方，又如何能夠和合及涉入暗相、通相、塞相中呢？又如何能從明暗通塞等法相中，來一一加以甄明見精與光明是相合或不相合的道理呢？見精與光明之間是否能夠互相和合的道理，和合之後是否混同爲一的道理既是如此，當然見精與黑暗、通透及各種堵塞等所緣境界的關係，必然也同樣是這樣既不混同爲一，也不是不和合涉入的。

「**阿難！汝猶未明一切浮塵諸幻化相當處出生、隨處滅盡、幻妄稱相，其性真為妙覺明體；如是乃至五陰六入，從十二處至十八界，因緣和合，虛妄有生；因緣別離，虛妄名滅；殊不能知生滅去來本如來藏常住妙明、不動周圓妙真如性，性真常中，求於去來、迷悟、死生，了無所得。**」當時阿難尊者與諸阿羅漢們迴心大乘不久，還沒有悟得如來藏眞如心，也還不曾看見妙眞如性——佛性，當然就無法懂得五色根、意根、六塵、六識等虛浮幻化等法，都是在當下從如來藏心中藉著勝妙的眞如法性來出生的，自然也是緣散之時就會同時在同一如來藏所在之處直接滅盡；由於還不知道這一切浮塵幻化之十八界、五陰全都是從如來藏中出生，不知道如來藏具有這種勝妙的眞實如如法性，於是把如來藏藉著妙眞如性—佛性—所出生的六識的見聞知覺性，當作是自己眞實常住的勝妙本覺光明性的實體。

事實上，五陰、六入、十二處、十八界（也就是自我的全部），都是如來藏心體藉著自己的妙眞如性的功德，再藉著種種因緣而自然地出生了！這些被如來藏的妙眞如性所生的陰入處界等有情諸法，全都是在如來藏心體的表面虛妄地出生的——從來不曾外於如來藏心體而出生，從來不曾外於如來藏心體而存在。既然陰入界處等有情我，都是由如來藏心的佛性藉著種種因緣來出生的，當如來藏所憑藉的因緣散壞的時候，陰入界處等有情我也就跟著滅失了；可是因爲滅失以後並不是斷滅空無，而是回歸於如來藏心體之中。事實上原本在人世之中所有的陰入界處等有情我的一切功能——一切種子——都只是回歸到如來藏心中罷了，本質上並不曾滅失，所以才說是「**虛妄有生、虛妄名滅**」。

事實上人類死亡以後，五陰、六入、十二處、十八界等有情身心之功能，全都繼續含藏在如來藏心體中；當因緣和合時，於是中陰身便又從如來藏心體之中，由如來藏自己的妙眞如性—佛性—的功能，藉著種種因緣而出生了！又如同幾十年前受生時一般，重新再來一遍「**虛妄有生**」。當中陰身壽命七天的期限屆臨時，如來藏的妙眞如性就繼續運作而滅掉不能再使用的中陰身，重新再來一遍「**虛妄有滅**」。「**虛妄有滅**」之後，如來藏心的妙眞如性又再度「**虛妄有生**」而出生第二個中陰身，當亡者的來世有緣父母因緣出現時，入了母胎，於是如來藏藉著妙眞如性，又重新「**虛妄有滅**」而滅掉了中陰身。入胎後執取了受精卵，如來藏的妙眞如性便又開始「虛妄有生」的過程，當然隨後又會有老、死等「虛妄有滅」的事相。而這樣的「虛妄有生、虛妄有滅」的現象又繼續重複進行著，但由於識陰六識的六種自性都只是在如來藏心體中虛妄出生、虛妄滅壞，所以就稱爲「虛妄名滅」。

所以說，不但五種浮塵根、意根與六識的見性等知覺性，甚至連六塵也都屬於浮塵的性質；所以一切有情的五陰、十八界等自我，也全部都是變化不定的，因此說有情的一切浮塵，一般的性質全都是幻化之相，將來也必定會幻化而滅。爲什麼說是幻化的呢？因爲一切有情的陰界入，在現象界中確實是有出現的，可是出現了就立刻不斷地變異，在世間存在一段時間以後又滅壞、又過去了，這樣生、住、異、滅不斷的輪轉，當然是如同虛空中的浮塵一般，一樣是幻化不定的。而一切有情的陰界入等幻化相，都是「當處出生」；是當什麼處而出生的呢？都是當眼根、色塵等相所在的處所而出生；然後「隨處滅盡」，就隨著根、塵相觸之處而老死、而滅盡。

就以最短時間的六塵變化相來說好了，這一刹那浮塵才剛現起而滅謝了，下一刹那的浮塵又隨即上來，這樣一刹那又一刹那繼續延續下去。可是，這些現象界中可以現前觀察到的陰入處界等有情法相，其實全都是在如來藏心體的所在而生、而住、而異、而滅；一切有情身心的生住異滅，全都是在如來藏的所在之處幻生幻滅的，所以才說「**當處出生、隨處滅盡**」，全都是依陰入處界等有情的虛妄身心而說有生有滅，當然應該說是「**虛妄有生、虛妄名滅**」。可是，這一切的「**當處出生、隨處滅盡**」所說的「**虛妄有生、虛妄名滅**」，都只是在如來藏心體中生滅不已，從來不曾離開過如來藏心體之外；而且從來都不是由外法因緣所能出生、所能滅盡的。然後我們的覺知心證悟如來藏與佛性以後，再從常住如來藏心體與佛性自身的立場，來看待五陰十八界身心的生滅去來時，當然就沒有所謂五陰身心的生滅去來可說了。正由於這個緣故，所以 世尊要這樣指稱一切未悟或者悟錯的人：「**殊不能知**（五陰身心的）**生滅去來本如來藏常住妙明、不動周圓妙真如性，性真常中，求於去來、迷悟、死生，了無所得。**」

這其實就是在講因緣與等無間緣，但是單憑因緣與等無間緣，眾生就能夠見、能夠聞嗎？也不行！還得要有增上緣，否則還是沒辦法擁有見性、知覺性的。所以，五陰十八界等有情身心，都是從自己的如來藏心體中，藉著如來藏的妙眞如性而幻化出來的。正因爲五陰十八界身心是有生必滅而虛妄的，所以是幻化的；而如來藏幻化了五陰身心以後，仍然繼續流注五陰身心運作時所需要的各類功能差別，於是五陰身心就能夠有各種功能，才可以說五陰身心的見性部分能夠有光明相，也可以有黑暗相，有通相也有塞相。如果不是幻化的，如果不是當著如來藏所在之處出生，就很快地隨處滅盡，那麼有情將會看不見也聽不見了，或者是只能永遠看見同一個影像而不會繼續變化所見的色塵影像，那麼見性就無所能用的了；同理，聞性乃至知覺性也將一樣無法作用而無所了知了。

因爲，見性如此，聞、嗅、嚐、觸乃至知覺性等，也都將是如此。這是因爲識陰六識的見聞知覺性等功能，全都含攝在如來藏心體中；見聞知覺性的體性，其實全都是妙覺明體如來藏中的一部分體性——都是我們的如來藏心體藉著祂的妙眞如性—佛性—而顯現出來的體性，所以世尊才說：「本如來藏常住妙明、不動周圓妙眞如性。」但是卻不可以因此就誤會說：「這識陰六識的自性就是如來藏全部的自性，也就是如來藏的自性。」千萬不可如此見解，否則將會落入自性見外道邪見中，永無實證如來藏勝妙佛法的時候；將來就只能永遠處於自性見外道法中，永無出離生死之日。

也許有人會這樣說：「那我知道了！這個能見之性就是如來藏，所以能聞乃至能知覺性就是如來藏、就是佛性。」自從我出世弘法以來，常常遇到這樣的人；這幾年來（編案：此是二〇〇二年所說）因爲我比較側重於如來藏面對六塵時的自性—離見聞覺知—來說法，才終於漸漸沒有人繼續這樣主張了；但是大陸卻還是有人繼續在主張著（編案：謂徐恆志、劉東亮等人，詳見《護法與毀法》所說），還是不想改邪歸正呢！這是因爲如來藏的種子—功能差別—是無量無邊的，悟了以後所知仍然是極少的，乃至等覺菩薩位中都還是有所不知的，何況未悟而且落入六識自性境界中的具足我見凡夫，又如何能夠知道呢？事實上，六識的見性乃至知覺性，全都是從如來藏中出生的，如果沒有如來藏流注出六識的功能種子出來，六識尚且不能繼續存在，何況能夠運作見性乃至知覺性？所以 世尊才說：「**這六識、六入本來就是如來藏妙眞如性。**」可是，這六識的自性也只是如來藏妙眞如性的無量種子中的一小部分呢！而且這六識的自性全都是有爲生滅之法，怎能等於常住不變而且永遠無爲無漏而具有能生六識功能的如來藏心體自身呢？

縱使眞的懂得這個道理了，在還沒有親證如來藏心體所在以前，還是無法現觀這個事實的；所以，如來藏在哪裡呢？還是得要先找出來；找出來以後，若是眞正有智慧的人，一定不會再像以前那樣說：「**我這個能見之性就是佛性。**」但是以前也有人不太有智慧，所以就向我爭執說：「**我這個能見之性就是佛性。」也向我爭執說：「我看到如來藏的自性了，當然就是見性了。」於是就私底下向很多人宣稱說他已經見性了，已經過重關了！然而這其實並不是佛性，這其實只是凡夫所執著的佛性，或者只是明心所看見的如來藏的自性，並不是眼見佛性的菩薩在山河大地上所眼見的佛性。但你也不能夠說祂不是佛性，因爲祂也函蓋在佛性裡面，成爲佛性中的一小部分。所以說見性—能見的體性—見精，仍然要歸屬在如來藏的妙眞如性之中—因爲眞的是妙覺明體—因爲是從如來藏心體中出生的，是依附如來藏心體才能運作的，也因爲是屬於如來藏無量自性中的一部分。但是，對於一般未悟的凡夫菩薩而言，想要實證這個法義，如來藏心體究竟何在？一定要先找出來，然後再去觀察如來藏整體的體性有哪些？所以一定要先找出如來藏心體，這樣才叫作開悟明心。

但是，自古至今，一直都有很多人把《楞嚴經》斷章取義，譬如元音老人及徐恆志師兄弟，都是這樣斷章取義，他們自己認爲《楞嚴經》中的說法是：**能見之性、能知覺性既不是因緣生，也不是自然性，那當然就是佛性。**然而《楞嚴經》中說的法義，必須要前後連貫而一體適用，不可以把各段經文加以切割成爲各自獨立的段落。本經中固然說能見之性乃至能覺能知之性都不是因緣生，也不是自然性，卻說其實都應該歸攝於如來藏明月眞心之中。並且經文中也說這六識的自性功能都是由如來藏心的妙眞如性—佛性—藉種種因緣而自然出生的，不是自己獨存、法爾而有，當然不可以說六識的見聞知覺性是常住的佛性；只能從永不入無餘涅槃而世世受生，永遠廣行菩薩道的菩薩們所見的立場，來說這些見聞知覺性是如來藏妙心所生的第二月，不能歸還於覺知心所緣的各種藉緣，所以才說「**非因緣生**」。

這意思就是說，不管是六根、六塵、六識，「**如是乃至**」十八界所擁有的各類功能，譬如六識中的眼識所擁有的見性、耳識所擁有的聞性、乃至身識所擁有的覺性、意識所擁有的了知性等等，也就是說，乃至五陰（色、受、想、行、識）以及六入（色入、聲入乃至法入）等，無一不是因緣和合、虛妄有生；如果不是虛妄法，而是常住法，那就一定不會有生。一定是虛妄法才會有生，有生則必有滅，就成爲「**虛妄有生**」而「**虛妄名滅**」了。但是如來藏是眞實法，有祂自己獨存而不必依緣的特性，並且還有能生萬法、能支援所生萬法的眞實法性；所以祂是本來而有，從來沒有生，當然也是從來不死啊！不生與不死的法才是眞實法。

永遠不死的法既然一定是眞實法，怎麼可能會有出生之時呢？所以一定是虛妄的法才會有生，有生就一定會有滅，有生有滅才能在三界六塵之中有其作用；沒有生也沒有滅的法，譬如虛空無法或是如來藏心體自身，就沒有三界六塵中的了別作用；因爲心體常住而種子恆時流注的緣故，卻不與六塵和合，所以沒有三界法共有的生滅特性。既無三界中共有的六塵中的了別性，當然就對六塵看不見、聽不見、悉皆無知；但是這個常住的如來藏心體卻是另有祂自己的作用，不是全無作用、全無自性的；若是全無作用、全無自性的話，就無法攝持有情一世又一世的五陰身心而常住於三界中流轉生死了。有時說如來藏無作用，是指祂對六塵的了別作用是不存在的，但卻是另外有對六塵了別以外的各項功能。

一定是有生滅的心，才能對生滅性的六塵有了別作用；可是虛妄有生的法，一定是因緣和合的，不是單一的如來藏因緣，或是單一的所緣緣就能夠被出生，也不是單憑種種外緣就能出生的；必須要有如來藏心體的妙眞如性作爲根本因，還要有各種藉緣互相爲因——要有緣因，再加上種種外緣的幫助，才能夠出生，這就是第二月覺知心出生時的各種因緣。而如來藏是萬法的根本因，可是單有如來藏心，仍然不能出生六識及其見聞知覺性，因爲還得要有如來藏的種子流注功能，才能成就六識心的見聞知覺性；所以如來藏所含藏的種子也是第二月覺知心的自性所依止的因緣，這就是唯識增上慧學所說四緣中的因緣。至於所假藉的外緣，譬如見性所依憑的明暗通塞以及有色根與色塵，則已經是所緣緣了；然而所緣緣之中，還得要有親所緣緣才能使六識的六種自性生起及運作，也就是六識自己的心所法。相對於心所法等親所緣緣，其餘的所緣緣就稱爲疏所緣緣。

但是，單有因緣、所緣緣，也是無法使六識自性生存及繼續運作的，還得要如來藏心體不斷地流注出六識各類不同的種子而不間斷，要使前剎那的種子讓開其位才能由後剎那種子繼承其位而現起，這就是等無間緣，等無間緣也是由如來藏來執行的。但是仍然要有六根同時作爲所依，相續不斷地恆緣六根，六識才能繼續不斷地運作，所以也說六根即是六識的等無間緣。至於增上緣，這裡就暫時不說，因爲已經離題較遠了。

由此可見，第二月及其自性，都是因爲因緣和合而「虛妄有生」，所以一旦因緣別離時，當然這六識第二月就隨著「虛妄名滅」了；因爲有生之法一定會滅，只是時間早晚差別、快慢差別而已。當因緣和合「虛妄有生」的時候，就可以確定未來一定是在因與緣分離（因緣不和合）時，必然壞滅；不幸的是那些錯悟大法師們所墮的能知、能覺、能見、能聞等自性（他們所誤認的佛性）正是如此。雖然覺知心以及祂所擁有的了別性很微妙，能夠在六塵萬法當中運作，並且總是一觸即知六塵的內涵，但是當因和緣別離時，第二月覺知心就消失掉了，所以說是「虛妄名滅」。

什麼因和緣別離呢？譬如色身壞了——五色根壞掉了，這是人間有情的一期正報終結時；一切有情的正報都有一定的年限，叫作壽算。有情眾生的壽算，除非是修行人，由於某種原因或是證量而提早走，或者是延後捨棄正報，否則都有一定的壽算。當前世壽算終結而入中陰境界時，如來藏因和種子因、父母及四大等增上緣，物質世間的外緣，使得有情能夠在人間繼續有了此生；可是這一世壽算已盡時，如來藏就不會再繼續執持此世的有根身了，祂就離開色身而使身體變成無根身了！這時就是表示如來藏跟末那識都離開色身了，於是六識的見聞覺知性就斷滅了。這當然是因緣散壞而死亡，五陰身心滅失了，這就叫作「虛妄名滅」。而「虛妄名滅」其實也還是在自己的如來藏心體之中滅，並不是在如來藏心體之外死亡而說此世的身心永滅，因為只是因和緣分開而不和合了。

阿難尊者當時正是對這個道理還不明白，所以「殊不能知」（就是到現在還完全不能明白）「虛妄有生」及「虛妄名滅」的道理。阿難當時完全不能了知第二月覺知心的妄生妄滅眞理，他當時完全不能理解：五陰身心生滅去來的種種法相，其實本來都全部屬於如來藏的常住微妙光明，也就是如來藏所具有的不動周圓的妙眞如性所含攝的法性之一。如來藏心體具有含藏種子以及自己所擁有的各類功能，所以祂能出生有根身；這是藉父母及四大爲增上緣，才能夠製造出有根身。無根身是指屍體，因爲屍體沒有五根的作用。有根就是說仍然保有五色根的作用，然後意根在五色根中面對六塵時，就可以促使如來藏流注出六識心以及心所法，然後見聞覺知等六種自性就能現行了！因爲完好而具有壽命的色身，具有這種功能，所以就叫作有根身。在這裡，根就是功能的意思，當色身沒有功能時就稱爲無根身——無功能之色身。

那麼有根身是被如來藏以自己的妙眞如性，假藉種種外緣而製造出來的；製造出來而使五色根圓滿具足了，可以運用了，意識才能接觸到如來藏透過五色根所顯現的五塵以及五塵上的法塵，然後六識才會現前；六識現前了，才能夠有見性等六種自性，這時才具足見聞覺知。可以見聞覺知六塵了，如果晚上很累了，譬如有的人想：精進禪三快到了，恐怕定力不夠，於是每天努力拜佛，能每天努力拜佛就可以一心不亂，所以定力沒問題；可是知見不夠，該怎麼辦？就要趕快把同修會的書拿來多讀一讀，很快速的增長知見。可是讀到後來確實是很累了，於是眼皮就不由自主地開始闔起來了；縱使勉強要把它撐開，還是無法長久地撐開來，最後讀著讀著就睡著了。

爲什麼叫作睡著了呢？都是由於見聞覺知消失了，也就是前六識中斷了，暫時消失了！於是六識的見性乃至知覺性也就跟著六識消失不在了。由這個生活上的常識，可以證明六識以及祂們的六種自性都是有生有滅的法。可是，如果見聞覺知心是無生無滅的法，那麼眾生將會痛苦不堪，因爲沒辦法生活了！不是因爲累的緣故，而是早上被聲塵或光亮的色塵喚醒的時候，那第一剎那所見、第一剎那所知、第一剎那所觸、第一剎那所聞的六塵境界相，將會延續一整天都同樣是那天醒來時第一剎那的六塵境界而不會有所改變，這樣才是常；這樣一來，當然是一整天的六塵都同樣是剛剛醒來時第一剎那的六塵境界，整天都不會有所改變，那你還能生活嗎？沒辦法了。

一定是六塵境界不斷地改變，隨著時間與空間的改變而不斷地跟著改變，才能時時刻刻因應環境。所以，假使有人說：「永遠都不變的、每一剎那中都不變的心，才是我所要的。」那好！讓你見聞覺知心永遠都不會改變，你要不要呢？一定是不要的，因爲那將使自己覺知心永遠都與剛出生時一樣而不可能進步。可是，在這個時時刻刻都在改變的覺知心存在的同時，也得要有另一個常住而不改變自性的心—如來藏—永遠不了別六塵境界，時時刻刻安住於祂自己所有的功能中，以祂的「妙眞如性」佛性不斷地支應有情五陰身心的需要，而剎那剎那不間斷地流注出有情五陰身心所需要的各類種子；這樣具足常住不變心與剎那剎那改變而不斷進步的、會變異的覺知心，同時具足這二種心，有情才能在三界中生存及修道。

所以佛法異於聲聞解脫道，佛法中從來不是偏在一邊說永遠全部不變的，也不是偏在一邊說一切法全部都是變異無常的；而是不變中有會變動的，變動中也有永不變動的，這二種心同時存在而互相配合運作，才能夠周遍一切法，才能夠含攝三界六道中的一切法，才能使一切有情各自造業之後各自都能承受應獲得的苦樂報。但是卻唯有如來藏心體能夠這樣子具足諸法，祂自己有不變的體性，心體恆常不變，常住不變，永無生滅；但是祂卻含藏著一切種子，這些種子可以不斷地變異生滅，才能支應有情五陰身心的所有需要。所以如來藏出生了六根、六塵、六識，也出生了六識的分別性以及意根的思量性；六識的見聞覺知性（凡夫菩薩所謂的佛性）就在這樣的環境、這樣的大前提下，才能存在及運作；而這些被常住的如來藏心所出生的萬法，全都是有生滅性的，而如來藏所含藏的各類種子卻是有變異性的。

於是萬法就在如來藏心體的表面上生了又滅、滅了又生；這就好比一顆磨得很光亮的明珠，明珠的表面上有許多的影像來來去去，全都在珠體的表面上顯現出來，不斷地變化著；可是明珠自體本身卻一直都是不變化的，都是常住不動的。如來藏心就像是這樣，心體以及心體的自性始終是常住而不變異的，但是所含藏的種子卻是生滅變異不斷的，所以祂能出生萬法而使心體表面上有一世又一世的五陰身心來來去去、生滅不斷。種子若是不變異的，就不可能有各類功能，當然就無法出生萬法；所以如來藏心體固然是常住不變的，所含藏的種子卻是不斷變異的。如來藏心的自性恆住不變——祂的各類功能以及本來清淨的自性是不會變異的，可是祂出生的六識以及意根的心行與染淨性，卻是不斷地在變化著，也能不斷地運作著。就是這樣函蓋了變與不變、住與不住、常與無常兩邊，才能成就三界有情的身心。

所以說如來藏心體是常住的，而且祂有妙明之性——具有微妙光明之自性；因爲不管有情覺知心中在想什麼，祂都知道，所以能暗地裡支援有情身心的所需。祂雖然有這種妙明之性，但是還沒有找到如來藏以前，這句話可就無法完全聽懂了！絕大多數人是表面聽懂了，其實沒有眞的聽懂，所以心中每每會有懷疑：「爲什麼如來藏知道我在想什麼？可是我爲什麼仍然不懂祂知道我在想什麼？」總是弄不清楚。後來終於找到如來藏了，在一切時地之中都能現前觀察祂的運作時，自然就清楚這個道理了，完全不必再有所懷疑了，實相般若也就現前了。

如來藏心體是常住的，祂有這種妙明之性；你想要幹什麼，全都瞞不了祂。也許有人會打妄想：「我就是故意要騙祂。」但我告訴你：你永遠都騙不了祂，一絲一毫都騙不了祂，祂完全了知。可是祂卻還有不動之性，因爲祂對六塵中的一切法都是如如不動的，全無好惡之心，而且是無始劫以來一直都是如此的，不是修行以後才如此的。而祂還有周遍圓滿的體性，就是說，對於有情身心的生滅性一邊的所有法，祂能照顧得好好的；但是對於自己不生不滅這一邊，也是常住而不會有所變動的。由於祂兩邊的自性都具足，都可以在一切法中圓滿的顯現出來，所以才會叫作周遍圓滿，也就是唯識經中說的圓成實性。正因爲能夠這樣子，才被叫作妙眞如性，所以生滅性的見性乃至知覺性，就都應該被攝歸如來藏的妙眞如性（佛性）之中了。

如果完全是不生不滅而不動的，就完全不能了知有情的心想，那祂在有情身中就跟石頭、木塊一樣全無反應與互動，又怎能稱爲妙眞如性呢？那祂如果完全是生滅性的，可又是虛妄有爲之法，就不可能出生有情的五陰身心，也不可能是如如不動的，那又怎麼可以叫作無漏無爲、常住不壞之法呢？所以，如來藏心體有不動而又周遍圓滿的妙眞如性，心體始終是本來性、常住性、清淨性、涅槃性而有各種自性，心體的自性是不會變異的，但是當祂住在本來自性清淨涅槃的無境界相之中，卻能不斷以妙眞如性示現七轉識的生滅相，不斷地示現所出生的五陰身心的變化相，不斷地支援著五陰身心而一步一步地實現因果律。

如來藏明月眞心有這樣的功能性——妙眞如性，對於常與無常、動與不動、生滅與不生滅、生死與不生死，各類的兩邊都可以函蓋而面面俱到，才能說是對一切境界如如不動而心性最圓融、最周遍、最圓滿者。有情的五陰身心從來都不夠圓融、不夠周遍、不夠具足，如來藏心體才是最圓融、最周遍、最具足的。這就是說，在如來藏心體自身是眞常、不變異、如如不動的體性當中，卻又能藉自己的妙眞如性，來出生一切有染有垢的生滅法，而一切生滅法其實都是在如來藏心體之中虛妄地出生、虛妄地壞滅。當你找到如來藏心體而轉依祂的境界，把自己五陰十八界歸攝於如來藏，站在如來藏的立場來看待一切法時，想要在如來藏的自身境界中，尋求祂的去來、生滅、迷悟、生死，其實根本就找不到。正因爲如來藏心體是本來就無生無死、無去無來、無生無滅、無迷無悟的，所以從如來藏心的自住境界中，從如來藏心性的眞實與常住不變中，來看待三界中一切被如來藏所生的世間法或所顯的出世間法時，根本就沒有迷悟、死生、來去之相可得。而且是自從無始劫以來就沒有，不是修行以後才變爲沒有死生、來去、迷悟等法相，這就是如來藏境界。（未完，詳續第四輯）

佛教正覺同修會〈修學佛道次第表〉

第一階段

* 以憶佛及拜佛方式修習動中定力。
* 學第一義佛法及禪法知見。
* 無相拜佛功夫成就。
* 具備一念相續功夫—動靜中皆能看話頭。
* 努力培植福德資糧，勤修三福淨業。

第二階段

* 參話頭，參公案。
* 開悟明心，一片悟境。
* 鍛鍊功夫求見佛性。
* 眼見佛性〈餘五根亦如是〉親見世界如幻，成就如幻觀。
* 學習禪門差別智。
* 深入第一義經典。
* 修除性障及隨分修學禪定。
* 修證十行位陽焰觀。

第三階段

* 學一切種智眞實正理—楞伽經、解深密經、成唯識論…。
* 參究末後句。
* 解悟末後句。
* 透牢關—親自體驗所悟末後句境界，親見實相，無得無失。
* 救護一切衆生迴向正道。護持了義正法，修證十迴向位如夢觀。
* 發十無盡願，修習百法明門，親證猶如鏡像現觀。
* 修除五蓋，發起禪定。持一切善法戒。親證猶如光影現觀。
* 進修四禪八定、四無量心、五神通。進修大乘種智，求證猶如谷響現觀。

佛菩提二主要道次第概要表——二道並修，以外無別佛法

佛菩提道——大菩提道

遠波羅蜜多

資糧位

十信位修集信心 —— 一劫乃至一萬劫

初住位修集布施功德（以財施為主）。

二住位修集持戒功德。

三住位修集忍辱功德。

四住位修集精進功德。

五住位修集禪定功德。

六住位修集般若功德（熏習般若中觀及斷我見，加行位也）。

外門廣修六度萬行

見道位

七住位明心般若正觀現前，親證本來自性清淨涅槃。

八住位起於一切法現觀般若中道。漸除性障。

十住位眼見佛性，世界如幻觀成就。

一至十行位，於廣行六度萬行中，依般若中道慧，現觀陰處界猶如陽焰，至第十行滿心位，陽焰觀成就。

一至十迴向位熏習一切種智；修除性障，唯留最後一分思惑不斷。第十迴向滿心位成就菩薩道如夢觀。

內門廣修六度萬行

初地：第十迴向位滿心時，成就道種智一分（八識心王一一親證後，領受五法、三自性、七種第一義、七種性自性、二種無我法）復由勇發十無盡願，成通達位菩薩。復又永伏性障而不具斷，能證慧解脫而不取證，由大願故留惑潤生。此地主修法施波羅蜜多及百法明門。證「猶如鏡像」現觀，故滿初地心。

二地：初地功德滿足以後，再成就道種智一分而入二地；主修戒波羅蜜多及一切種智。滿心位成就「猶如光影」現觀，戒行自然清淨。

解脫道：二乘菩提

斷三縛結，成初果解脫 ←

薄貪瞋癡，成二果解脫 ←

斷五下分結，成三果解脫 ←

入地前的四加行令煩惱障現行悉斷，成四果解脫，留惑潤生。分段生死已斷，煩惱障習氣種子開始斷除，兼斷無始無明上煩惱。

近波羅蜜多 — 大波羅蜜多 — 圓滿波羅蜜多

修道位 — 究竟位

三地：二地滿心再證道種智一分，故入三地。此地主修忍波羅蜜多及四禪八定、四無量心、五神通。能成就俱解脫果而不取證，留惑潤生。滿心位成就「猶如谷響」現觀及無漏妙定意生身。

四地：由三地再證道種智一分故入四地。主修精進波羅蜜多，於此土及他方世界廣度有緣，無有疲倦。進修一切種智，滿心位成就「如水中月」現觀。

五地：由四地再證道種智一分故入五地。主修禪定波羅蜜多及一切種智，斷除下乘涅槃貪。滿心位成就「變化所成」現觀。

六地：由五地再證道種智一分故入六地。此地主修般若波羅蜜多——依道種智現觀十二因緣一一有支及意生身化身，皆自心眞如變化所現，「非有似有」，成就細相觀，不由加行而自然證得滅盡定，成俱解脫大乘無學。

七地：由六地「非有似有」現觀，再證道種智一分故入七地。此地主修一切種智及方便波羅蜜多，由重觀十二有支一一支中之流轉門及還滅門一切細相，成就方便善巧，念念隨入滅盡定。滿心位證得「如犍闥婆城」現觀。

八地：由七地極細相觀成就故再證道種智一分而入八地。此地主修一切種智及願波羅蜜多。至滿心位純無相觀任運恆起，故於相土自在，滿心位復證「如實覺知諸法相意生身」故。

九地：由八地再證道種智一分故入九地。主修力波羅蜜多及一切種智，成就四無礙，滿心位證得「種類俱生無行作意生身」。

十地：由九地再證道種智一分故入此地。此地主修一切種智——智波羅蜜多。滿心位起大法智雲，及現起大法智雲所含藏種種功德，成受職菩薩。

等覺：由十地道種智成就故入此地。此地應修一切種智，圓滿等覺地無生法忍；於百劫中修集極廣大福德，以之圓滿三十二大人相及無量隨形好。

妙覺：示現受生人間已斷盡煩惱障一切習氣種子，並斷盡所知障一切隨眠，永斷變易生死無明，成就大般涅槃，四智圓明。人間捨壽後，報身常住色究竟天利樂十方地上菩薩；以諸化身利樂有情，永無盡期，成就究竟佛道。

七地滿心斷除故意保留之最後一分思惑時，煩惱障所攝色、受、想三陰有漏習氣種子全部斷盡。

←

煩惱障所攝行、識二陰無漏習氣種子任運漸斷，所知障所攝上煩惱任運漸斷。

←

斷盡變易生死
成就大般涅槃

佛子蕭平實 謹製
(二〇〇九、〇二 修訂)
(二〇一二、〇二 增補)

圓滿成就究竟佛果

佛教正覺同修會 共修現況 及 招生公告　2022/03/07

一、共修現況：(請在共修時間來電，以免無人接聽。)

台北正覺講堂 103 台北市承德路三段 277 號九樓 捷運淡水線圓山站旁
Tel..**總機** 02-25957295（晚上）(**分機：九樓**辦公室 10、11；知客櫃檯 12、13。 **十樓**知客櫃檯 15、16；書局櫃檯 14。 **五樓**辦公室 18；知客櫃檯 19。**二樓**辦公室 20；知客櫃檯 21。)
Fax..25954493

第一講堂　台北市承德路三段 277 號九樓

禪淨班：週一晚班、週三晚班、週四晚班、週五晚班、週六下午班、週六上午班（共修期間二年半，全程免費。皆須報名建立學籍後始可參加共修，欲報名者詳見本公告末頁。）

增上班：成唯識論釋：單週六晚班。雙週六晚班（重播班）。17.50～20.50。平實導師講解，2022 年 2 月末開講，預定六年內講完，僅限已明心之會員參加。

禪門差別智：每月第一週日全天　平實導師主講（事冗暫停）。

解深密經詳解　本經從六度波羅蜜多談到八識心王，再詳論大乘見道所證眞如，然後論及悟後進修的相見道位所觀七眞如，以及入地後的十地所修，乃至成佛時的四智圓明一切種智境界，皆是可修可證之法，流傳至今依舊可證，顯示佛法眞是義學而非玄談，淺深次第皆所論及之第一義諦妙義。已於 2021 年三月下旬起開講，由平實導師詳解。每逢週二晚上開講，第一至第六講堂都可同時聽聞，歡迎菩薩種性學人，攜眷共同參與此殊勝法會現場聞法，不限制聽講資格。本會學員憑上課證進入第一至第四講堂聽講，會外學人請以身分證件換證進入聽講（此爲大樓管理處安全管理規定之要求，敬請諒解）；第五及第六講堂（B1、B2）對外開放，不需出示任何證件，請由大樓側門直接進入。

第二講堂　台北市承德路三段 267 號十樓。

禪淨班：週一晚班。

進階班：週三晚班、週四晚班、週五晚班、週六早班、週六下午班。禪淨班結業後轉入共修。

增上班：成唯識論釋：單週六晚班，影音同步傳播。雙週六晚班（重播班）

解深密經詳解：平實導師講解。每週二 18.50~20.50 影像音聲即時傳輸。

第三講堂　台北市承德路三段 277 號五樓。

禪淨班：週六下午班。

增上班：成唯識論釋：單週六晚班，影音同步傳播。雙週六晚班（重播班）

進階班：週一晚班、週三晚班、週四晚班、週五晚班。

解深密經詳解：平實導師講解。每週二 18.50~20.50 影像音聲即時傳輸。

第四講堂　台北市承德路三段 267 號二樓。

進階班：週一晚班、週三晚班、週四晚班（禪淨班結業後轉入共修）。

解深密經詳解：平實導師講解。每週二 18.50~20.50 影像音聲即時傳輸。

第五、第六講堂

念佛班　每週日晚上，第六講堂共修（B2），一切求生極樂世界的三寶弟子皆可參加，不限制共修資格。

進階班：週一晚班、週三晚班、週四晚班。

解深密經詳解：平實導師講解。每週二 18.50~20.50 影像音聲即時傳輸。第五、第六講堂爲**開放式講堂**，不需以身分證件換證即可進入聽講，台北市承德路三段 267 號地下一樓、地下二樓。每逢週二晚上講經時段開放給會外人士自由聽經，請由大樓側面梯階逕行進入聽講。**聽講者請尊重講者的著作權及肖像權，請勿錄音錄影，以免違法；若有錄音錄影被查獲者，將依法處理。**

第七講堂　台北市承德路三段 267 號六樓。

進階班：週一晚班、週三晚班、週四晚班（禪淨班結業後轉入共修）。

增上班：**成唯識論釋**：單週六晚班，影音同步傳播。雙週六晚班（重播班）

解深密經詳解：平實導師講解。每週二 18.50~20.50 影像音聲即時傳輸。

正覺祖師堂　大溪區美華里信義路 650 巷坑底 5 之 6 號（台 3 號省道 34 公里處　妙法寺對面斜坡道進入）電話 03-3886110　　傳眞 03-3881692 本堂供奉 克勤圓悟大師，專供會員每年四月、十月各三次精進禪三共修，兼作本會出家菩薩掛單常住之用。開放參訪日期請參見本會公告。教內共修團體或道場，得另申請其餘時間作團體參訪，務請事先與常住確定日期，以便安排常住菩薩接引導覽，亦免妨礙常住菩薩之日常作息及修行。

桃園正覺講堂（第一、第二講堂）：桃園市介壽路 286、288 號 10 樓（陽明運動公園對面）電話：03-3749363（請於共修時聯繫，或與台北聯繫）

禪淨班：週一晚班（1）、週一晚班（2）、週三晚班、週四晚班、週五晚班。

進階班：週四晚班、週五晚班、週六上午班。

增上班：**成唯識論釋**。雙週六晚班（增上重播班）。

解深密經詳解：平實導師講解。每週二晚上，以台北正覺講堂所錄 DVD 放映；歡迎會外學人共同聽講，不需出示身分證件。

新竹正覺講堂　新竹市東光路 55 號二樓之一　電話 03-5724297（晚上）

第一講堂：

禪淨班：週五晚班。

進階班：週三晚班、週四晚班、週六上午班。由禪淨班結業後轉入共修

增上班：**成唯識論釋**。單週六晚班。雙週六晚班（重播班）。

解深密經詳解：平實導師講解。每週二晚上，以台北正覺講堂所錄 DVD 放映。歡迎會外學人共同聽講，不需出示身分證件。

第二講堂：

禪淨班：週一晚班、週三晚班、週四晚班、週六上午班。

解深密經詳解：每週二晚上與第一講堂同步播放講經 DVD。

第三、第四講堂：裝修完畢，已經啓用。

台中正覺講堂　04-23816090（晚上）

第一講堂　台中市南屯區五權西路二段 666 號 13 樓之四（國泰世華銀行樓上。鄰近縣市經第一高速公路前來者，由五權西路交流道可以快速到達，大樓旁有停車場，對面有素食館）。

禪淨班：週四晚班、週五晚班。

進階班：週一晚班、週三晚班、週六上午班（由禪淨班結業後轉入共修）。

增上班：成唯識論釋。單週六晚班。雙週六晚班（重播班）。

解深密經詳解：平實導師講解。每週二晚上，以台北正覺講堂所錄 DVD 放映。歡迎會外學人共同聽講，不需出示身分證件。

第二講堂　台中市南屯區五權西路二段 666 號 4 樓

禪淨班：週一晚班、週三晚班。

第三講堂台中市南屯區五權西路二段 666 號 4 樓

禪淨班：週一晚班。

第四講堂台中市南屯區五權西路二段 666 號 4 樓。

進階班：週一晚班、週四晚班、週六上午班，由禪淨班結業後轉入共修

解深密經詳解：每週二晚上與第一講堂同步播放講經 DVD。

嘉義正覺講堂　嘉義市友愛路 288 號八樓之一　電話：05-2318228

第一講堂：

禪淨班：週四晚班、週五晚班、週六上午班。

進階班：週一晚班、週三晚班（由禪淨班結業後轉入共修）。

增上班：成唯識論釋。單週六晚班。雙週六晚班（重播班）。

解深密經詳解：平實導師講解。每週二晚上，以台北正覺講堂所錄 DVD 放映。歡迎會外學人共同聽講，不需出示身分證件。

第二講堂　嘉義市友愛路 288 號八樓之二。

第三講堂　嘉義市友愛路 288 號四樓之七。

禪淨班：週一晚班、週三晚班。

台南正覺講堂

第一講堂　台南市西門路四段 15 號 4 樓。06-2820541（晚上）

禪淨班：週一晚班、週三晚班、週四晚班、週五晚班、週六下午班。

增上班：成唯識論釋。單週六晚班。雙週六晚班（重播班）。

解深密經詳解：平實導師講解。每週二晚上，以台北正覺講堂所錄 DVD 放映。歡迎會外學人共同聽講，不需出示身分證件。

第二講堂　台南市西門路四段 15 號 3 樓。

解深密經詳解：每週二晚上與第一講堂同步播放講經 DVD。

第三講堂　台南市西門路四段 15 號 3 樓。

進階班：週一晚班、週三晚班、週四晚班、週五晚班（由禪淨班結業後轉入共修）。

解深密經詳解：每週二晚上與第一講堂同步播放講經 DVD。

高雄正覺講堂　高雄市新興區中正三路 45 號五樓 07-2234248（晚上）

第一講堂（五樓）：

禪淨班：週一晚班、週三晚班、週四晚班、週五晚班、週六上午班。

增上班：**成唯識論釋**。單週六晚班。雙週六晚班（重播班）。

解深密經詳解：平實導師講解。每週二晚上，以台北正覺講堂所錄 DVD 放映。歡迎會外學人共同聽講，不需出示身分證件。

第二講堂（四樓）：

進階班：週三晚班、週四晚班、週六上午班（由禪淨班結業後轉入共修）。

解深密經詳解：每週二晚上與第一講堂同步播放講經 DVD。

第三講堂（三樓）：

進階班：週四晚班（由禪淨班結業後轉入共修）。

香港正覺講堂

香港新界葵涌打磚坪街 93 號維京科技商業中心A 座 18 樓。

電話：(852) 23262231

英文地址：18/F, Tower A, Viking Technology & Business Centre, 93 Ta Chuen Ping Street, Kwai Chung, N.T., Hong Kong.

禪淨班：雙週六下午班、雙週日下午班、單週六下午班、單週日下午班

進階班：雙週五晚上班、雙週日早上班（由禪淨班結業後轉入共修）。

增上班：每月第一週週日，以台北增上班課程錄成 DVD 放映之。

增上重播班：每月第一週週六，以台北增上班課程錄成 DVD 放映之。

大法鼓經詳解：平實導師講解。每週六、日 19:00～21:00，以台北正覺講堂所錄 DVD 放映；歡迎會外學人共同聽講，不需出示身分證件。

二、**招生公告** 本會台北講堂及全省各講堂、香港講堂，每逢**四月、十月**下旬開新班，每週共修一次（每次二小時。開課日起三個月內仍可插班）；但美國洛杉磯共修處之禪淨班得隨時插班共修。各班共修期間皆為二年半，全程免費，欲參加者請向本會函索報名表（各共修處皆於共修時間方有人執事，非共修時間請勿電詢或前來洽詢、請書），或直接從本會官方網站(http://www.enlighten.org.tw/newsflash/class)或成佛之道網站下載報名表。共修期滿時，若經報名禪三審核通過者，可參加四天三夜之禪三精進共修，有機會明心、取證如來藏，發起般若實相智慧，成為實義菩薩，脫離凡夫菩薩位。

三、**新春禮佛祈福** 農曆年假期間停止共修：自農曆新年前七天起停止共修與弘法，正月 8 日起回復共修、弘法事務。新春期間正月初一～初七 9.00～17.00 開放台北講堂、正月初一~初三開放新竹、台中、嘉義、台南、高雄講堂，以及大溪禪三道場（正覺祖師堂），方便會員供佛、祈福及會外人士請書。美國洛杉磯共修處之休假時間，請逕詢該共修處。

密宗四大派修雙身法，是外道性力派的邪法；又以生滅的識陰作為常住法，是常見外道，是假的藏傳佛教。

西藏覺囊巴以他空見弘揚第八識如來藏勝法，才是真藏傳佛教

佛教正覺同修會　弘法行事表　　2022/04/25

1、**禪淨班**　以無相念佛及拜佛方式修習動中定力，實證一心不亂功夫。傳授解脫道正理及第一義諦佛法，以及參禪知見。共修期間：二年六個月。每逢四月、十月開新班，詳見招生公告表。

2、**進階班**　禪淨班畢業後得轉入此班，進修更深入的佛法，期能證悟明心。各地講堂各有多班，繼續深入佛法、增長定力，悟後得轉入增上班修學道種智，期能證得無生法忍。

3、**增上班 成唯識論**詳解　詳解八識心王的唯識性、唯識相、唯識位，分說八識心王及其心所各別的自性、所依、所緣、相應心所、行相、功用等，並闡述緣生諸法的四緣：因緣、等無間緣、所緣緣、增上緣等四緣，並論及十因五果等。論中闡釋**佛法實證及成就的根本法即是第八識，由第八識成就三界世間及出世間的一切染淨諸法，方有成佛之道可修、可證、可成就，名爲圓成實性**。然後詳解末法時代學人極易混淆的見道位所函蓋的眞見道、相見道、通達位等內容，指正末法時代高慢心一類學人，於見道位前後不斷所墮的同一邪謬處。末後開示修道位的十地之中，各地所應斷的二愚及所應證的一智，乃至佛位的四智圓明及具足四種涅槃等一切種智之眞實正理。由平實導師講述，每逢一、三、五週之週末晚上開示，每逢二、四週之週末爲重播班，供作後悟之菩薩補聞所未聽聞之法。增上班課程僅限已明心之會員參加。未來每逢講完十分之一內容時，便予出書流通；總共十輯，敬請期待。(註：《瑜伽師地論》從 2003 年二月開講，至 2022 年 2 月 19 日已經圓滿，爲期 18 年整。)

4、**解深密經**詳解　本經所說妙法極爲甚深難解，非唯論及佛法中心主旨的八識心王及般若實證之標的，亦論及眞見道之後轉入相見道位中應該修學之法，即是七眞如之觀行內涵，然後始可入地。亦論及見道之後，如何與解脫及佛菩提智相應，兼論十地進修之道，末論如來法身及四智圓明的一切種智境界。如是眞見道、相見道、諸地修行之義，傳至今時仍然可證，顯示佛法眞是義學而非玄談或思想，有實證之標的與內容，非學術界諸思惟研究者之所能到，乃是離言絕句之第八識第一義諦妙義。重講本經之目的，在於令諸已悟之人明解大乘佛法之成佛次第，以及悟後進修一切種智之內涵，確實證知三種自性性，並得據此證解七眞如、十眞如等正理，成就三無性的境界。已於 2021 年三月下旬起每逢週二的晚上公開宣講，由平實導師詳解。不限制聽講資格。

5、**精進禪三**　主三和尚：平實導師。於四天三夜中，以克勤圓悟大師及大慧宗杲之禪風，施設機鋒與小參、公案密意之開示，幫助會員剋期取證，親證不生不滅之眞實心——人人本有之如來藏。每年四月、十月各舉辦三個梯次；平實導師主持。僅限本會會員參加禪淨班共修期滿，報名審核通過者，方可參加。並選擇會中定力、慧力、福德三條件皆已具足之已明心會員，給以指引，令得眼見自己無形無相之佛性遍佈山河大地，眞實而無障礙，得以肉眼現觀世界身心悉皆如幻，具足成就如幻觀，圓滿十住菩薩之證境。

6、**阿含經**詳解　選擇重要之阿含部經典，依無餘涅槃之實際而加以詳解，令大眾得以現觀諸法緣起性空，亦復不墮斷滅見中，顯示經中所隱說之涅槃實際—如來藏—確實已於四阿含中隱說；令大眾得以聞後觀行，確實斷除我見乃至我執，證得**見到**眞現觀，乃至**身證**……等眞現觀；已得大乘或二乘見道者，亦可由此聞熏及聞後之觀行，除斷我所之貪著，成就慧解脫果。由平實導師詳解。不限制聽講資格。

7、**精選如來藏系經典**詳解　精選如來藏系經典一部，詳細解說，以此完全印證會員所悟如來藏之眞實，得入不退轉住。另行擇期詳細解說之，由平實導師講解。僅限已明心之會員參加。

8、**禪門差別智**　藉禪宗公案之微細淆訛難知難解之處，加以宣說及剖析，以增進明心、見性之功德，啓發差別智，建立擇法眼。每月第一週日全天，由平實導師開示，僅限破參明心後，復又眼見佛性者參加(事冗暫停)。

9、**枯木禪**　先講智者大師的《小止觀》，後說《釋禪波羅蜜》，詳解四禪八定之修證理論與實修方法，細述一般學人修定之邪見與岔路，及對禪定證境之誤會，消除枉用功夫、浪費生命之現象。已悟般若者，可以藉此而實修初禪，進入大乘通教及聲聞教的三果心解脫境界，配合應有的大福德及後得無分別智、十無盡願，即可進入初地心中。親教師：平實導師。未來緣熟時將於正覺寺開講。不限制聽講資格。

註：本會例行年假，自 2004 年起，改爲每年農曆新年前七天開始停息弘法事務及共修課程，農曆正月 8 日回復所有共修及弘法事務。新春期間（每日 9.00~17.00）開放台北講堂，方便會員禮佛祈福及會外人士請書。大溪區的正覺祖師堂，開放參訪時間，詳見〈正覺電子報〉或成佛之道網站。本表得因時節因緣需要而隨時修改之，不另作通知。

佛教正覺同修會　贈閱書籍 目錄　2021/8/30

1.**無相念佛**　平實導師著　回郵36元
2.**念佛三昧修學次第**　平實導師述著　回郵52元
3.**正法眼藏—護法集**　平實導師述著　回郵76元
4.**真假開悟簡易辨正法&佛子之省思**　平實導師著　回郵26元
5.**生命實相之辨正**　平實導師著　回郵31元
6.**如何契入念佛法門**（附：印順法師否定極樂世界）平實導師著　回郵26元
7.**平實書箋**—答元覽居士書　平實導師著　回郵52元
8.**三乘唯識**—如來藏系經律彙編　平實導師編　回郵80元
（精裝本　長27㎝　寬21㎝　高7.5㎝　重2.8公斤）
9.**三時繫念全集**—修正本　回郵掛號52元（長26.5㎝×寬19㎝）
10.**明心與初地**　平實導師述　回郵31元
11.**邪見與佛法**　平實導師述著　回郵36元
12.**甘露法雨**　平實導師述　回郵36元
13.**我與無我**　平實導師述　回郵36元
14.**學佛之心態**—修正錯誤之學佛心態始能與正法相應　孫正德老師著　回郵52元
附錄：平實導師著**《略說八、九識並存…等之過失》**
15.**大乘無我觀**—《悟前與悟後》別說　平實導師述著　回郵36元
16.**佛教之危機**—中國台灣地區現代佛教之真相（附錄：公案拈提六則）
平實導師著　回郵52元
17.**燈　影**—燈下黑（覆「求教後學」來函等）　平實導師著　回郵76元
18.**護法與毀法**—覆上平居士與徐恒志居士網站毀法二文
張正圜老師著　回郵76元
19.**淨土聖道**—兼評**選擇本願念佛**　正德老師著　由正覺同修會購贈　回郵52元
20.**辨唯識性相**—對「紫蓮心海《辯唯識性相》書中否定阿賴耶識」之回應
正覺同修會 台南共修處法義組 著　回郵52元
21.**假如來藏**—對法蓮法師《如來藏與阿賴耶識》書中否定阿賴耶識之回應
正覺同修會 台南共修處法義組 著　回郵76元
22.**入不二門**—公案拈提集錦 第一輯（於平實導師公案拈提諸書中選錄約二十則，
合輯為一冊流通之）平實導師著　回郵52元
23.**真假邪說**—西藏密宗索達吉喇嘛《破除邪說論》真是邪說
釋正安法師著　上、下冊回郵各52元
24.**真假開悟**—真如、如來藏、阿賴耶識間之關係　平實導師述著　回郵76元
25.**真假禪和**—辨正釋傳聖之謗法謬說　孫正德老師著　回郵76元

26.**眼見佛性**—駁慧廣法師眼見佛性的含義文中謬說

游正光老師著　回郵 52 元

27.**普門自在**—公案拈提集錦 第二輯（於平實導師公案拈提諸書中選錄約二十則，合輯爲一冊流通之）平實導師著　回郵 52 元

28.**印順法師的悲哀**—以現代禪的質疑為線索　恒毓博士著　回郵 52 元

29.**識蘊真義**—現觀識蘊內涵、取證初果、親斷三縛結之具體行門。

—依《成唯識論》及《惟識述記》正義，略顯安慧《大乘廣五蘊論》之邪謬

平實導師著　回郵 76 元

30.**正覺電子報** 各期紙版本　免附回郵　每次最多函索三期或三本。

（已無存書之較早各期，不另增印贈閱）

31.**現代人應有的宗教觀**　蔡正禮老師 著　回郵31 元

32.**遠惑趣道**—正覺電子報般若信箱問答錄　第一輯　回郵52 元

33.**遠惑趣道**—正覺電子報般若信箱問答錄　第二輯　回郵52 元

34.**確保您的權益**—器官捐贈應注意自我保護　游正光老師 著　回郵31 元

35.**正覺教團電視弘法三乘菩提 DVD 光碟（一）**

由正覺教團多位親教師共同講述錄製 DVD 8 片，MP3 一片，共 9 片。有二大講題：一爲「三乘菩提之意涵」，二爲「學佛的正知見」。內容精闢，深入淺出，精彩絕倫，幫助大眾快速建立三乘法道的正知見，免被外道邪見所誤導。有志修學三乘佛法之學人不可不看。（製作工本費 100 元，回郵 52 元）

36.**正覺教團電視弘法 DVD 專輯（二）**

總有二大講題：一爲「三乘菩提之念佛法門」，一爲「學佛正知見（第二篇）」，由正覺教團多位親教師輪番講述，內容詳細闡述如何修學念佛法門、實證念佛三昧，以及學佛應具有的正確知見，可以幫助發願往生西方極樂淨土之學人，得以把握往生，更可令學人快速建立三乘法道的正知見，免於被外道邪見所誤導。有志修學三乘佛法之學人不可不看。（一套 17 片，工本費 160 元。回郵 76 元）

37.**喇嘛性世界**—揭開假藏傳佛教譚崔瑜伽的面紗　張善思 等人合著

由正覺同修會購贈　回郵 52 元

38.**假藏傳佛教的神話**—性、謊言、喇嘛教　張正玄教授編著

由正覺同修會購贈　回郵 52 元

39.**隨 緣**—理隨緣與事隨緣　平實導師述　回郵 52 元。

40.**學佛的覺醒**　正枝居士 著　回郵 52 元

41.**導師之真實義**　蔡正禮老師 著　回郵 31 元

42.**淺談達賴喇嘛之雙身法**—兼論解讀「密續」之達文西密碼

吳明芷居士 著　回郵 31 元

43.**魔界轉世**　張正玄居士 著　回郵 31 元

44.**一貫道與開悟**　蔡正禮老師 著　回郵 31 元

45.**博愛**—愛盡天下女人　正覺教育基金會 編印　回郵 36 元

46.**意識虛妄經教彙編**—實證解脫道的關鍵經文　正覺同修會編印　回郵36元

47.**邪箭囈語**—破斥藏密外道多識仁波切《破魔金剛箭雨論》之邪說

陸正元老師著　上、下冊回郵各52元

48.**真假沙門**—依 佛聖教闡釋佛教僧寶之定義

蔡正禮老師著　俟正覺電子報連載後結集出版

49.**真假禪宗**—藉評論釋性廣《印順導師對變質禪法之批判

及對禪宗之肯定》以顯示真假禪宗

附論一：凡夫知見 無助於佛法之信解行證

附論二：世間與出世間一切法皆從如來藏實際而生而顯

余正偉老師著　俟正覺電子報連載後結集出版　回郵未定

★ 上列贈書之郵資，係台灣本島地區郵資，大陸、港、澳地區及外國地區，請另計酌增（大陸、港、澳、國外地區之郵票不許通用）。尚未出版之書，請勿先寄來郵資，以免增加作業煩擾。

★ 本目錄若有變動，唯於後印之書籍及「成佛之道」網站上修正公佈之，不另行個別通知。

函索書籍請寄：佛教正覺同修會　103 台北市承德路 3 段 277 號 9 樓

台灣地區函索書籍者請附寄郵票，無時間購買郵票者可以等值現金抵用，但不接受郵政劃撥、支票、匯票。大陸地區得以人民幣計算，國外地區請以美元計算（請勿寄來當地郵票，在台灣地區不能使用）。欲以掛號寄遞者，請另附掛號郵資。

親自索閱：正覺同修會各共修處。　★請於共修時間前往取書，餘時無人在道場，請勿前往索取；共修時間與地點，詳見書末正覺同修會共修現況表（以近期之共修現況表為準）。

註：正智出版社發售之局版書，請向各大書局購閱。若書局之書架上已經售出而無陳列者，請向書局櫃台指定洽購；若書局不便代購者，請於正覺同修會共修時間前往各共修處請購，正智出版社已派人於共修時間送書前往各共修處流通。 郵政劃撥購書及 大陸地區 購書，請詳別頁正智出版社發售書籍目錄最後頁之說明。

成佛之道 網站：http://www.a202.idv.tw　正覺同修會已出版之結緣書籍，多已登載於 成佛之道 網站，若住外國、或住處遙遠，不便取得正覺同修會贈閱書籍者，可以從本網站閱讀及下載。

＊＊假藏傳佛教修雙身法，非佛教＊＊

正智出版社 籌募弘法基金發售書籍目錄　2021/12/28

1.**宗門正眼**—公案拈提 第一輯 重拈　平實導師著　500 元
因重寫內容大幅度增加故，字體必須改小，並增爲 576 頁 主文 546 頁。比初版更精彩、更有內容。初版《禪門摩尼寶聚》之讀者，可寄回本公司免費調換新版書。免附回郵，亦無截止期限。（2007 年起，每冊附贈本公司精製公案拈提〈超意境〉CD 一片。市售價格 280 元，多購多贈。）

2.**禪淨圓融**　平實導師著　200 元（第一版舊書可換新版書。）

3.**真實如來藏**　平實導師著　400 元

4.**禪—悟前與悟後**　平實導師著　上、下冊，每冊 250 元

5.**宗門法眼**—公案拈提 第二輯　平實導師著　500 元
（2007 年起，每冊附贈本公司精製公案拈提〈超意境〉CD 一片）

6.**楞伽經詳解**　平實導師著　全套共 10 輯　每輯 250 元

7.**宗門道眼**—公案拈提 第三輯　平實導師著　500 元
（2007 年起，每冊附贈本公司精製公案拈提〈超意境〉CD 一片）

8.**宗門血脈**—公案拈提 第四輯　平實導師著　500 元
（2007 年起，每冊附贈本公司精製公案拈提〈超意境〉CD 一片）

9.**宗通與說通**—成佛之道 平實導師著 主文 381 頁 全書 400 頁售價 300 元

10.**宗門正道**—公案拈提 第五輯　平實導師著　500 元
（2007 年起，每冊附贈本公司精製公案拈提〈超意境〉CD 一片）

11.**狂密與真密 一～四輯**　平實導師著　西藏密宗是人間最邪淫的宗教，本質不是佛教，只是披著佛教外衣的印度教性力派流毒的喇嘛教。此書中將西藏密宗密傳之男女雙身合修樂空雙運所有祕密與修法，毫無保留完全公開，並將全部喇嘛們所不知道的部分也一併公開。內容比大辣出版社喧騰一時的《西藏慾經》更詳細。並且函蓋藏密的所有祕密及其錯誤的中觀見、如來藏見……等，藏密的所有法義都在書中詳述、分析、辨正。每輯主文三百餘頁　每輯全書約 400 頁　售價每輯 300 元

12.**宗門正義**—公案拈提 第六輯　平實導師著　500 元
（2007 年起，每冊附贈本公司精製公案拈提〈超意境〉CD 一片）

13.**心經密意**—心經與解脫道、佛菩提道、祖師公案之關係與密意　平實導師述　300 元

14.**宗門密意**—公案拈提 第七輯　平實導師著　500 元
（2007 年起，每冊附贈本公司精製公案拈提〈超意境〉CD 一片）

15.**淨土聖道**—兼評「選擇本願念佛」　正德老師著　200 元

16.**起信論講記**　平實導師述著　共六輯　每輯三百餘頁　售價各 250 元

17.**優婆塞戒經講記**　平實導師述著 共八輯 每輯三百餘頁 售價各 250 元

18.**真假活佛**—略論附佛外道盧勝彥之邪說（對前岳靈犀網站主張「盧勝彥是證悟者」之修正）　正犀居士（岳靈犀）著　流通價 140 元

19.**阿含正義**—唯識學探源　平實導師著　共七輯　每輯 300 元

20.**超意境** CD 以平實導師公案拈提書中超越意境之頌詞，加上曲風優美的旋律，錄成令人嚮往的超意境歌曲，其中包括正覺發願文及平實導師親自譜成的黃梅調歌曲一首。詞曲雋永，殊堪翫味，可供學禪者吟詠，有助於見道。內附設計精美的彩色小冊，解說每一首詞的背景本事。每片 280 元。【每購買公案拈提書籍一冊，即贈送一片。】

21.**菩薩底憂鬱** CD 將菩薩情懷及禪宗公案寫成新詞，並製作成超越意境的優美歌曲。 1.主題曲〈菩薩底憂鬱〉，描述地後菩薩能離三界生死而迴向繼續生在人間，但因尚未斷盡習氣種子而有極深沈之憂鬱，非三賢位菩薩及二乘聖者所知，此憂鬱在七地滿心位方才斷盡；本曲之詞中所說義理極深，昔來所未曾見；此曲係以優美的情歌風格寫詞及作曲，聞者得以激發嚮往諸地菩薩境界之大心，詞、曲都非常優美，難得一見；其中勝妙義理之解說，已印在附贈之彩色小冊中。 2.以各輯公案拈提中直示禪門入處之頌文，作成各種不同曲風之超意境歌曲，值得玩味、參究；聆聽公案拈提之優美歌曲時，請同時閱讀內附之印刷精美說明小冊，可以領會超越三界的證悟境界；未悟者可以因此引發求悟之意向及疑情，眞發菩提心而邁向求悟之途，乃至因此眞實悟入般若，成眞菩薩。 3.正覺總持咒新曲，總持佛法大意；總持咒之義理，已加以解說並印在隨附之小冊中。本 CD 共有十首歌曲，長達 63 分鐘。每盒各附贈二張購書優惠券。每片 280 元。

22.**禪意無限** CD 平實導師以公案拈提書中偈頌寫成不同風格曲子，與他人所寫不同風格曲子共同錄製出版，幫助參禪人進入禪門超越意識之境界。盒中附贈彩色印製的精美解說小冊，以供聆聽時閱讀，令參禪人得以發起參禪之疑情，即有機會證悟本來面目而發起實相智慧，實證大乘菩提般若，能如實證知般若經中的眞實意。本 CD 共有十首歌曲，長達 69 分鐘，每盒各附贈二張購書優惠券。每片 280 元。

23.**我的菩提路**第一輯　釋悟圓、釋善藏等人合著　售價 300 元

24.**我的菩提路**第二輯　郭正益等人合著　售價 300 元

25.**我的菩提路**第三輯　王美伶等人合著　售價 300 元

26.**我的菩提路**第四輯　陳晏平等人合著　售價 300 元

27.**我的菩提路**第五輯　林慈慧等人合著　售價 300 元

28.**我的菩提路**第六輯　劉惠莉等人合著　售價 300 元

29.**我的菩提路**第七輯　余正偉等人合著　售價 300 元

30.**鈍鳥與靈龜**—考證後代凡夫對大慧宗杲禪師的無根誹謗。

平實導師著 共 458 頁 售價 350 元

31.**維摩詰經講記** 平實導師述 共六輯 每輯三百餘頁 售價各 250 元

32.**真假外道**—破劉東亮、杜大威、釋證嚴常見外道見　正光老師著　200 元

33.**勝鬘經講記**—兼論印順《勝鬘經講記》對於《勝鬘經》之誤解。
平實導師述　共六輯　每輯三百餘頁　售價250元
34.**楞嚴經講記**　平實導師述　共15輯，每輯三百餘頁　售價300元
35.**明心與眼見佛性**—駁慧廣〈蕭氏「眼見佛性」與「明心」之非〉文中謬說
正光老師著　共448頁　售價300元
36.**見性與看話頭**　黃正倖老師　著，本書是禪宗參禪的方法論。
內文375頁，全書416頁，售價300元。
37.**達賴真面目**—玩盡天下女人　白正偉老師　等著　中英對照彩色精裝大本800元
38.**喇嘛性世界**—揭開假藏傳佛教譚崔瑜伽的面紗　張善思　等人著　200元
39.**假藏傳佛教的神話**—性、謊言、喇嘛教　正玄教授編著　200元
40.**金剛經宗通**　平實導師述　共九輯　每輯售價250元。
41.**空行母**—性別、身分定位，以及藏傳佛教。
珍妮·坎貝爾著　呂艾倫　中譯　售價250元
42.**末代達賴**—性交教主的悲歌　張善思、呂艾倫、辛燕編著　售價250元
43.**霧峰無霧**—給哥哥的信　辨正釋印順對佛法的無量誤解
游宗明　老師著　售價250元
44.**霧峰無霧**—第二輯—救護佛子向正道　細說釋印順對佛法的各類誤解
游宗明　老師著　售價250元
45.**第七意識與第八意識？**—穿越時空「超意識」
平實導師述　每冊300元
46.**黯淡的達賴**—失去光彩的諾貝爾和平獎
正覺教育基金會編著　每冊250元
47.**童女迦葉考**—論呂凱文〈佛教輪迴思想的論述分析〉之謬。
平實導師　著　定價180元
48.**人間佛教**—實證者必定不悖三乘菩提
平實導師　述，定價400元
49.**實相經宗通**　平實導師述　共八輯　每輯250元
50.**真心告訴您(一)**—達賴喇嘛在幹什麼？
正覺教育基金會編著　售價250元
51.**中觀金鑑**—詳述應成派中觀的起源與其破法本質
孫正德老師著　分為上、中、下三冊，每冊250元
52.**藏傳佛教要義**—《狂密與真密》之簡體字版　平實導師　著　上、下冊
僅在大陸流通　每冊300元
53.**法華經講義**　平實導師述　共二十五輯　每輯300元
已於2015/05/31起開始出版，每二個月出版一輯
54.**西藏「活佛轉世」制度**—附佛、造神、世俗法
許正豐、張正玄老師合著　定價150元
55.**廣論三部曲**　郭正益老師著　定價150元

56.**真心告訴您(二)**—達賴喇嘛是佛教僧侶嗎？
—補祝達賴喇嘛八十大壽
正覺教育基金會編著　售價300元

57.**次法**—實證佛法前應有的條件
張善思居士著　分爲上、下二冊，每冊250元

58.**涅槃**—解說四種涅槃之實證及內涵　平實導師著 上、下冊 各350元

59.**山法**—西藏關於他空與佛藏之根本論
篤補巴．喜饒堅贊著　　傑弗里．霍普金斯英譯
張火慶教授、呂艾倫老師中譯　精裝大本1200元

60.**佛藏經講義**　平實導師述　2019年7月31日開始出版　共21輯
每二個月出版一輯，每輯300元。

61.**成唯識論**　大唐 玄奘菩薩所著經本，重新正確斷句，並以不同字體及標點符號顯示質疑文，令得易讀。全書288頁，精裝大本 400元

62.**假鋒虛焰金剛乘**—揭示顯密正理，兼破索達吉師徒《般若鋒兮金剛焰》
釋正安法師著 簡體字版 即將出版 售價未定

63.**廣論之平議**—宗喀巴《菩提道次第廣論》之平議　正雄居士著
約二或三輯　俟正覺電子報連載後結集出版　書價未定

64.**大法鼓經講義**　平實導師講述　《佛藏經講義》出版後發行，每輯300元

65.**不退轉法輪經講義** 平實導師講述　《大法鼓經講義》出版後發行

66.**八識規矩頌**詳解　○○居士 註解　出版日期另訂　書價未定。

67.**中觀正義**—註解平實導師《中論正義頌》。
○○法師（居士）著　出版日期未定　書價未定

68.**中論正義**—釋龍樹菩薩《中論》頌正理。
孫正德老師著　出版日期未定　書價未定

69.**成唯識論釋**—詳解大唐玄奘菩薩所著的《成唯識論》，平實導師述著。總共十輯，於每講完一輯的分量以後即予出版，預計 2022年十月出版第一輯，以後每七個月出版一輯，每輯400元。

70.**中國佛教史**—依中國佛教正法史實而論。 ○○老師 著　書價未定。

71.**印度佛教史**—法義與考證。依法義史實評論印順《印度佛教思想史、佛教史地考論》之謬說　正偉老師著　出版日期未定　書價未定

72.**阿含經講記**—將選錄四阿含中數部重要經典全經講解之，講後整理出版。
平實導師述　約二輯　每輯300元　出版日期未定

73.**實積經講記** 平實導師述　每輯三百餘頁 優惠價300元 出版日期未定

74.**解深密經講義**　平實導師述 約四輯　將於重講後整理出版

75.**修習止觀坐禪法要講記**　平實導師述　每輯三百餘頁
將於正覺寺建成後重講、以講記逐輯出版　出版日期未定

76.**無門關**—《無門關》公案拈提　平實導師著　出版日期未定

77.**中觀再論**—兼述印順《中觀今論》謬誤之平議。 正光老師著 出版日期未定

78.**輪迴與超度**—佛教超度法會之真義。

〇〇法師（居士）著　出版日期未定　書價未定

79.**《釋摩訶衍論》平議**—對偽稱龍樹所造《釋摩訶衍論》之平議

〇〇法師（居士）著　出版日期未定　書價未定

80.**正覺發願文**註解—以真實大願為因 得證菩提

正德老師著　出版日期未定　書價未定

81.**正覺總持咒**—佛法之總持　正圜老師著　出版日期未定　書價未定

82.**三自性**—依四食、五蘊、十二因緣、十八界法，說三性三無性。

作者未定　出版日期未定

83.**道品**—從三自性說大小乘三十七道品　作者未定　出版日期未定

84.**大乘緣起觀**—依四聖諦七真如現觀十二緣起 作者未定　出版日期未定

85.**三德**—論解脫德、法身德、般若德。　作者未定　出版日期未定

86.**真假如來藏**—對印順《如來藏之研究》謬說之平議　作者未定 出版日期未定

87.**大乘道次第**　作者未定　出版日期未定　書價未定

88.**四緣**—依如來藏故有四緣。　作者未定　出版日期未定

89.**空之探究**—印順《空之探究》謬誤之平議　作者未定 出版日期未定

90.**十法義**—論阿含經中十法之正義　作者未定　出版日期未定

91.**外道見**—論述外道六十二見　作者未定　出版日期未定

正智出版社有限公司書籍介紹

禪淨圓融：言淨土諸祖所未曾言，示諸宗祖師所未曾示；禪淨圓融，另闢成佛捷徑，兼顧自力他力，闡釋淨土門之速行易行道，亦同時揭櫫聖教門之速行易行道；令廣大淨土行者得免緩行難證之苦，亦令聖道門行者得以藉著淨土速行道而加快成佛之時劫。乃前無古人之超勝見地，非一般弘揚禪淨法門典籍也，先讀為快。平實導師著 200元。

宗門正眼—公案拈提第一輯：繼承克勤圜悟大師碧巖錄宗旨之禪門鉅作。先則舉示當代大法師之邪說，消弭當代禪門大師鄉愿之心態，摧破當今禪門「世俗禪」之妄談；次則旁通教法，表顯宗門正理；繼以道之次第，消弭古今狂禪；後藉言語及文字機鋒，直示宗門入處。悲智雙運，禪味十足，數百年來難得一睹之禪門鉅著也。平實導師著 500元（原初版書《禪門摩尼寶聚》，改版後補充為五百餘頁新書，總計多達二十四萬字，內容更精彩，並改名為《宗門正眼》，讀者原購初版《禪門摩尼寶聚》皆可寄回本公司免費換新，免附回郵，亦無截止期限）（2007年起，凡購買公案拈提第一輯至第七輯，每購一輯皆贈送本公司精製公案拈提〈超意境〉CD一片，市售價格280元，多購多贈）。

禪—悟前與悟後：本書能建立學人悟道之信心與正確知見，圓滿具足而有次第地詳述禪悟之功夫與禪悟之內容，指陳參禪中細微淆訛之處，能使學人明自真心、見自本性。若未能悟入，亦能以正確知見辨別古今中外一切大師究係真悟？或屬錯悟？便有能力揀擇，捨名師而選明師，後時必有悟道之緣。一旦悟道，遲者七次人天往返，便出三界，速者一生取辦。學人欲求開悟者，不可不讀。平實導師著。上、下冊共500元，單冊250元。

眞實如來藏：如來藏眞實存在，乃宇宙萬有之本體，並非印順法師、達賴喇嘛等人所說之「唯有名相、無此心體」。如來藏是涅槃之本際，是一切有智之人竭盡心智、不斷探索而不能得之生命實相；是古今中外許多大師自以爲悟而當面錯過之生命實相。如來藏即是阿賴耶識，乃是一切有情本自具足、不生不滅之眞實心。當代中外大師於此書出版之前所未能言者，作者於本書中盡情流露、詳細闡釋。眞悟者讀之，必能增益悟境、智慧增上；錯悟者讀之，必能檢討自己之錯誤，免犯大妄語業；未悟者讀之，能知參禪之理路，亦能以之檢查一切名師是否眞悟。此書是一切哲學家、宗教家、學佛者及欲昇華心智之人必讀之鉅著。　平實導師著　售價400元。

宗門法眼—**公案拈提**第二輯：列舉實例，闡釋土城廣欽老和尚之悟處；並直示這位不識字的老和尚妙智橫生之根由，繼而剖析禪宗歷代大德之開悟公案，解析當代密宗高僧卡盧仁波切之錯悟證據，並例舉當代顯宗高僧、大居士之錯悟證據（凡健在者，爲免影響其名聞利養，皆隱其名）。藉辨正當代名師之邪見，向廣大佛子指陳禪悟之正道，彰顯宗門法眼。悲勇兼出，強捋虎鬚；慈智雙運，巧探驪龍；摩尼寶珠在手，直示宗門入處，禪味十足；若非大悟徹底，不能爲之。禪門精奇人物，允宜人手一冊，供作參究及悟後印證之圭臬。本書於2008年4月改版，增寫爲大約500頁篇幅，以利學人研讀參究時更易悟入宗門正法，以前所購初版首刷及初版二刷舊書，皆可免費換取新書。平實導師著　500元（2007年起，凡購買公案拈提第一輯至第七輯，每購一輯皆贈送本公司精製公案拈提〈超意境〉CD一片，市售價格280元，多購多贈）。

宗門道眼—**公案拈提**第三輯：繼宗門法眼之後，再以金剛之作略、慈悲之胸懷、犀利之筆觸，舉示寒山、拾得、布袋三大士之悟處，消弭當代錯悟者對於寒山大士……等之誤會及誹謗。亦舉出民初以來與虛雲和尙齊名之蜀郡鹽亭袁煥仙夫子——南懷瑾老師之師，其「悟處」何在？並蒐羅許多眞悟祖師之證悟公案，顯示禪宗歷代祖師之睿智，指陳部分祖師、奧修及當代顯密大師之謬悟，作爲殷鑑，幫助禪子建立及修正參禪之方向及知見。假使讀者閱此書已，一時尙未能悟，亦可一面加功用行，一面以此宗門道眼辨別眞假善知識，避開錯誤之印證及歧路，可免大妄語業之長劫慘痛果報。欲修禪宗之禪者，務請細讀。平實導師著 售價500元（2007年起，凡購買公案拈提第一輯至第七輯，每購一輯皆贈送本公司精製公案拈提〈超意境〉CD一片，市售價格280元，多購多贈）。

楞伽經詳解：本經是禪宗見道者印證所悟眞僞之根本經典，亦是禪宗見道者悟後起修之依據經典；故達摩祖師於印證二祖慧可大師之後，將此經典連同佛缽祖衣一併交付二祖，令其依此經典佛示金言、進入修道位，修學一切種智。由此可知此經對於眞悟之人修學佛道，是非常重要之一部經典。此經能破外道邪說，亦破佛門中錯悟名師之謬說，亦破禪宗部分祖師之狂禪：不讀經典、一向主張「一悟即成究竟佛」之謬執。並開示愚夫所行禪、觀察義禪、攀緣如禪、如來禪等差別，令行者對於三乘禪法差異有所分辨；亦糾正禪宗祖師古來對於如來禪之誤解，嗣後可免以訛傳訛之弊。此經亦是法相唯識宗之根本經典，禪者悟後欲修一切種智而入初地者，必須詳讀。平實導師著，全套共十輯，已全部出版完畢，每輯主文約320頁，每冊約352頁，定價250元。

宗門血脈—**公案拈提**第四輯：末法怪象—許多修行人自以爲悟，每將無念靈知認作眞實；崇尚二乘法諸師及其徒眾，則將外於如來藏之緣起性空—無因論之無常空、斷滅空、一切法空—錯認爲 佛所說之般若空性。這兩種現象已於當今海峽兩岸及美加地區顯密大師之中普遍存在；人人自以爲悟，心高氣壯，便敢寫書解釋祖師證悟之公案，大多出於意識思惟所得，言不及義，錯誤百出，因此誤導廣大佛子同陷大妄語之地獄業中而不能自知。彼等書中所說之悟處，其實處處違背第一義經典之聖言量。彼等諸人不論是否身披袈裟，都非佛法宗門血脈，或雖有禪宗法脈之傳承，亦只徒具形式；猶如螟蛉，非眞血脈，未悟得根本眞實故。禪子欲知佛、祖之眞血脈者，請讀此書，便知分曉。平實導師著，主文452頁，全書464頁，定價500元（2007年起，凡購買公案拈提第一輯至第七輯，每購一輯皆贈送本公司精製公案拈提〈超意境〉CD一片，市售價格280元，多購多贈）。

宗通與說通：古今中外，錯誤之人如麻似粟，每以常見外道所說之靈知心，認作眞心；或妄想虛空之勝性能量爲眞如，或錯認物質四大元素藉冥性（靈知心本體）能成就吾人色身及知覺，或認初禪至四禪中之了知心爲不生不滅之涅槃心。此等皆非通宗者之見地。復有錯悟之人一向主張「宗門與教門不相干」，此即尚未通達宗門之人也。其實宗門與教門互通不二，宗門所證者乃是眞如與佛性，故教門與宗門不二。本書作者以宗教二門互通之見地，細說「宗通與說通」，從初見道至悟後起修之道、細說分明；並將諸宗諸派在整體佛教中之地位與次第，加以明確之教判，學人讀之即可了知佛法之梗概也。欲擇明師學法之前，允宜先讀。平實導師著，主文共381頁，全書392頁，只售成本價300元。

宗門正道—**公案拈提**第**五**輯：修學大乘佛法有二果須證—解脫果及大菩提果。二乘人不證大菩提果，唯證解脫果；此果之智慧，名爲聲聞菩提、緣覺菩提。大乘佛子所證二果之菩提果爲佛菩提，故名大菩提果，其慧名爲一切種智—函蓋二乘解脫果。然此大乘二果修證，須經由禪宗之宗門證悟方能相應。而宗門證悟極難，自古已然；其所以難者，咎在古今佛教界普遍存在三種邪見：1.以修定認作佛法，2.以無因論之緣起性空—否定涅槃本際如來藏以後之一切法空作爲佛法，3.以常見外道邪見（離語言妄念之靈知性）作爲佛法。 如是邪見，或因自身正見未立所致，或因邪師之邪教導所致，或因無始劫來虛妄熏習所致。若不破除此三種邪見，永劫不悟宗門眞義、不入大乘正道，唯能外門廣修菩薩行。 平實導師於此書中，有極爲詳細之說明，有志佛子欲摧邪見、入於內門修菩薩行者，當閱此書。主文共496頁，全書512頁。售價500元（2007年起，凡購買公案拈提第一輯至第七輯，每購一輯皆贈送本公司精製公案拈提〈超意境〉CD一片，市售價格280元，多購多贈）。

狂密與眞密：密教之修學，皆由有相之觀行法門而入，其最終目標仍不離顯教經典所說第一義諦之修證；若離顯教第一義經典、或違背顯教第一義經典，即非佛教。西藏密教之觀行法，如灌頂、觀想、遷識法、寶瓶氣、大聖歡喜雙身修法、喜金剛、無上瑜伽、大樂光明、樂空雙運等，皆是印度教**兩性生生不息**思想之轉化，**自始至終**皆以**如何能運用交合淫樂之法達到全身受樂**爲其中心思想，純屬欲界五欲的貪愛，不能令人超出欲界輪迴，更不能令人斷除我見；何況大乘之明心與見性，更無論矣！故密宗之法絕非佛法也。而其明光大手印、大圓滿法教，又皆同以常見外道所說**離語言妄念之無念靈知心**錯認爲佛地之眞如，不能直指不生不滅之眞如。西藏密宗所有法王與徒眾，都尚未開頂門眼，不能辨別眞僞，以**依人不依法**、**依密續不依經典**故，不肯將其上師喇嘛所說對照第一義經典，純依密續之藏密祖師所說爲準，因此而誇大其證德與證量，動輒謂彼祖師上師爲究竟佛、爲地上菩薩；如今台海兩岸亦有自謂其師證量高於 釋迦文佛者，然觀其師所述，猶未見道，仍在觀行即佛階段，尚未到禪宗相似即佛、分證即佛階位，竟敢標榜爲究竟佛及地上法王，誑惑初機學人。凡此怪象皆是狂密，不同於眞密之修行者。近年狂密盛行，密宗行者被誤導者極眾，動輒自謂已證佛地眞如，自視爲究竟佛，陷於大妄語業中而不知自省，反謗顯宗眞修實證者之證量粗淺；或如義雲高與釋性圓…等人，於報紙上公然誹謗眞實證道者爲「騙子、無道人、人妖、癩蛤蟆…」等，造下誹謗大乘勝義僧之大惡業；或以外道法中有爲有作之甘露、魔術……等法，誑騙初機學人，狂言彼外道法爲眞佛法。如是怪象，在西藏密宗及附藏密之外道中，不一而足，舉之不盡，學人宜應愼思明辨，以免上當後又犯毀破菩薩戒之重罪。密宗學人若欲遠離邪知邪見者，請閱此書，即能了知密宗之邪謬，從此遠離邪見與邪修，轉入眞正之佛道。 平實導師著 共四輯 每輯約400頁（主文約340頁）每輯售價300元。

宗門正義—**公案拈提**第六輯：佛教有六大危機，乃是藏密化、世俗化、膚淺化、學術化、宗門密意失傳、悟後進修諸地之次第混淆；其中尤以宗門密意之失傳，爲當代佛教最大之危機。由宗門密意失傳故，易令 世尊本懷普被錯解，易令 世尊正法被轉易爲外道法，以及加以淺化、世俗化，是故宗門密意之廣泛弘傳與具緣佛弟子悟入，極爲重要。然而欲令宗門密意之廣泛弘傳予具緣之佛弟子者，必須同時配合錯誤知見之解析、普令佛弟子知之，然後輔以公案解析之直示入處，方能令具緣之佛弟子悟入。而此二者，皆須以公案拈提之方式爲之，方易成其功、竟其業，是故平實導師續作宗門正義一書，以利學人。 全書500餘頁，售價500元（2007年起，凡購買公案拈提第一輯至第七輯，每購一輯皆贈送本公司精製公案拈提〈超意境〉CD一片，市售價格280元，多購多贈）。

心經密意—心經與解脫道、佛菩提道、祖師公案之關係與密意。 二乘菩提所證之解脫道，實依第八識心之斷除煩惱障現行而立解脫之名；大乘菩提所證之佛菩提道，實依親證第八識如來藏之涅槃性、清淨自性、及其中道性而立般若之名；禪宗祖師公案所證之眞心，即是此第八識如來藏；是故三乘佛法所修所證之三乘菩提，皆依此如來藏心而立名也。此第八識心，即是《心經》所說之心也。證得此如來藏已，即能漸入大乘佛菩提道，亦可因證知此心而了知二乘無學所不能知之無餘涅槃本際，是故《心經》之密意，與三乘佛菩提之關係極爲密切、不可分割，三乘佛法皆依此心而立名故。今者平實導師以其所證解脫道之無生智及佛菩提之般若種智，將《心經》與解脫道、佛菩提道、祖師公案之關係與密意，以演講之方式，用淺顯之語句和盤托出，發前人所未言，呈三乘菩提之眞義，令人藉此《心經密意》一舉而窺三乘菩提之堂奧，迥異諸方言不及義之說；欲求眞實佛智者、不可不讀！主文317頁，連同跋文及序文…等共384頁，售價300元。

宗門密意—**公案拈提**第七輯：佛教之世俗化，將導致學人以信仰作爲學佛，則將以感應及世間法之庇祐，作爲學佛之主要目標，不能了知學佛之主要目標爲親證三乘菩提。大乘菩提則以般若實相智慧爲主要修習目標，以二乘菩提解脫道爲附帶修習之標的；是故學習大乘法者，應以禪宗之證悟爲要務，能親入大乘菩提之實相般若智慧中故，般若實相智慧非二乘聖人所能知故。此書則以台灣世俗化佛教之三大法師，說法似是而非之實例，配合眞悟祖師之公案解析，提示證悟般若之關節，令學人易得悟入。平實導師著，全書五百餘頁，售價500元（2007年起，凡購買公案拈提第一輯至第七輯，每購一輯皆贈送本公司精製公案拈提〈超意境〉CD一片，市售價格280元，多購多贈）。

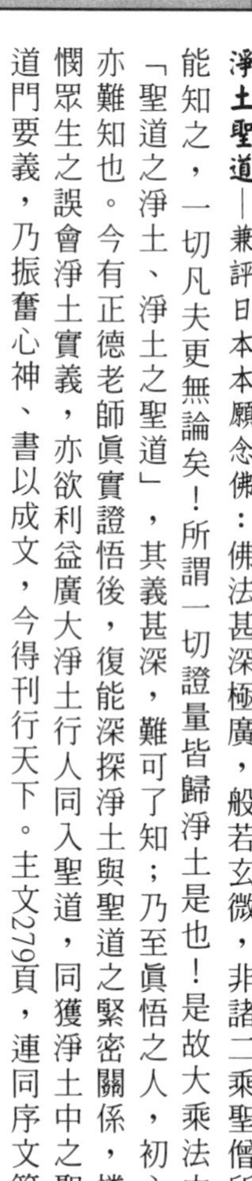

淨土聖道—兼評日本本願念佛：佛法甚深極廣，般若玄微，非諸二乘聖僧所能知之，一切凡夫更無論矣！所謂一切證量皆歸淨土是也！是故大乘法中「聖道之淨土、淨土之聖道」，其義甚深，難可了知；乃至眞悟之人，初心亦難知也。今有正德老師眞實證悟後，復能深探淨土與聖道之緊密關係，憐憫眾生之誤會淨土實義，亦欲利益廣大淨土行人同入聖道，同獲淨土中之聖道門要義，乃振奮心神、書以成文，今得刊行天下。主文279頁，連同序文等共301頁，總有十一萬六千餘字，正德老師著，成本價200元。

起信論講記：詳解大乘起信論**心生滅門**與**心眞如門**之眞實意旨，消除以往大師與學人對起信論所說**心生滅門**之誤解，由是而得了知眞心如來藏之非常非斷中道正理；亦因此一講解，令此論以往隱晦而被誤解之眞實義，得以如實顯示，令大乘佛菩提道之正理得以顯揚光大；初機學者亦可藉此正論所顯示之法義，對大乘法理生起正信，從此得以眞發菩提心，眞入大乘法中修學，世世常修菩薩正行。平實導師演述，共六輯，都已出版，每輯三百餘頁，售價各250元。

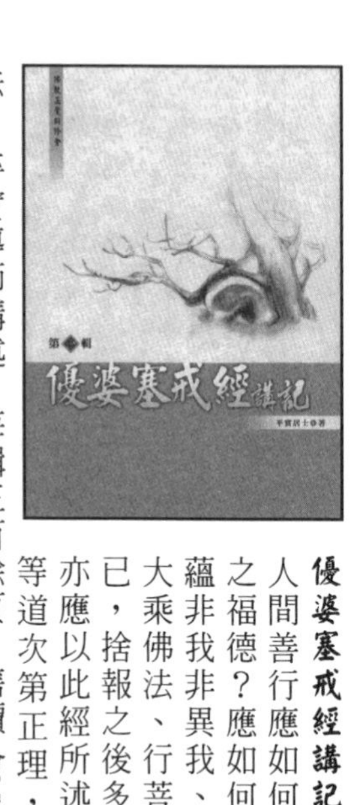

優婆塞戒經講記：本經詳述在家菩薩修學大乘佛法，應如何受持菩薩戒？對人間善行應如何看待？對三寶應如何護持？應如何正確地修集此世後世證法之福德？應如何修集後世「行菩薩道之資糧」？並詳述第一義諦之正義：五蘊非我非異我、自作自受、異作異受、不作不受……等深妙法義，乃是修學大乘佛法、行菩薩行之在家菩薩所應當了知者。出家菩薩今世或未來世登地已，捨報之後多數將如華嚴經中諸大菩薩，以在家菩薩身而修行菩薩行，故亦應以此經所述正理而修之，配合《楞伽經、解深密經、楞嚴經、華嚴經》等道次第正理，方得漸次成就佛道；故此經是一切大乘行者皆應證知之正法。平實導師講述，每輯三百餘頁，售價各250元；共八輯，已全部出版。

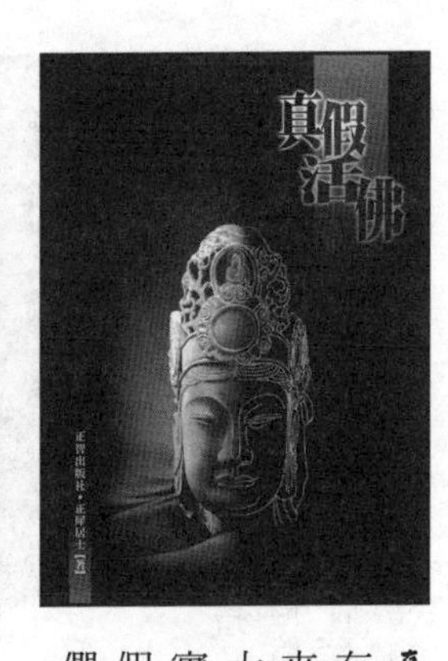

真假活佛—略論附佛外道盧勝彥之邪說：人人身中都有眞活佛，永生不滅而有大神用，但眾生都不了知，所以常被身外的西藏密宗假活佛籠罩欺瞞。本來就眞實存在的眞活佛，才是眞正的密宗無上密！諾那活佛因此而說禪宗是大密宗，但藏密的所有活佛都不知道、也不曾實證自身中的眞活佛。本書詳實宣示眞活佛的道理，舉證盧勝彥的「佛法」不是眞佛法，也顯示盧勝彥是假活佛，直接的闡釋第一義佛法見道的眞實正理。眞佛宗的所有上師與學人們，都應該詳細閱讀，包括盧勝彥個人在內。正犀居士著，優惠價140元。

阿含正義—唯識學探源：廣說四大部《阿含經》諸經中隱說之眞正義理，一一舉示佛陀本懷，令阿含時期初轉法輪根本經典之眞義，如實顯現於佛子眼前。並提示末法大師對於阿含眞義誤解之實例，一一比對之，證實唯識增上慧學確於原始佛法之阿含諸經中已隱覆密意而略說之，證實 世尊確於原始佛法中已曾密意而說第八識如來藏之總相；亦證實 世尊在四阿含中已說此藏識是名色十八界之因、之本—證明如來藏是能生萬法之根本心。佛子可據此修正以往受諸大師（譬如西藏密宗應成派中觀師：印順、昭慧、性廣、大願、達賴、宗喀巴、寂天、月稱、……等人）誤導之邪見，建立正見，轉入正道乃至親證初果而無困難；書中並詳說三果所證的**心解脫**，以及四果**慧解脫**的親證，都是如實可行的具體知見與行門。全書共七輯，已出版完畢。平實導師著，每輯三百餘頁，售價300元。

超意境CD：以平實導師公案拈提書中超越意境之頌詞，加上曲風優美的旋律，錄成令人嚮往的超意境歌曲，其中包括正覺發願文及平實導師親自譜成的黃梅調歌曲一首。詞曲雋永，殊堪翫味，可供學禪者吟詠，有助於見道。內附設計精美的彩色小冊，解說每一首詞的背景本事。每片280元。【每購買公案拈提書籍一冊，即贈送一片。】

鈍鳥與靈龜：鈍鳥及靈龜二物，被宗門證悟者說為二種人：前者是精修禪定而無智慧者，也是以定為禪的愚癡禪人；後者是或有禪定、或無禪定的宗門證悟者，凡已證悟者皆是靈龜。但後者被人虛造事實，用以嘲笑大慧宗杲禪師，說他雖是靈龜，卻不免被天童禪師預記「患背」痛苦而亡：「**鈍鳥離巢易，靈龜脫殼難**。」藉以貶低大慧宗杲的證量；同時又將天童禪師實證如來藏的證量，曲解為意識境界的離念靈知。自從大慧禪師入滅以後，錯悟凡夫對他的不實毀謗就一直存在著，不曾止息，並且捏造的假事實也隨著年月的增加而越來越多，終至編成「鈍鳥與靈龜」的假公案、假故事。本書是考證大慧與天童之間的不朽情誼，顯現這件假公案的虛妄不實；更見大慧宗杲面對惡勢力時的正直不阿，亦顯示大慧對天童禪師的至情深義，將使後人對大慧宗杲的誣謗至此而止，不再有人誤犯毀謗賢聖的惡業。書中亦舉出大慧與天童二師的證悟內容，證明宗門的所悟確以第八識如來藏為標的，詳讀之後必可改正以前被錯悟大師誤導的參禪知見，日後必定有助於實證禪宗的開悟境界，得階大乘眞見道位中，即是實證般若之賢聖。全書459頁，售價350元。

菩薩底憂鬱CD將菩薩情懷及禪宗公案寫成新詞，並製作成超越意境的優美歌曲。1.主題曲〈菩薩底憂鬱〉，描述地後菩薩能離三界生死而迴向繼續生在人間，但因尚未斷盡習氣種子而有極深沈之憂鬱，非三賢位菩薩及二乘聖者所知，此憂鬱在七地滿心位方才斷盡；本曲之詞中所說義理極深，昔來所未曾見；此曲係以優美的情歌風格寫詞及作曲，聞者得以激發嚮往諸地菩薩境界之大心，詞、曲都非常優美，難得一見；其中勝妙義理之解說，已印在附贈之彩色小冊中。2.以各輯公案拈提中直示禪門入處之頌文，作成各種不同曲風之超意境歌曲，值得玩味、參究；聆聽公案拈提之優美歌曲時，請同時閱讀內附之印刷精美說明小冊，可以領會超越三界的證悟境界；未悟者可以因此引發求悟之意向及疑情，眞發菩提心而邁向求悟之途，乃至因此眞實悟入般若，成眞菩薩。3.正覺總持咒新曲，總持佛法大意；總持咒之義理，已加以解說並印在隨附之小冊中。本CD共有十首歌曲，長達63分鐘，附贈二張購書優惠券。每片280元。

真假外道：本書具體舉證佛門中的常見外道知見實例，並加以教證及理證上的辨正，幫助讀者輕鬆而快速的了知常見外道的錯誤知見，進而遠離佛門內外的常見外道知見，因此即能改正修學方向而快速實證佛法。游正光老師著。成本價200元。

我的菩提路第一輯：凡夫及二乘聖人不能實證的佛菩提證悟，末法時代的今天仍然有人能得實證，由正覺同修會釋悟圓、釋善藏法師等二十餘位實證如來藏者所寫的見道報告，已爲當代學人見證宗門正法之絲縷不絕，證明大乘義學的法脈仍然存在，爲末法時代求悟般若之學人照耀出光明的坦途。由二十餘位大乘見道者所繕，敘述各種不同的學法、見道因緣與過程，參禪求悟者必讀。全書三百餘頁，售價300元。

我的菩提路第二輯：由郭正益老師等人合著，書中詳述彼等諸人歷經各處道場學法，一一修學而加以檢擇之不同過程以後，因閱讀正覺同修會、正智出版社書籍而發起抉擇分，轉入正覺同修會中修學；乃至學法及見道之過程，都一一詳述之。**本書已改版印製重新流通**，讀者原購的初版書，不論是第一刷或第二、三、四刷，都可以寄回換新，免附郵費。

我的菩提路第三輯：由王美伶老師等人合著。自從正覺同修會成立以來，每年夏初、冬初都舉辦精進禪三共修，藉以助益會中同修們得以證悟明心發起般若實相智慧；凡已實證而被平實導師印證者，皆書具見道報告用以證明佛法之眞實可證而非玄學，證明佛法並非純屬思想、理論而無實質，是故每年都能有人證明正覺同修會的「實證佛教」主張並非虛語。特別是眼見佛性一法，自古以來中國禪宗祖師實證者極寡，較之明心開悟的證境更難令人信受；至2017年初，正覺同修會中的證悟明心者已近五百人，然而其中眼見佛性者至今唯十餘人爾，可謂難能可貴，是故明心後欲冀眼見佛性者實屬不易。黃正倖老師是懸絕七年無人見性後的第一人，她於2009年的見性報告刊於本書的第二輯中，爲大眾證明佛性確實可以眼見；其後七年之中求見性者都屬解悟佛性而無人眼見，幸而又經七年後的2016冬初，以及2017夏初的禪三，復有三人眼見佛性，希冀鼓舞四眾佛子求見佛性之大心，今則具載一則於書末，顯示求見佛性之事實經歷，供養現代佛教界欲得見性之四眾弟子。全書四百頁，售價300元，已於2017年6月30日發行。

我的菩提路第四輯：由陳晏平等人著。中國禪宗祖師往往有所謂「見性」之言，所言多屬看見如來藏具有能令人發起成佛之自性，並非《大般涅槃經》中 如來所說之眼見佛性。眼見佛性者，於親見佛性之時，即能於山河大地眼見自己佛性，亦能於他人身上眼見自己佛性及對方之佛性，如是境界無法爲尚未實證者解釋；勉強說之，縱使眞實明心證悟之人聞之，亦只能以自身明心之境界想像之，但不論如何想像多屬非量，能有正確之比量者亦是稀有，故說眼見佛性極爲困難。眼見佛性之人若所見極分明時，在所見佛性之境界下所眼見之山河大地、自己五蘊身心皆是虛幻，自有異於明心者之解脫功德受用，此後永不思證二乘涅槃，必定邁向成佛之道而進入第十住位中，已超第一阿僧祇劫三分有一，可謂之爲超劫精進也。今又有明心之後眼見佛性之人出於人間，將其明心及後來見性之報告，連同其餘證悟明心者之精彩報告一同收錄於此書中，供養眞求佛法實證之四眾佛子。全書380頁，售價300元，已於2018年6月30日發行。

我的菩提路第五輯：林慈慧老師等人著，本輯中所舉學人從相似正法中來到正覺同修會的過程，各人都有不同，發生的因緣亦是各有差別，然而都會指向同一個目標——證實生命實相的源底，確證自己生從何來、死往何去的事實，所以最後都證明佛法眞實而可親證，絕非玄學；本書將彼等諸人的始修及末後證悟之實例，羅列出來以供學人參考。本期亦有一位會裡的老師，是從1995年即開始追隨 平實導師修學，1997年明心後持續進修不斷，直到2017年眼見佛性之實例，足可證明《大般涅槃經》中世尊開示眼見佛性之法正眞無訛，第十住位的實證在末法時代的今天仍有可能，如今一併具載於書中以供學人參考，並供養現代佛教界欲得見性之四眾弟子。全書四百頁，售價300元，已於2019年12月31日發行。

我的菩提路第六輯：劉惠莉老師等人著，本輯中舉示劉老師明心多年以後的眼見佛性實錄，供末法時代學人了知明心之異於見性本質，足可證明《大般涅槃經》中世尊開示眼見佛性之法正眞無訛。亦列舉多篇學人從各道場來到正覺學法之不同過程，以及如何發覺邪見之異於正法的所在，最後終能在正覺禪三中悟入的實況，以證明佛教正法仍在末法時代的人間繼續弘揚的事實，鼓舞一切眞實學法的菩薩大眾思之：我等諸人亦可有因緣證悟，絕非空想白思。約四百頁，售價300元，已於2020年6月30日發行。

我的菩提路第七輯：余正偉老師等人著，本輯中舉示余老師明心二十餘年以後的眼見佛性實錄，供末法時代學人了知明心異於見性之本質，並且舉示其見性後與平實導師互相討論眼見佛性之諸多疑訛處；除了證明《大般涅槃經》中世尊開示眼見佛性之法正眞無訛以外，亦得一解明心後尚未見性者之所未知處，甚爲精彩。此外亦列舉多篇學人從各不同宗教進入正覺學法之不同過程，以及發覺諸方道場邪見之內容與過程，最終得於正覺精進禪三中悟入的實況，足供末法精進學人借鑑，以彼鑑己而生信心，得以投入了義正法中修學及實證。凡此，皆足以證明不唯明心所證之第七住位般若智慧及解脫功德仍可實證，乃至第十住位的實證與當場發起如幻觀之實證，於末法時代的今天皆仍有可能。本書約四百頁，售價300元。

禪意無限CD平實導師以公案拈提書中偈頌寫成不同風格曲子，與他人所寫不同風格曲子共同錄製出版，幫助參禪人進入禪門超越意識之境界。盒中附贈彩色印製的精美解說小冊，以供聆聽時閱讀，令參禪人得以發起參禪之疑情，即有機會證悟本來面目，實證大乘菩提般若。本CD共有十首歌曲，長達69分鐘，每盒各附贈二張購書優惠券。每片280元。

明心與眼見佛性：本書細述明心與眼見佛性之異同，同時顯示了中國禪宗破初參明心與重關眼見佛性二關之間的關聯；書中又藉法義辨正而旁述其他許多勝妙法義，讀後必能遠離佛門長久以來積非成是的錯誤知見，令讀者在佛法的實證上有極大助益。也藉慧廣法師的謬論來教導佛門學人回歸正知正見，遠離古今禪門錯悟者所墮的意識境界，非唯有助於斷我見，也對未來的開悟明心實證第八識如來藏有所助益，是故學禪者都應細讀之。游正光老師著　共448頁　售價300元

見性與看話頭：黃正倖老師的《見性與看話頭》於《正覺電子報》連載完畢，今結集出版。書中詳說禪宗看話頭的詳細方法，並細說看話頭與眼見佛性的關係，以及眼見佛性者求見佛性前必須具備的條件。本書是禪宗實修者追求明心開悟時參禪的方法書，也是求見佛性者作功夫時必讀的方法書，內容兼顧眼見佛性的理論與實修之方法，是依實修之體驗配合理論而詳述，條理分明而且極爲詳實、周全、深入。本書內文375頁，全書416頁，售價300元。

維摩詰經講記：本經係 世尊在世時，由等覺菩薩維摩詰居士藉疾病而演說之大乘菩提無上妙義，所說函蓋甚廣，然極簡略，是故今時諸方大師與學人讀之悉皆錯解，何況能知其中隱含之深妙正義，是故普遍無法爲人解說；若強爲人說，則成依文解義而有諸多過失。今由平實導師公開宣講之後，詳實解釋其中密意，令維摩詰菩薩所說大乘不可思議解脫之深妙正法得以正確宣流於人間，利益當代學人及與諸方大師。書中詳實演述大乘佛法深妙不共二乘之智慧境界，顯示諸法之中絕待之實相境界，建立大乘菩薩妙道於永遠不敗不壞之地，以此成就護法偉功，欲冀永利娑婆人天。已經宣講圓滿整理成書流通，以利諸方大師及諸學人。全書共六輯，每輯三百餘頁，售價各250元。

金剛經宗通：三界唯心，萬法唯識，是成佛之修證內容，是諸地菩薩之所修；般若則是成佛之道（實證三界唯心、萬法唯識）的入門，若未證悟實相般若，即無成佛之可能，必將永在外門廣行菩薩六度，永在凡夫位中。然而實相般若的發起，全賴實證萬法的實相；若欲證知萬法的眞相，則必須探究萬法之所從來，則須實證自心如來—金剛心如來藏，然後現觀這個金剛心的金剛性、眞實性、如如性、清淨性、涅槃性、能生萬法的自性性、本住性，名爲證眞如；進而現觀三界六道唯是此金剛心所成，人間萬法須藉八識心王和合運作方能現起。如是實證《華嚴經》的「三界唯心、萬法唯識」以後，由此等現觀而發起實相般若智慧，繼續進修第十住位的如幻觀、第十行位的陽焰觀、第十迴向位的如夢觀，再生起增上意樂而勇發十無盡願，方能滿足三賢位的實證，轉入初地；自知成佛之道而無偏倚，從此按部就班、次第進修乃至成佛。第八識自心如來是般若智慧之所依，般若智慧的修證則要從實證金剛心自心如來開始；《金剛經》則是解說自心如來之經典，是一切三賢位菩薩所應進修之實相般若經典。這一套書，是將平實導師宣講的《金剛經宗通》內容，整理成文字而流通之；書中所說義理，迴異古今諸家依文解義之說，指出大乘見道方向與理路，有益於禪宗學人求開悟見道，及轉入內門廣修六度萬行。已於2013年9月出版完畢，總共9輯，每輯約三百餘頁，售價各250元。

勝鬘經講記：如來藏爲三乘菩提之所依，若離如來藏心體及其含藏之一切種子，即無三界有情及一切世間法，亦無二乘菩提緣起性空之出世間法；本經詳說無始無明、一念無明皆依如來藏而有之正理，藉著詳解煩惱障與所知障間之關係，令學人深入了知二乘菩提與佛菩提相異之妙理；聞後即可了知佛菩提之特勝處及三乘修道之方向與原理，邁向攝受正法而速成佛道的境界中。平實導師講述，共六輯，每輯三百餘頁，售價各250元。

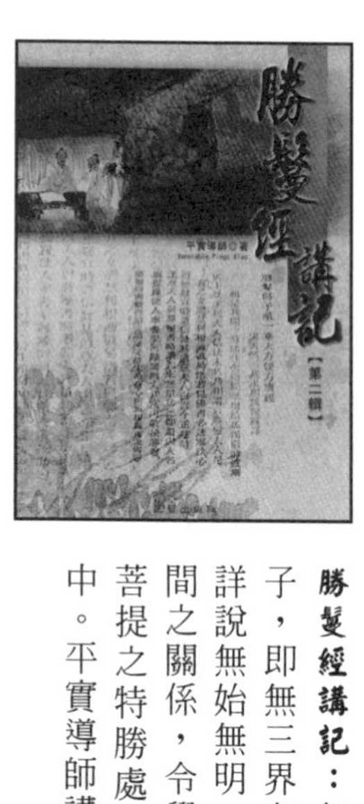

空行母—性別、身分定位，以及藏傳佛教 本書作者爲蘇格蘭哲學家，因爲嚮往佛教深妙的哲學內涵，於是進入當年盛行於歐美的假藏傳佛教密宗，擔任卡盧仁波切的翻譯工作多年以後，被邀請成爲卡盧的空行母（又名佛母、明妃），開始了她在密宗裡的實修過程；後來發覺在密宗雙身法中的修行，其實無法使自己成佛，也發覺密宗對女性岐視而處處貶抑，並剝奪女性在雙身法中擔任一半角色時應有的身分定位。當她發覺自己只是雙身法中被喇嘛利用的工具，沒有獲得絲毫應有的尊重與基本定位時，發現了密宗的父權社會控制女性的本質；於是作者傷心地離開了卡盧仁波切與密宗，但是卻被恐嚇不許講出她在密宗裡的經歷，也不許她說出自己對密宗的教義與教制下對女性剝削的本質，否則將被咒殺死亡。後來她去加拿大定居，十餘年後方才擺脫這個恐嚇陰影，下定決心將親身經歷的實情及觀察到的事實寫下來並且出版，公諸於世。出版之後，她被流亡的達賴集團人士大力攻訐，誣指她爲精神狀態失常、說謊……等。但有智之士並未被達賴集團的政治操作及各國政府政治運作吹捧達賴的表相所欺，使她的書銷售無阻而又再版。正智出版社鑑於作者此書是親身經歷的事實，所說具有針對「**藏傳佛教**」而作學術研究的價值，也有使人認清假藏傳佛教剝削佛母、明妃的男性本位實質，因此洽請作者同意中譯而出版於華人地區。珍妮．坎貝爾女士著，呂艾倫 中譯，每冊250元。

假藏傳佛教的神話—性、謊言、喇嘛教　本書編著者是由一首名爲「阿姊鼓」的歌曲爲緣起，展開了序幕，揭開假藏傳佛教—喇嘛教—的神秘面紗。其重點是蒐集、摘錄網路上質疑「喇嘛教」的帖子，以揭穿「假藏傳佛教的神話」爲主題，串聯成書，並附加彩色插圖以及說明，讓讀者們瞭解西藏密宗及相關人事如何被操作爲「神話」的過程，以及神話背後的眞相。作者：張正玄教授。售價200元。

霧峰無霧—給哥哥的信　本書作者藉兄弟之間信件往來論義，略述佛法大義；並以多篇短文辨義，舉出釋印順對佛法的無量誤解證據，並一一給予簡單而清晰的辨正，令人一讀即知。久讀、多讀之後即能認清楚釋印順的六識論見解，與眞實佛法之牴觸是多麼嚴重；於是在久讀、多讀之後，於不知不覺之間提升了對佛法的極深入理解，正知正見就在不知不覺間建立起來了。當三乘佛法的正知見建立起來之後，對於三乘菩提的見道條件便將隨之具足，於是聲聞解脫道的見道也就水到渠成；接著大乘見道的因緣也將次第成熟，未來自然也會有親見大乘菩提之道的因緣，悟入大乘實相般若也將自然成功，自能通達般若系列諸經而成實義菩薩。作者居住於南投縣霧峰鄉，自喻見道之後不復再見霧峰之霧，故鄉原野美景一一明見，於是立此書名爲《霧峰無霧》；讀者若欲撥霧見月，可以此書爲緣。游宗明　老師著　已於2015年出版　售價250元。

霧峰無霧—第二輯—救護佛子向正道　本書作者藉釋印順著作中之各種錯謬法義提出辨正，以詳實的文義一一提出理論上及實證上之解析，列舉釋印順對佛法的無量誤解證據，藉此教導佛門大師與學人釐清佛法義理，遠離岐途轉入正道，然後知所進修，久之便能見道明心而入大乘勝義僧數。被釋印順誤導的大師與學人極多，很難救轉，是故作者大發悲心深入解說其錯謬之所在，佐以各種義理辨正而令讀者在不知不覺之間轉歸正道。如是久讀之後欲得斷身見、證初果，即不爲難事；乃至久之亦得大乘見道而得證眞如，脫離空有二邊而住中道，實相般若智慧生起，於佛法不再茫然，漸漸亦知悟後進修之道。屆此之時，對於大乘般若等深妙法之迷雲暗霧亦將一掃而空，生命及宇宙萬物之故鄉原野美景一一明見，是故本書仍名《霧峰無霧》，爲第二輯；讀者若欲撥雲見日、離霧見月，可以此書爲緣。游宗明　老師著　已於2019年出版　售價250元。

達賴真面目—玩盡天下女人：假使您不想戴綠帽子，請記得詳細閱讀此書；假使您不想讓好朋友戴綠帽子，請您將此書介紹給您的好朋友。假使您想保護家中的女性，也想要保護好朋友的女眷，請記得將此書送給家中的女性和好友的女眷都來閱讀。本書爲印刷精美的大本彩色中英對照精裝本，爲您揭開達賴喇嘛的眞面目，內容精彩不容錯過，爲利益社會大眾，特別以優惠價格嘉惠所有讀者。編著者：白志偉等。大開版雪銅紙彩色精裝本。售價800元。

喇嘛性世界—揭開假藏傳佛教譚崔瑜伽的面紗：這個世界中的喇嘛，號稱來自世外桃源的香格里拉，穿著或紅或黃的喇嘛長袍，散布於我們的身邊傳教灌頂，吸引了無數的人嚮往學習；這些喇嘛虔誠地爲大眾祈福，手中拿著寶杵（金剛）與寶鈴（蓮花），口中唸著咒語：「唵．嘛呢．叭咪．吽……」，咒語的意思是說：「我至誠歸命金剛杵上的寶珠伸向蓮花寶穴之中」！「喇嘛性世界」是什麼樣的「世界」呢？本書將爲您呈現喇嘛世界的面貌。當您發現眞相以後，您將會唸：「噢！喇嘛．性．世界，譚崔性交嘛！」作者：張善思、呂艾倫。售價200元。

末代達賴—性交教主的悲歌：簡介從藏傳僞佛教（喇嘛教）的修行核心—性力派男女雙修，探討達賴喇嘛及藏傳僞佛教的修行內涵。書中引用外國知名學者著作、世界各地新聞報導，包含：歷代達賴喇嘛的祕史、達賴六世修雙身法的事蹟，以及《時輪續》中的性交灌頂儀式……等；達賴喇嘛書中開示的雙修法、達賴喇嘛的黑暗政治手段；達賴喇嘛所領導的寺院爆發喇嘛性侵兒童；新聞報導《西藏生死書》作者索甲仁波切性侵女信徒、澳洲喇嘛秋達公開道歉、美國最大假藏傳佛教組織領導人邱陽創巴仁波切的性氾濫，等等事件背後眞相的揭露。作者：張善思、呂艾倫、辛燕。售價250元。

黯淡的達賴—失去光彩的諾貝爾和平獎：本書舉出很多證據與論述，詳述達賴喇嘛不爲世人所知的一面，顯示達賴喇嘛並不是眞正的和平使者，而是假借諾貝爾和平獎的光環來欺騙世人；透過本書的說明與舉證，讀者可以更清楚的瞭解，達賴喇嘛是結合暴力、黑暗、淫欲於喇嘛教裡的集團首領，其政治行爲與宗教主張，早已讓諾貝爾和平獎的光環染污了。本書由財團法人正覺教育基金會寫作、編輯，由正覺出版社印行，每冊250元。

楞嚴經講記：楞嚴經係大乘祕密教之重要經典，亦是佛教中普受重視之經典；經中宣說明心與見性之內涵極爲詳細，將一切法都會歸如來藏及佛性—妙眞如性；亦闡釋五陰區宇及五陰盡的境界，作諸地菩薩自我檢驗證量之依據，旁及佛菩提道修學過程中之種種魔境，以及外道誤會涅槃之狀況，亦兼述明三界世間之起源，具足宣示大乘菩提之奧祕。然因言句深澀難解，法義亦復深妙寬廣，學人讀之普難通達，是故讀者大多誤會，不能如實理解佛所說之明心與見性內涵，亦因是故多有悟錯之人引爲開悟之證言，成就大妄語罪。今由平實導師詳細講解之後，整理成文，以易讀易懂之語體文刊行天下，以利學人。全書十五輯，全部出版完畢。每輯三百餘頁，售價每輯300元。

第七意識與第八意識？—穿越時空「超意識」 「三界唯心，萬法唯識」是佛教中應該實證的聖教，也是《華嚴經》中明載而可以實證的法界實相。唯心者，三界一切境界、一切諸法唯是一心所成就，即是每一個有情的第八識如來藏，不是意識心。唯識者，即是人類各各都具足的八識心王——眼識、耳鼻舌身意識、意根、阿賴耶識，第八阿賴耶識又名如來藏，人類五陰相應的萬法，莫不由八識心王共同運作而成就，故說萬法唯識。依聖教量及現量、比量，都可以證明意識是二法因緣生，是由第八識藉意根與法塵二法爲因緣而出生，又是夜夜斷滅不存之生滅心，即無可能反過來出生第七識意根、第八識如來藏，當知不可能從生滅性的意識心中，細分出恆審思量的第七識意根，更無可能細分出恆而不審的第八識如來藏。本書是將演講內容整理成文字，細說如是內容，並已在〈正覺電子報〉連載完畢，今彙集成書以廣流通，欲幫助佛門有緣人斷除意識我見，跳脫於識陰之外而取證聲聞初果；嗣後修學禪宗時即得不墮外道神我之中，得以求證第八識金剛心而發起般若實智。平實導師 述，每冊300元。

人間佛教—實證者必定不悖三乘菩提　「大乘非佛說」的講法似乎流傳已久，卻只是日本人企圖擺脫中國正統佛教的影響，而在明治維新時期才開始提出來的說法；台灣佛教、大陸佛教的淺學無智之人，由於未曾實證佛法而迷信日本人錯誤的學術考證，錯認為這些別有用心的日本佛學考證的講法為天竺佛教的眞實歷史；甚至還有更激進的反對佛教者提出「**釋迦牟尼佛並非眞實存在，只是後人捏造的假歷史人物**」，竟然也有少數佛教徒願意跟著「學術」的假光環而信受不疑，亦導致部分台灣佛教界人士，造作了反對中國大乘佛教而推崇南洋小乘佛教的行為，使台灣佛教的信仰者難以檢擇，亦導致一般大陸人士開始轉入基督教的盲目迷信中。在這些佛教及外教人士之中，也就有一分人根據此邪說而大聲主張「大乘非佛說」的謬論，這些人以「人間佛教」的名義來抵制中國正統佛教，公然宣稱中國的大乘佛教是由聲聞部派佛教的凡夫僧所創造出來的。這樣的說法流傳於台灣及大陸佛教界凡夫僧之中已久，卻非眞正的佛教歷史中曾經發生過的事，只是繼承六識論的聲聞法中凡夫僧以及別有居心的日本佛教界，依自己的意識境界立場，純憑臆想而編造出來的妄想說法，卻已經影響許多無智之凡夫僧俗信受不移。本書則是從佛教的經藏法義實質及實證的現量內涵本質立論，證明大乘佛法本是佛說，是從《阿含正義》尚未說過的不同面向來討論「人間佛教」的議題，證明「大乘眞佛說」。閱讀本書可以斷除六識論邪見，迴入三乘菩提正道發起實證的因緣；也能斷除禪宗學人學禪時普遍存在之錯誤知見，對於建立參禪時的正知見有很深的著墨。平實導師 述，內文488頁，全書528頁，定價400元。

童女迦葉考—論呂凱文〈佛教輪迴思想的論述分析〉之謬　童女迦葉是佛世率領五百大比丘遊行於人間的歷史事實，是以童貞行而依止菩薩戒弘化於人間的大菩薩，不依別解脫戒（聲聞戒）來弘化於人間。這是大乘佛教與聲聞佛教同時存在於佛世的歷史明證，證明大乘佛教不是從聲聞法中分裂出來的部派佛教的產物，卻是聲聞佛教分裂出來的部派佛教聲聞凡夫僧所不樂見的史實；於是古今聲聞法中的凡夫都欲加以扭曲而作詭說，更是末法時代高聲大呼「大乘非佛說」的六識論聲聞凡夫極力想要扭曲的佛教史實之一，於是想方設法扭曲迦葉菩薩為聲聞僧，以及扭曲迦葉童女為比丘僧等荒謬不實之論著便陸續出現，古時聲聞僧寫作的《分別功德論》是最具體之事例，現代之代表作則是呂凱文先生的〈佛教輪迴思想的論述分析〉論文。鑑於如是假藉學術考證以籠罩大眾之不實謬論，未來仍將繼續造作及流竄於佛教界，繼續扼殺大乘佛教學人法身慧命，必須舉證辨正之，遂成此書。平實導師 著，每冊180元。

中觀金鑑—詳述應成派中觀的起源與其破法本質　學佛人往往迷於中觀學派之不同學說，被應成派與自續派所迷惑；修學般若中觀二十年後自以爲實證般若中觀了，卻仍不曾入門，甫聞實證般若中觀者之所說，則茫無所知，迷惑不解；隨後信心盡失，不知如何實證佛法；凡此，皆因惑於這二派中觀學說所致。自續派中觀所說同於常見，以意識境界立爲第八識如來藏之境界，應成派所說則同於斷見，但又同立意識爲常住法，故亦具足斷常二見。今者孫正德老師有鑑於此，乃將起源於密宗的應成派中觀學說，追本溯源，詳考其來源之外，亦一一舉證其立論內容，詳加辨正，令密宗雙身法祖師以識陰境界而造之應成派中觀學說本質，詳細呈現於學人眼前，令其維護雙身法之目的無所遁形。若欲遠離密宗此二大派中觀謬說，欲於三乘菩提有所進道者，允宜具足閱讀並細加思惟，反覆讀之以後將可捨棄邪道返歸正道，則於般若之實證即有可能，證後自能現觀如來藏之中道境界而成就中觀。本書分上、中、下三冊，每冊250元，已全部出版完畢。

實相經宗通：學佛之目的在於實證一切法界背後之實相，禪宗稱之爲本來面目或本地風光，佛菩提道中稱之爲實相法界；此實相法界即是金剛藏，又名佛法之祕密藏，即是能生有情五陰、十八界及宇宙萬有（山河大地、諸天、三惡道世間）的第八識如來藏，又名阿賴耶識心，即是禪宗祖師所說的眞如心，此心即是三界萬有背後的實相。證得此第八識心時，自能瞭解般若諸經中隱說的種種密意，即得發起實相般若——實相智慧。每見學佛人修學佛法二十年後仍對實相般若茫然無知，亦不知如何入門，茫無所趣；更因不知三乘菩提的互異互同，是故越是久學者對佛法越覺茫然，都肇因於尚未瞭解佛法的全貌，亦未瞭解佛法的修證內容即是第八識心所致。本書對於修學佛法者所應實證的實相境界提出明確解析，並提示趣入佛菩提道的入手處，有心親證實相般若的佛法實修者，宜詳讀之，於佛菩提道之實證即有下手處。平實導師述著，共八輯，已於2016年出版完畢，每輯成本價250元。

眞心告訴您（一）——達賴喇嘛在幹什麼？這是一本報導篇章的選集，更是「破邪顯正」的暮鼓晨鐘。「破邪」是戳破假象，說明達賴喇嘛及其所率領的密宗四大派法王、喇嘛們，弘傳的佛法是仿冒的佛法；他們是假藏傳佛教，是坦特羅(譚崔性交)外道法和藏地崇奉鬼神的苯教混合成的「喇嘛教」，推廣的是以所謂「無上瑜伽」的男女雙身法冒充佛法的假佛教，詐財騙色誤導眾生，常常造成信徒家庭破碎、家中兒少失怙的嚴重後果。「顯正」是揭櫫眞相，指出眞正的藏傳佛教只有一個，就是覺囊巴，傳的是 釋迦牟尼佛演繹的第八識如來藏妙法，稱爲他空見大中觀。正覺教育基金會即以此古今輝映的如藏正法正知見，在眞心新聞網中逐次報導出來，將箇中原委「眞心告訴您」，如今結集成書，與想要知道密宗眞相的您分享。售價250元。

眞心告訴您（二）——達賴喇嘛是佛教僧侶嗎？補祝達賴喇嘛八十大壽：這是一本針對當今達賴喇嘛所領導的喇嘛教，冒用佛教名相、於師徒間或師兄姊間，實修男女邪淫，而從佛法三乘菩提的現量與聖教量，揭發其謊言與邪術，證明達賴及其喇嘛教是仿冒佛教的外道，是「假藏傳佛教」。藏密四大派教義雖有「八識論」與「六識論」的表面差異，然其實修之內容，皆共許「無上瑜伽」四部灌頂爲究竟「成佛」之法門，也就是共以男女雙修之邪淫法爲「即身成佛」之密要，雖美其名曰「欲貪爲道」之「金剛乘」，並誇稱其成就超越於(應身佛)釋迦牟尼佛所傳之顯教般若乘之上；然詳考其理論，則或以意識離念時之粗細心爲第八識如來藏，或以中脈裡的明點爲第八識如來藏，或如宗喀巴與達賴堅決主張第六意識爲常恆不變之眞心者，分別墮於外道之常見與斷見中；全然違背 佛說能生五蘊之如來藏的實質。售價300元。

西藏「活佛轉世」制度——附佛、造神、世俗法：歷來關於喇嘛教活佛轉世的研究，多針對歷史及文化兩部分，於其所以成立的理論基礎，較少系統化的探討。尤其是此制度是否依據「佛法」而施設？是否合乎佛法眞實義？現有的文獻大多含糊其詞，或人云亦云，不曾有明確的闡釋與如實的見解。因此本文先從活佛轉世的由來，探索此制度的起源、背景與功能，並進而從活佛的尋訪與認證之過程，發掘活佛轉世的特徵，以確認「活佛轉世」在佛法中應具足何種果德。定價150元。

法華經講義：此書爲平實導師始從2009/7/21演述至2014/1/14之講經錄音整理所成。世尊一代時教，總分五時三教，即是華嚴時、聲聞緣覺教、般若教、種智唯識教、法華時；依此五時三教區分爲藏、通、別、圓四教。本經是最後一時的圓教經典，圓滿收攝一切法教於本經中，是故最後的圓教聖訓中，特地指出無有三乘菩提，其實唯有一佛乘；皆因眾生愚迷故，方便區分爲三乘菩提以助眾生證道。世尊於此經中特地說明如來示現於人間的唯一大事因緣，便是爲有緣眾生「開、示、悟、入」諸佛的所知所見——第八識如來藏妙眞如心，並於諸品中隱說「妙法蓮花」如來藏心的密意。然因此經所說甚深難解，眞義隱晦，古來難得有人能窺堂奧；平實導師以知如是密意故，特爲末法佛門四眾演述《妙法蓮華經》中各品蘊含之密意，使古來未曾被古德註解出來的「此經」密意，如實顯示於當代學人眼前。乃至〈藥王菩薩本事品〉、〈妙音菩薩品〉、〈觀世音菩薩普門品〉、〈普賢菩薩勸發品〉中的微細密意，亦皆一併詳述之，可謂開前人所未曾言之密意，示前人所未見之妙法。最後乃至以〈法華大義〉而總其成，全經妙旨貫通始終，而依佛旨圓攝於一心如來藏妙心，厥爲曠古未有之大說也。平實導師述，共有25輯，已於2019/05/31出版完畢。每輯300元。

涅槃—解說四種涅槃之實證及內涵：眞正學佛之人，首要即是見道，由見道故方有涅槃之實證，證涅槃者方能出生死，但涅槃有四種：二乘聖者的有餘涅槃、無餘涅槃，以及大乘聖者的本來自性清淨涅槃、佛地的無住處涅槃。大乘聖者實證本來自性清淨涅槃，入地前再取證二乘涅槃，然後起惑潤生捨離二乘涅槃，繼續進修而在七地心前斷盡三界愛之習氣種子，依七地無生法忍之具足而證得念念入滅盡定；八地後進斷異熟生死，直至妙覺地下生人間成佛，具足四種涅槃，方是眞正成佛。此理古來少人言，以致誤會涅槃正理者比比皆是，今於此書中廣說四種涅槃、如何實證之理、實證前應有之條件，實屬本世紀佛教界極重要之著作，令人對涅槃有正確無訛之認識，然後可以依之實行而得實證。本書共有上下二冊，每冊各四百餘頁，對涅槃詳加解說，每冊各350元。

佛藏經講義：本經說明爲何佛菩提難以實證之原因，都因往昔無數阿僧祇劫前的邪見，引生此世求證時之業障而難以實證。即以諸法實相詳細解說，繼之以念佛品、念法品、念僧品，說明諸佛與法之實質；然後以淨戒品之說明，期待佛弟子四眾堅持清淨戒而轉化心性，並以往古品的實例說明歷代學佛人在實證上的業障由來，教導四眾務必滅除邪見轉入正見中，不再造作謗法及謗賢聖之大惡業，以免未來世尋求實證之時被業障所障；然後以了戒品的說明和囑累品的付囑，期望末法時代的佛門四眾弟子皆能清淨知見而得以實證。平實導師於此經中有極深入的解說，總共21輯，每輯300元，於2019/07/31開始每二個月發行一輯。

成唯識論釋：本論係大唐玄奘菩薩揉合當時天竺十大論師的說法加以辨正而著成，攝盡佛門證悟菩薩及部派佛教聲聞凡夫論師對佛法的論述，並函蓋當時天竺諸大外道對生命實相的錯誤論述加以辨正，是由玄奘大師依據無生法忍證量加以評論確定而成爲此論。平實導師弘法初期即已依於證量略講過一次，歷時大約四年，當時正覺同修會規模尚小，聞法成員亦多尚未證悟，是故並未整理成書；如今正覺同修會中的證悟同修已超過六百人，鑑於此論在護持正法、實證佛法及悟後進修上的重要性，擬於2022年初重講，並已經預先註釋完畢編輯成書，名爲《成唯識論釋》，總共十輯，每輯目次41頁、序文7頁、內文380頁乃至400頁，將原本13級字縮小爲12級字編排，以增加其內容；於增上班宣講時的內容將會更詳細於書中所說，涉及佛法密意的詳細內容只於增上班中宣講，於書中皆依佛誡隱覆密意而說，攝屬判教的〈目次〉已經詳盡判定論中諸段句義，用供學人參考；是故讀者閱完此論之釋，即可深解成佛之道的正確內涵；預定將於每一輯內容講述完畢時即予出版，預計每七個月出版一輯，每輯定價400元。

解深密經講義：本經是所有尋求大乘見道及悟後欲入地者所應詳習串習的三經之一，即是《楞伽經》、《解深密經》、《楞嚴經》三經中的一經，亦可作爲見道眞假的自我印證依據。此經是世尊晚年第三轉法輪時，宣說地上菩薩所應熏修之無生法忍唯識正義經典；經中總說眞見道位所見的智慧總相，兼及相見道位所應熏修的七眞如等法，以及入地應修之十地眞如等義理，乃是大乘一切種智增上慧學，以阿陀那識—如來藏—阿賴耶識爲成佛之道的主體。禪宗之證悟者，若欲修證初地無生法忍乃至八地無生法忍者，必須修學《楞伽經、解深密經、楞嚴經》所說之八識心王一切種智。此三經所說正法，方是眞正成佛之道；印順法師否定第八識如來藏之後所說萬法緣起性空之法，墮於六識論中而著作的《成佛之道》，乃宗本於密宗宗喀巴六識論邪思而寫成的邪見，是以誤會後之二乘解脫道取代大乘眞正成佛之道，承襲自古天竺部派佛教聲聞凡夫論師的邪見，尚且不符二乘解脫道正理，亦已墮於斷滅見及常見中，所說全屬臆想所得的外道見，不符本經中佛所說的正義。平實導師曾於本會郭故理事長往生時，於喪宅中從首七開始宣講此經，於每一七起各宣講三小時，至第十七而快速略講圓滿，作爲郭老之往生後的佛事功德，迴向郭老早證八地、速返娑婆住持正法。茲爲今時後世學人故，已經開始重講《解深密經》，以淺顯之語句講畢後，將會整理成文並梓行流通，用供證悟者進道；亦令諸方未悟者，據此經中佛語正義修正邪見，依之速能入道。平實導師述著，全書輯數未定，每輯三百餘頁，將於未來重講完畢後逐輯陸續出版。

大法鼓經講義：本經解說佛法的總成：法、非法。由開解法、非法二義，說明了義佛法與世間戲論法的差異，指出佛法實證之標的即是法第八識如來藏；並顯示實證後的智慧，如實擊大法鼓、演深妙法，演說如來祕密教法，非二乘定性及諸凡夫所能得聞，唯有具足菩薩性者方能得聞。正聞之後即得依於世尊大願而拔除邪見，入於正法而得實證；深解不了義經之方便說，亦能實解了義經所說之眞實義，得以證法如來藏，而得發起根本無分別智，乃至進修而發起後得無分別智；並堅持布施及受持清淨戒而轉化心性，得以現觀眞我眞法如來藏之各種層面。此爲第一義諦聖教，並授記末法最後餘四十年時，一切世間樂見離車童子將繼續護持此經所說正法。平實導師於此經中有極深入的解說，總共六輯，每輯300元，於《佛藏經講義》出版完畢後開始發行，每二個月發行一輯。

不退轉法輪經講義：世尊弘法有五時三教之別，分爲藏、通、別、圓四教之理，本經是大乘般若期前的通教經典，所說之大乘般若正理與所證解脫果，通於二乘解脫道，佛法智慧則通大乘般若，皆屬大乘般若與解脫甚深之理，故其所證解脫果位通於二乘法教；而其中所說第八識無分別法之正理，即是世尊降生人間的第一大事因緣。如是第八識能仁而且寂靜，恆順眾生於生死之中從無乖違，識體中所藏之本來無漏性的有爲法以及眞如涅槃境界，皆能助益學人最後成就佛道；此謂釋迦意爲能仁、牟尼意爲寂靜，此第八識即名釋迦牟尼，釋迦牟尼即是能仁寂靜的第八識眞如；若有人聽聞如是第八識常住、如來不滅之正理，信受奉行之人皆有大乘實證之因緣，永得不退於成佛之道，是故聽聞釋迦牟尼名號而解其義者，皆得不退轉無上正等正覺，未來必有實證之因緣。如是深妙經典，已由平實導師詳述圓滿並整理成書，預定於《大法鼓經講義》發行圓滿之後接著梓行，每二個月發行一輯，總共十輯，每輯300元。

修習止觀坐禪法要講記：修學四禪八定之人，往往錯會禪定之修學知見，欲以無止盡之坐禪而證禪定境界，卻不知修除性障之行門才是修證四禪八定不可或缺之要素，故智者大師云「性障初禪」；性障不除，初禪永不現前，云何修證二禪等？又：行者學定，若唯知數息，而不解六妙門之方便善巧者，欲求一心入定，未到地定極難可得，智者大師名之爲「事障未來」：障礙未到地定之修證。又禪定之修證，不可違背二乘菩提及第一義法，否則縱使具足四禪八定，亦不能實證涅槃而出三界。此諸知見，智者大師於《修習止觀坐禪法要》中皆有闡釋。作者平實導師以其第一義之見地及禪定之實證證量，曾加以詳細解析。將俟正覺寺竣工啓用後重講，不限制聽講者資格；講後將以語體文整理出版。欲修習世間定及增上定之學者，宜細讀之。平實導師述著。

阿含經講記—小乘解脫道之修證：數百年來，南傳佛法所說證果之不實，所說解脫道之虛妄，所弘解脫道法義之世俗化，皆已少人知之；從南洋傳入台灣與大陸之後，所說法義虛謬之事，亦復少人知之；今時台灣全島印順系統之法師居士，多不知南傳佛法數百年來所說解脫道之義理已然偏斜、已然世俗化、已非眞正之二乘解脫正道，猶極力推崇與弘揚。彼等南傳佛法近代所謂之證果者皆非眞實證果者，譬如阿迦曼、葛印卡、帕奧禪師、一行禪師……等人，悉皆未斷我見故。近年更有台灣南部大願法師，高抬南傳佛法之二乘修證行門爲「捷徑究竟解脫之道」者，然而南傳佛法縱使眞修實證，得成阿羅漢，至高唯是二乘菩提解脫之道，絕非究竟解脫，無餘涅槃中之實際尚未得證故，法界之實相尚未了知故，習氣種子待除故，一切種智未實證故，焉得謂爲「究竟解脫」？即使南傳佛法近代眞有實證之阿羅漢，尚且不及三賢位中之七住明心菩薩本來自性清淨涅槃智慧境界，則不能知此賢位菩薩所證之無餘涅槃實際，仍非大乘佛法中之見道者，何況普未實證聲聞果乃至未斷我見之人？謬充證果已屬逾越，更何況是誤會二乘菩提之後，以未斷我見之凡夫知見所說之二乘菩提解脫偏斜法道，焉可高抬爲「究竟解脫」？而且自稱「捷徑之道」？又妄言解脫之道即是成佛之道，完全否定般若實智、否定三乘菩提所依之如來藏心體，此理大大不通也！平實導師爲令修學二乘菩提欲證解脫果者，普得迴入二乘菩提正見、正道中，是故選錄四阿含諸經中，對於二乘解脫道法義有具足圓滿說明之經典，預定未來十年內將會加以詳細講解，令學佛人得以了知二乘解脫道之修證理路與行門，庶免被人誤導之後，未證言證，梵行未立，干犯道禁自稱阿羅漢或成佛，成大妄語，欲升反墮。本書首重斷除我見，以助行者斷除我見而實證初果爲著眼之目標，若能根據此書內容，配合平實導師所著《識蘊眞義》《阿含正義》內涵而作實地觀行，實證初果非爲難事，行者可以藉此三書自行確認聲聞初果爲實際可得現觀成就之事。此書中除依二乘經典所說加以宣示外，亦依斷除我見等之證量，及大乘法中道種智之證量，對於意識心之體性加以細述，令諸二乘學人必定得斷我見、常見，免除三縛結之繫縛。次則宣示斷除我執之理，欲令升進而得薄貪瞋痴，乃至斷五下分結…等。平實導師將擇期講述，然後整理成書。共二冊，每冊三百餘頁。每輯300元。

總經銷： 聯合發行股份有限公司

231 新北市新店區寶橋路 235 巷 6 弄 6 號 4F

Tel.02－2917-8022（代表號） Fax.02－2915-6275（代表號）

零售：1.**全台連鎖經銷書局：**

三民書局、誠品書局、何嘉仁書店

敦煌書店、紀伊國屋、金石堂書局、建宏書局

諾貝爾圖書城、墊腳石圖書文化廣場

2.**台北市：**佛化人生 **大安區**羅斯福路 3 段 325 號 6 樓之 4　台電大樓對面

3.**新北市：**春大地書店 **蘆洲區**中正路 117 號

4.**桃園市：**御書堂 **龍潭區**中正路 123 號

5.**新竹市：**大學書局 **東區**建功路 10 號

6.**台中市：**瑞成書局 **東區**雙十路 1 段 4 之 33 號

佛教詠春書局 **南屯區**永春東路 884 號

文春書店 **霧峰區**中正路 1087 號

7.**彰化市：**心泉佛教文化中心 南瑤路 286 號

8.**高雄市：**政大書城 **前鎮區**中華五路 789 號 2 樓（高雄夢時代店）

明儀書局 **三民區**明福街 2 號

青年書局 **苓雅區**青年一路 141 號

9.**台東市：**東普佛教文物流通處 博愛路 282 號

10.**其餘鄉鎮市經銷書局：**請電詢總經銷**聯合**公司。

11.**大陸地區請洽：**

香港：樂文書店

銅鑼灣店 :香港銅鑼灣駱克道 506 號 2 樓

電話 : (852) 2881 1150 email: luckwinbs@gmail.com

廈門：廈門外圖臺灣書店有限公司

地址:廈門市思明區湖濱南路809 號 廈門外圖書城3 樓 郵編:361004

電話：0592-5061658（臺灣地區請撥打 86-592-5061658）

E-mail：JKB118@188.COM

12.**美國：世界日報圖書部：**紐約圖書部　電話 7187468889#6262

洛杉磯圖書部　電話 3232616972#202

13.**國內外地區網路購書：**

正智出版社 書香園地　http://books.enlighten.org.tw/

（書籍簡介、經銷書局可直接聯結下列網路書局購書）

三民 網路書局　http://www.sanmin.com.tw

誠品 網路書局　http://www.eslitebooks.com

博客來 網路書局　http://www.books.com.tw

金石堂 網路書局　http://www.kingstone.com.tw

聯合 網路書局　http://www.nh.com.tw

附註：1.請儘量向各經銷書局購買：郵政劃撥需要八天才能寄到（本公司在您劃撥後第四天才能接到劃撥單，次日寄出後第二天您才能收到書籍，此六天中可能會遇到週休二日，是故共需八天才能收到書籍）若想要早日收到書籍者，請劃撥完畢後，將劃撥收據貼在紙上，旁邊寫上您的姓名、住址、郵區、電話、買書詳細內容，直接傳眞到本公司 02-28344822，並來電 02-28316727、28327495 確認是否已收到您的傳眞，即可提前收到書籍。**2.**因台灣每月皆有五十餘種宗教類書籍上架，書局書架空間有限，故唯有新書方有機會上架，通常每次只能有一本新書上架；本公司出版新書，大多上架不久便已售出，若書局未再叫貨補充者，書架上即無新書陳列，則請直接向書局櫃台訂購。**3.**若書局不便代購時，可於晚上共修時間向正覺同修會各共修處請購（共修時間及地點，詳閱**共修現況表**。每年例行年假期間請勿前往請書，年假期間請見共修現況表）。**4.**郵購：郵政劃撥帳號 19068241。**5.**正覺同修會會員購書都以八折計價（戶籍台北市者爲一般會員，外縣市爲護持會員）都可獲得優待，欲一次購買全部書籍者，可以考慮入會，節省書費。入會費一千元（第一年初加入時才需要繳），年費二千元。**6.尚未出版之書籍，請勿預先郵寄書款與本公司，謝謝您！** **7.**若欲一次購齊本公司書籍，或同時取得正覺同修會贈閱之全部書籍者，請於正覺同修會共修時間，親到各共修處請購及索取；**台北市讀者**請洽：103 台北市承德路三段 267 號 10 樓（捷運淡水線 圓山站旁）請書時間：週一至週五爲 18.00~21.00，第一、三、五週週六爲 10.00~21.00，雙週之週六爲 10.00~18.00 請購處專線電話：25957295-分機 14（於請書時間方有人接聽）。

敬告大陸讀者：

大陸讀者購書、索書捷徑（尚未在大陸出版的書籍，以下二個途徑都可以購得，電子書另包括結緣書籍）：

1.**廈門外國圖書公司**：廈門市思明區湖濱南路 809 號 廈門外圖書城 3F
　　郵編：361004　電話：0592-5061658　網址：http://www.xibc.com.cn/

2.**電子書**：正智出版社有限公司及正覺同修會在台灣印行的各種局版書、結緣書，已有『**正覺電子書**』陸續上線中，提供讀者於手機、平板電腦上購書、下載、閱讀正智出版社、正覺同修會及正覺教育基金會所出版之電子書，詳細訊息敬請參閱『正覺電子書』專頁：
http://books.enlighten.org.tw/ebook

關於平實導師的書訊，請上網查閱：
　　成佛之道　http://www.a202.idv.tw
　　正智出版社 書香園地　http://books.enlighten.org.tw/

中國網採訪佛教正覺同修會、正覺教育基金會訊息：

http://foundation.enlighten.org.tw/newsflash/20150817_1

http://video.enlighten.org.tw/zh-CN/visit_category/visit10

★ 正智出版社有限公司售書之稅後盈餘，全部捐助財團法人正覺寺籌備處、佛教正覺同修會、正覺教育基金會，供作弘法及購建道場之用；懇請諸方大德支持，功德無量。

★ 聲　明 ★

本社於 2015/01/01 開始調整本目錄中部分書籍之售價，以因應各項成本的持續增加。

＊ 喇嘛教修外道雙身法、墮識陰境界，非佛教 ＊

＊ 弘揚如來藏他空見的覺囊派才是真正藏傳佛教 ＊

售後服務—換書啓事（免附回郵）　　2017/12/05

《楞伽經詳解》第三輯初版免費調換新書啓事：茲因 平實導師弘法早期尚未回復往世全部證量，有些法義接受他人的說法，寫書當時並未察覺而有二處（同一種法義）跟著誤說，如今發現已將之修正。茲爲顧及讀者權益，已開始免費調換新書；敬請所有讀者將以前所購第三輯（不論第幾刷），攜回或寄回本公司免費換新；郵寄者之回郵由本公司負擔，不需寄來郵票。因此而造成讀者閱讀、以及換書的不便，在此向所有讀者致上萬分的歉意，祈請讀者大眾見諒！

《楞嚴經講記》第 14 輯初版首刷本免費調換新書啓事：本講記第 14 輯出版前因 平實導師諸事繁忙，未將之重新閱讀而只改正校對時發現的錯別字，故未能發覺十年前所說法義有部分錯誤，於第 15 輯付印前重閱時才發覺第 14 輯中有部分錯誤尚未改正。今已重新審閱修改並已重印完成，煩請所有讀者將以前所購第 14 輯初版首刷本，寄回本公司免費換新（初版二刷本無錯誤），本公司將於寄回新書時同時附上您寄書來換新時的郵資，並在此向所有讀者致上最誠懇的歉意。

《心經密意》初版書免費調換二版新書啓事：本書係演講錄音整理成書，講時因時間所限，省略部分段落未講。後於再版時補寫增加 13 頁，維持原價流通之。茲爲顧及初版讀者權益，自 2003/9/30 開始免費調換新書，原有初版一刷、二刷書籍，皆可寄來本公司換書。

《宗門法眼》已經增寫改版爲 464 頁新書，2008 年 6 月中旬出版。讀者原有初版之第一刷、第二刷書本，都可以寄回本公司免費調換改版新書。改版後之公案及錯悟事例維持不變，但將內容加以增說，較改版前更具有廣度與深度，將更能助益讀者參究實相。

換書者**免附回郵**，亦無截止期限；舊書請寄：111 台北郵政 73-151 號信箱 或 103 台北市承德路三段 267 號 10 樓 正智出版社有限公司。舊書若有塗鴨、殘缺、破損者，仍可換取新書；但缺頁之舊書至少應仍有五分之三頁數，方可換書。所有讀者不必顧念本公司是否有盈餘之問題，都請踴躍寄來換書；本公司成立之目的不是營利，只要能眞實利益學人，即已達到成立及運作之目的。若以郵寄方式換書者，免附回郵；並於寄回新書時，由本公司附上您寄來書籍時耗用的郵資。造成您不便之處，再次致上萬分的歉意。

正智出版社有限公司 啓

換書及道歉公告

《法華經講義》第十三輯，因謄稿、印製等相關人員作業疏失，導致該書中的經文及內文用字將「**親近**」誤植成「清淨」。茲爲顧及讀者權益，自 2017/8/30 開始免費調換新書；敬請所有讀者將以前所購第十三輯初版首刷及二刷本，攜回或寄回本社免費換新，或請自行更正其中的錯誤之處；郵寄者之回郵由本社負擔，不需寄來郵票。同時對因此而造成讀者閱讀、以及換書的困擾及不便，在此向所有讀者致上最誠懇的歉意，祈請讀者大眾見諒！錯誤更正說明如下：

一、第 256 頁第 10 行~第 14 行：【就是先要具備「**法親近處**」、「**眾生親近處**」；法**親近**處就是在實相之法有所實證，如果在實相法上有所實證，他在二乘菩提中自然也能有所實證，以這個作爲第一個**親近**處——第一個基礎。然後還要有第二個基礎，就是瞭解應該如何善待眾生；對於眾生不要有排斥或者是貪取之心，平等觀待而攝受、親近一切有情。以這兩個**親近**處作爲基礎，來實行其他三個安樂行法。】。

二、第 268 頁第 13 行：【具足了那兩個「**親近處**」，使你能夠在末法時代，如實而圓滿的演述《法華經》時，那麼你作這個夢，它就是如理作意的，完全符合邏輯去完成這個過程，就表示你那個晚上，在那短短的一場夢中，已經度了不少眾生了。】

正智出版社有限公司 敬啓

國家圖書館出版品預行編目資料

楞嚴經講記／平實導師述.　—初版—
臺北市：正智，2009.11—　〔民98—　〕
冊；　公分

ISBN 978-986-6431-04-3（第1輯：平裝）
ISBN 978-986-6431-05-0（第2輯：平裝）
ISBN 978-986-6431-06-7（第3輯：平裝）
ISBN 978-986-6431-08-1（第4輯：平裝）
ISBN 978-986-6431-09-8（第5輯：平裝）
ISBN 978-986-6431-10-4（第6輯：平裝）
ISBN 978-986-6431-11-1（第7輯：平裝）
ISBN 978-986-6431-13-5（第8輯：平裝）
ISBN 978-986-6431-15-9（第9輯：平裝）
ISBN 978-986-6431-16-6（第10輯：平裝）
ISBN 978-986-6431-17-3（第11輯：平裝）
ISBN 978-986-6431-22-7（第12輯：平裝）
ISBN 978-986-6431-23-4（第13輯：平裝）
ISBN 978-986-6431-25-8（第14輯：平裝）
ISBN 978-986-6431-28-9（第15輯：平裝）

1.秘密部
221.94　　98019505

楞嚴經講記——第三輯

著 述 者：平實導師
音文轉換：曾邱賢 劉惠莉
校　　對：章乃鈞 陳介源 蔡禮政 傅素嫻 王美伶
出 版 者：正智出版社有限公司
電話：〇二 28327495 28316727（白天）
傳眞：〇二 28344822
111台北郵政73-151號信箱
郵政劃撥帳號：一九〇六八二四一
正覺講堂：總機〇二 25957295（夜間）
總 經 銷：聯合發行股份有限公司
231新北市新店區寶橋路235巷6弄6號4樓
電話：〇二 29178022（代表號）
傳眞：〇二 29156275
初版首刷：二〇一〇年三月三十日 二千冊
初版七刷：二〇二二年八月 二千冊
定　　價：三〇〇元

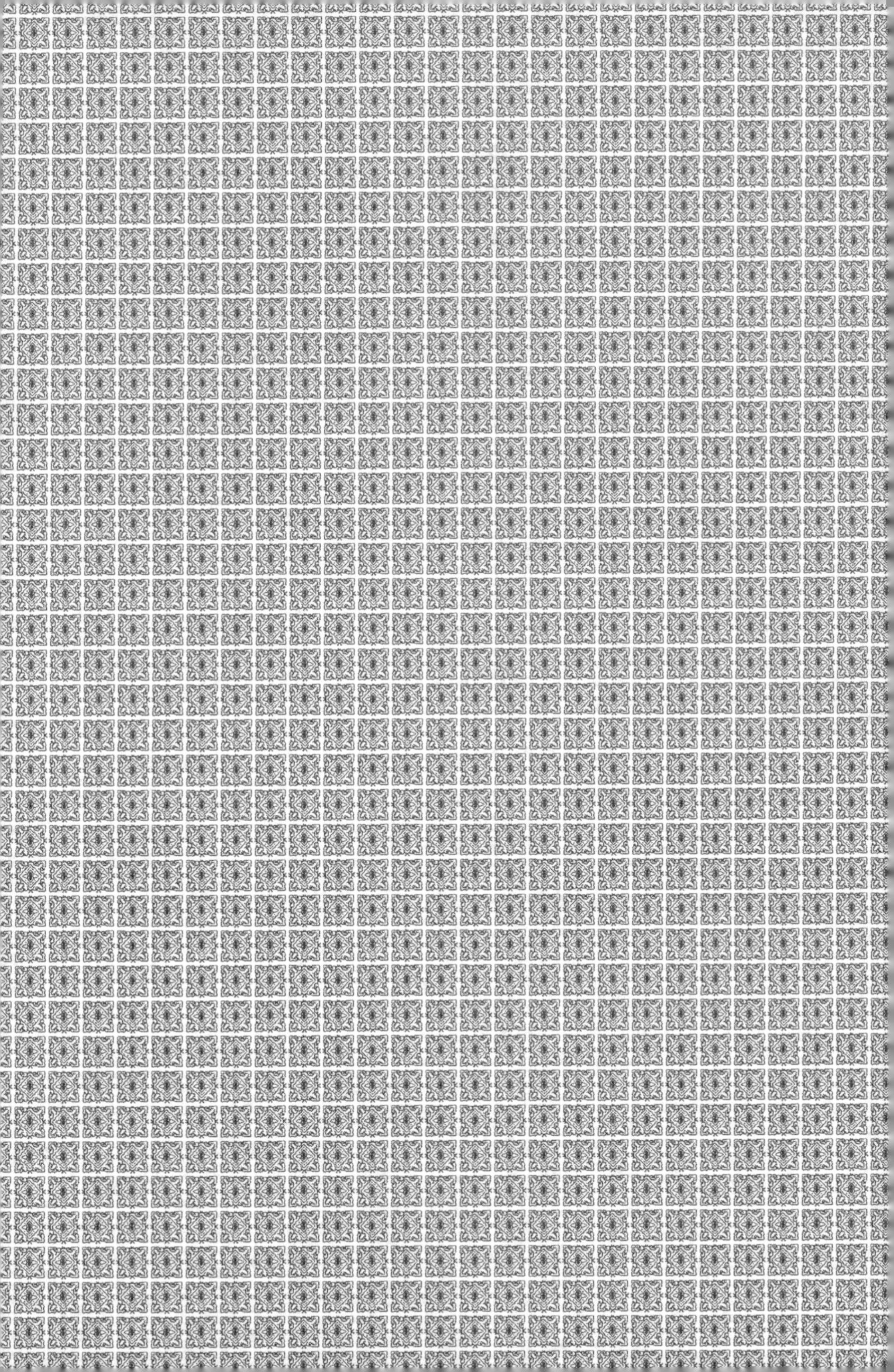